BIBLIOTHÈQUE DES PROFESSIONS
INDUSTRIELLES, COMMERCIALES ET AGRICOLES

TRAITÉ
DE LA FABRICATION INDUSTRIELLE
DES
EAUX GAZEUSES
ET DES BOISSONS QUI S'Y RATTACHENT

PAR

FÉLICIEN MICHOTTE

Ingénieur des Arts et Manufactures
Membre de la Commission d'hygiène du IIe arrondissement de Paris
Professeur de l'Association Polytechnique, etc., etc.

ET

E. GUILLAUME
Ingénieur civil.

Arts et Métiers

Série G
N° 29

PARIS

J. HETZEL ET Cie, ÉDITEURS
18, RUE JACOB, 18

Tous droits de traduction et de reproduction réservés.

TRAITÉ
DE LA FABRICATION INDUSTRIELLE
DES
EAUX GAZEUSES
ET DES
BOISSONS QUI S'Y RATTACHENT

ÉVREUX, IMPRIMERIE DE CHARLES HÉRISSEY

BIBLIOTHÈQUE DES PROFESSIONS
INDUSTRIELLES, COMMERCIALES ET AGRICOLES

TRAITÉ
DE LA FABRICATION INDUSTRIELLE
DES
EAUX GAZEUSES
ET DES BOISSONS QUI S'Y RATTACHENT

PAR

FÉLICIEN MICHOTTE

Ingénieur des Arts et Manufactures
Membre de la Commission d'hygiène du IIIe arrondissement de Paris
Professeur de l'Association Polytechnique, etc., etc.

ET

E. GUILLAUME

Ingénieur civil.

Arts
et Métiers

Série G
N° 29

PARIS

J. HETZEL ET Cie, ÉDITEURS
18, RUE JACOB, 18

Tous droits de traduction et de reproduction réservés.

PRÉFACE

Les auteurs de ce livre n'ont eu qu'un but en l'écrivant, être utiles à une industrie qui se modifie par suite de l'introduction de nouveaux appareils et qui du domaine de la grande fabrication passe dans celui de la fabrication usuelle et courante, d'en accentuer le développement qu'elle prend tous les jours en mettant à la portée de tous les connaissances théoriques et pratiques qu'elle demande pour la conduite de ses appareils et de leurs accessoires, moteurs, etc.

LES AUTEURS,

F. M. - L. G

INTRODUCTION

HISTORIQUE DE LA FABRICATION DES EAUX GAZEUSES

L'origine première de la fabrication des eaux gazeuses, telles qu'on les fabrique actuellement, a été l'imitation des eaux minérales naturelles. On trouve, dès 1675, la trace d'une patente accordée par Charles II, roi d'Angleterre, pour la fabrication des eaux ferrugineuses. Peu de temps après, on voit apparaître l'eau de soude gazeuse anglaise, connue sous le nom de soda-water.

En 1750, Venel, médecin de Montpellier, chercha à imiter les eaux de Seltz, en mettant dans de l'eau pure des matières y produisant une effervescence, car il pensait que le gaz contenu dans l'eau était de l'air condensé.

La découverte de l'acide carbonique et la constatation de sa présence dans les eaux minérales, par Priestley et plusieurs autres chimistes, vint donner la base de cette fabrication.

Le docteur Bergmann, illustre professeur suédois, donna, en 1775, les premières analyses exactes d'eaux minérales et posa ce principe : « qu'en dissolvant dans de l'eau les principes révélés par l'analyse, on devait faire une eau identique en tous points à l'eau naturelle, » et il donna différentes méthodes pour les préparer.

L'excellence de ses méthodes ayant été reconnue, cette fabrication se répandit rapidement. Peu après, apparut le premier appareil inventé par Nooth, destiné à produire de l'eau gazeuse. En 1779, un Français, Duchanoy, fit paraître un traité très complet, intitulé : L'*Art de préparer les eaux minérales artificielles* dans lequel il indiqua la préparation de l'acide carbonique au moyen de la craie et de l'acide sulfurique et sa dissolution dans l'eau avec différents sels, pour obtenir les eaux de Seltz, de Spa, etc.

En 1800, Pierre Figuier, monta, à Marseille, la première fabrique à l'aide de ce procédé.

Dès 1788, deux pharmaciens de Genève, Paul et Gasse avaient inventés un appareil intermittent connu sous le nom d'appareil de Genève et qui était très remarquable. Leur procédé consistait à produire de l'eau minérale artificielle à l'aide de l'acide carbonique obtenu par l'action de l'acide sulfurique sur la craie ; le gaz produit était lavé par son passage dans des tonneaux contenant de l'eau, puis emmagasiné dans un gazomètre d'où on le prenait pour le refouler dans un vase rempli d'eau, appelé saturateur, où il se dissolvait ; l'eau ainsi obtenue était soutirée et mise en bouteilles. Ce procédé avait l'inconvénient que la quantité de gaz dissous dans l'eau s'affaiblissait au fur et à mesure que le tirage augmentait.

Comme on le voit, il tendait à fabriquer l'eau de Seltz, c'est-à-dire l'eau simplement gazeuse, comme cela se fait actuellement.

Les inventeurs produisirent, à l'aide de ce procédé, 40,000 bouteilles par an.

En 1798, l'un d'eux, Paul, vint à Paris, et fonda à l'hôtel d'Uzès, un établissement analogue à celui de Genève.

En 1824, un chimiste anglais, Cameron, perfectionna ce procédé en supprimant la pompe employée à refouler l'acide carbonique. Cet acide était produit dans un vase en fonte très résistant doublé de plomb, où son dégagement intérieur établissait une très forte pression qui était utilisée pour le forcer à se dissoudre dans l'eau à saturer.

En 1830, Barruel, préparateur à l'Ecole de Pharmacie de Paris, et Verneuil, perfectionnèrent cet appareil en rendant le cylindre oscillant ; ces appareils avaient de nombreux inconvénients, entre autres leur peu de résistance dans le cas où la pression dépassait accidentellement celle produite ordinairement.

Perfectionné par Savaresse, ce procédé ne devint réellement industriel qu'avec le remarquable appareil de l'ingénieur anglais, Bramah, qui donna à cette fabrication un essor qu'elle ne pouvait prendre précédemment, et qu'elle a pris industriellement d'une façon définitive avec les appareils d'Ozouf, puis avec ceux de l'ingénieur français, Mondollot, qui le premier, produisit l'acide carbonique d'une manière industrielle et automatique et avec le gazogène Briet, qui, lui, ne peut être employé qu'aux usages domestiques.

Actuellement, la fabrication des appareils à eau de Seltz est devenue essentiellement française et c'est Paris qui en a le monopole.

La fabrication française a détrôné complètement les appareils anglais par la perfection de son exécution et par la facture qui, en laissant la question d'exécution de côté, n'avait rien d'industriel. L'on trouve actuellement les appareils de Boulet et Cie, de François et surtout ceux de Mondollot, qui sont les plus employés dans toute l'Europe, en Asie, en Afrique et même en Amérique.

IMPORTANCE DE LA CONSOMMATION D'EAUX GAZEUSES

En 1862, on évaluait annuellement à 20 millions de siphons, la consommation parisienne et à 35 millions, celle des départements ; en 1878, on les évaluait au total de 100 millions, représentant une somme de 30 millions de francs, la progression a certainement continué et l'on peut évaluer de 50 à 60 millions de siphons la production de Paris.

En Allemagne, on se sert encore des appareils à pression chimique, mais la supériorité des appareils français s'y affirmant de jour en jour, ces appareils disparaissent peu à peu.

TRAITÉ
DE LA FABRICATION INDUSTRIELLE
DES EAUX GAZEUSES
ET DES BOISSONS QUI S'Y RATTACHENT

PREMIÈRE PARTIE

Étude des propriétés physiques et chimiques
des matières employées
dans la fabrication des eaux gazeuses.

CHAPITRE PREMIER

EAU

CARACTÈRES ET PROPRIÉTÉS

L'eau est le liquide le plus répandu dans la nature. C'est une combinaison d'hydrogène et d'oxygène dans la proportion de 1 d'hydrogène pour 8 d'oxygène. Sa formule chimique est HO.

PROPRIÉTÉS PHYSIQUES. — L'eau se présente, suivant la température à laquelle elle est soumise, sous les trois états : solide, liquide et gazeux.

État solide. — Elle est sous cet état, lorsque sa température est inférieure ou égale au zéro du thermomètre; elle se présente alors, suivant l'endroit où elle se forme, en blocs transparents, constituant la glace, ou en cristaux étoilés d'aspect blanc, donnant la neige.

La température peut parfois descendre de plusieurs degrés au-dessous de zéro, sans qu'elle se solidifie ; dans ce cas, il suffit alors d'un choc ou d'une parcelle de matière étrangère pour déterminer instantanément la solidification de toute la masse.

En se solidifiant, elle augmente de volume, et devient plus légère que l'eau ; c'est le premier phénomène qui amène la rupture des vases dans lesquels elle est contenue, et c'est le second qui la fait flotter à la surface des cours d'eau. On doit donc éviter en hiver de laisser séjourner au froid les vases contenant de l'eau, même lorsqu'ils sont en métal.

État liquide. — A partir de zéro jusqu'à 100°, elle est à l'état liquide. Sous cet état, étant pure, elle est inodore et insipide, en couches minces elle est incolore ; en grande masse, elle est d'aspect verdâtre. Sa densité est 1, c'est-à-dire qu'un litre d'eau pèse un kilogramme. A la température de 100° et sous la pression ordinaire, elle passe à l'état de gaz, mais à toute température, elle émet des vapeurs en faible quantité.

L'état liquide est la forme sous laquelle on la rencontre et on l'emploie ; dans cet état elle est plus ou moins pure, suivant son origine ; elle contient des matières en suspension et d'autres en dissolution. On l'obtient très pure par la distillation.

Sa principale propriété chimique est de dissoudre un

grand nombre de corps solides et des gaz en plus ou moins grande quantité et de former des combinaisons stables avec certains corps.

Son pouvoir dissolvant augmente avec la température pour les corps solides, et avec la pression et l'abaissement de la température pour les gaz.

C'est sur cette dernière propriété qu'est basée la fabrication des eaux gazeuses artificielles.

Solubilité des gaz dans l'eau.

COEFFICIENTS D'ABSORPTION CALCULÉS POUR 0, 4°, 10°, 15° et 20°

(Bunsen et Corius)

NOMS DES GAZ	0°	4°	10°	15°	20°
Air..................	0,02471	0,02237	0,01953	0,01795	0,01704
Azote................	0,02835	0,01848	0,01607	0,01478	0,01403
Hydrogène............	0,01930	0,01930	0,01930	0,01930	0,01930
Oxygène..............	0,04114	0,0371	0,03250	0,02989	0,02838
Acide carbonique.....	1,7987	1,5126	1,1847	1,002	0,9014
Oxyde de carbone.....	0,03287	0,02987	0,02635	0,02432	0,02312
Protoxyde d'azote....	1,3052	1,1346	0,9196	0,7778	0,67
Gaz des marais.......	0,05449	0,04993	0,04372	0,03909	0,03499
Gaz oléfiant.........	0,2568	0,2227	0,1837	0,1615	0,1488
Hydrure d'éthylène...	0,0874	0,0748	0,0599	0,0508	0,0447
Hydrure de butylène..	0,03147	0,0277	0,02355	0,02147	0,02065
Hydrogène sulfuré....	4,3706	4,0442	3,5858	3,2326	2,9053
Acide sulfureux......	79,489	69,828	56,647	47,276	39,374
Ammoniaque...........	1049,6	941,9	812,8	727,2	654

Classification des eaux.

Les eaux se rencontrent, soit à la surface du sol, soit à l'intérieur.

Elles se divisent en deux catégories : les eaux douces ou potables et les eaux dures ou non potables.

Les secondes constituent généralement ce qu'on appelle les eaux minérales naturelles, parce qu'elles contiennent en dissolution des corps qui leur donne des propriétés thérapeutiques particulières.

Eaux douces. — Les eaux douces ou potables sont celles qui peuvent être employées pour l'alimentation et les principaux usages domestiques ; les eaux dures sont celles qui sont impropres à ces usages.

Caractères d'une eau potable. — L'eau pour être potable, doit être fraîche, limpide et sans odeur ; sa température doit être de 8 à 15° ; elle doit contenir en dissolution une quantité de sels qui doit être inférieure à 1 gramme par litre (un demi-gramme est la meilleure proportion), ainsi que de l'air en quantité de 50 centigrammes par litre environ, et de plus, être exempte de toutes matières organiques ou d'organismes vivants.

L'eau distillée n'est pas potable parce qu'elle ne contient pas d'air ; lorsqu'on veut faire servir cette eau à l'alimentation, on est obligé de l'aérer, comme cela se pratique à bord des navires.

Eaux dures. — Les eaux dures ou non potables sont celles qui sont impropres à l'alimentation par suite des impuretés qu'elles contiennent ou des matières solides ou gazeuses qu'elles ont dissous.

On les appelle eaux calcaires lorsqu'elles contiennent du carbonate de chaux en dissolution, et eaux séléniteuses lorsqu'elles contiennent du sulfate de chaux, vulgairement appelé plâtre.

Les eaux contenant du soufre ou de ses composés en certaine quantité, l'eau de mer, les eaux stagnantes rentrent dans cette catégorie.

CARACTÈRES DISTINCTIFS D'UNE EAU POTABLE ET D'UNE EAU NON POTABLE. — L'odeur et la saveur sont les premiers éléments que l'on doit invoquer; si elle est agréable à boire, il y a des chances pour qu'elle soit potable.

L'eau potable dissout le savon et cuit bien les légumes; non potable, elle forme avec le savon des grumeaux qui se précipitent vers le fond du vase, et elle rend les légumes durs et coriaces.

ÉTUDE DES DIFFÉRENTES EAUX. — Lorsqu'on veut établir une fabrication comme celle qui nous occupe, et qui touche à l'hygiène générale, on doit non seulement se servir de ces caractères, mais encore faire l'analyse quantitative de l'eau que l'on veut employer.

Nous allons étudier les différentes eaux potables et signaler leurs défauts et qualités.

EAU DE FLEUVE OU DE RIVIÈRE. — Ces eaux prises en amont, c'est-à-dire avant leur passage dans les grandes villes, sont en général potables, mais en aval, après leur passage, elles doivent être rejetées, car, pendant leur traversée, elles se sont chargées des eaux d'égouts, des détritus de fabriques, et contiennent par suite un grand nombre d'organismes vivants connus sous le nom de bactérie et dont le nombre s'accroît avec la traversée et dont quelques-uns d'eux sont très dangereux, tels que le bacille, que de récentes expériences tendent à montrer comme la cause première de la fièvre typhoïde. Ces eaux, ainsi que celles des canaux, doivent être rejetées, autant que faire se peut, de l'alimentation.

C'est, d'ailleurs, le but vers lequel tendent actuellement toutes les grandes villes.

Composition des eaux de la Seine et de la Marne distribuées à Paris.

DÉSIGNATION des eaux.	DEGRÉ hydrom.		CHAUX	CHLORE	MATIÈRES organiques.	AZOTE			OXYGÈNE dissous		BACTÉRIENS par centim. cube. MOYENNES annuelles.
	total.	persistant.				ammoniacal.	albuminoïde.	nitrique.	au moment de la prise.	après 48 heures.	
			mg.	mg.	mg.	mg.	mg.	mg.	mg.	mg.	
Marne à Saint-Maur..	22,4	4,6	109	7	1,9	0,0	0,3	1,7	10,7	9,5	4.980
Seine à l'usine d'Ivry..	19,4	3,2	99	8	2,5	0,0	0,3	1,9	10,8	9,5	5.940
— à Austerlitz. ...	19,4	3,2	100	8	2,7	0,0	0,3	2,0	10,4	8,8	10.150
— à Chaillot......	19,8	3,4	103	8	2,7	0,0	0,3	1,7	10,4	7,9	84.400
Ourcq à la Villette (canal).	34,8	10,3	139	10	2,9	0,0	0,3	1,9	10,3	9,1	4.480

Eaux de sources. — Ces eaux sont essentiellement potables, lorsqu'elles viennent des terrains primitifs et doivent être employées toutes les fois que cela est possible.

Celles provenant des terrains secondaires sont plus ou moins calcaires et celles traversant des couches de gypse sont séléniteuses et par suite non potables.

On peut comparer leur pureté par le tableau suivant :

Eaux de sources distribuées à Paris.

DÉSIGNATION des eaux.	DEGRÉ hydrom.		CHAUX	CHLORE	MATIÈRES organiques.	AZOTE			OXYGÈNE dissous		BACTÉRIES
	total.	persistant.				ammo- niacal.	albu- minoïde.	nitrique	au moment de la prise.	48 heures après.	
			mg.	mg.	mg.	mg.	mg.	mg.	mg.	mg.	
Vanne à Montsouris........	20,7	2,5	109	6	1,1	0,0	0,2	2,1	10,9	9,9	194
— prise sur la canalisation.	20,5	2,6	109	6	0,9	0,0	0,2	2,1	10,9	10,1	204
Dhuis à Ménilmontant.......	22,2	4,7	108	8	1,1	0,0	0,3	2,3	10,8	9,8	48
— sur la canalisation...	22,4	4,5	108	8	1,0	0,0	0,2	2,2	10,9	10,0	256

Eaux de sources artificielles. — L'eau de source provient de pluies filtrées naturellement à travers le sol ; on a imité ce procédé, soit en choisissant des terrains, soit en modifiant certaines parties ; les eaux ainsi recueillies présentent les mêmes caractères que les précédentes.

A l'heure actuelle, on va plus loin, et l'on cherche à purifier les eaux du tout-à-l'égout, et à les rendre potables par leur épandage sur des terrains spéciaux où elles servent aux besoins de l'agriculture et se filtrent ensuite, l'eau obtenue est claire et limpide, et des expériences récentes, des docteurs Grancher et Deschamps tendent à prouver que les microbes de la fièvre typhoïde et autres sont complètement détruits par ce système et font absolument défaut dans les eaux recueillies de cette façon, comme on peut en juger par les tableaux suivants :

Eaux d'égout de la ville de Paris.

DÉSIGNATION des eaux	DEGRÉ hydromèt.	CHAUX	CHLORE	MATIÈRE organique.	AZOTE			BACTÉRIENS
					ammoniacal.	albuminoïde.	nitrique	
Collecteur de Clichy.	38°	mg. 186	mg. 73	mg. 35,8	21,1	2,6	5,0	6.090.000
— Saint-Ouen.	48	224	75	53,1	20,5	4,2	3,6	10.700.000

Eaux de ces égouts après passage dans les drains.

DÉSIGNATION des eaux.	DEGRÉ hydromèt.	CHAUX	CHLORE	MATIÈRE organique.	AZOTE			BACTÉRIENS
					ammoniacal.	albuminoïde.	nitrique	
Collect. d'Asnières.	54°	mg. 287	mg. 76	mg. 1,6	0,0	0,4	19,9	54
— de la Garenne.	57	300	73	2,0	0,0	0,4	15,1	905

PROCÉDÉ BOULEY
POUR ÉTABLIR UNE SOURCE ARTIFICIELLE

On prend une surface de terrain variable suivant les besoins et la quantité d'eau qui y tombe ; on creuse cette surface en entonnoir (2 mètres à 2ᵐ,50 de profondeur), et l'on revêt les parois d'argile.

Au centre on établit une fosse quadrangulaire de dimensions convenables. La fosse est remplie par un lit de sable auquel on superpose un lit de cailloux qui constituent un filtre ; on achève de la remplir avec de la craie et du fer ; puis on remplit la partie en entonnoir par du sable caillouteux que l'on couvre d'une légère couche de gazon. La fosse conduit l'eau au dehors, d'où elle coule par un robinet dans une citerne ; de cette façon elle se trouve aérée.

Eaux de puits. — Ces eaux sont en général potables à moins que les puits ne soient creusés dans des terrains séléniteux, auquel cas ces eaux sont elles-mêmes séléniteuses.

Les puits servant à l'alimentation doivent être bien entretenus et couverts, car des détritus jetés à l'intérieur du puits peuvent en corrompre les eaux ; de plus, on ne doit faire usage que de pompes en métal.

Ces puits doivent être éloignés de toute fosse d'aisance, surtout des fosses perdues et à une distance d'autant plus grande que le terrain est plus perméable, car des exemples récents ont montré la contamination de puits par une suite de fissures produites dans la maçonnerie de fosses plus ou moins éloignées qui a eu pour résultat l'apparition de la fièvre typhoïde et sa propagation tant que l'on s'est servi de la nappe d'eau contaminée.

Lorsqu'on les emploie dans la fabrication, l'analyse fréquente doit en être faite.

Pour l'eau provenant des puits artésiens, l'analyse peut seule se prononcer, car leur composition varie pour un même puits suivant la profondeur à laquelle elle est prise. Ces eaux sont thermales et ont une température qui augmente approximativement de 1° par 33 mètres de profondeur.

Eau de mer. — L'eau de mer est une eau minérale, nous l'étudions actuellement parce qu'elle est employée pour l'alimentation à bord des navires.

SUBSTANCES SALINES	MER NOIRE D = 1,01365	MER D'AZOW D = 1,0097	MER CASPIENNE D = 1,00539	MER DU NORD D = 1,0234	MER MÉDITERRANÉE D =	MER MORTE D =
Chlorure de sodium.....	14,0195	9,6583	3,6731	23,58	29,424	110,03
— de potassium..	0,1892	0,1279	0,0761	1,01	0,505	1,66
— de magnésium.	1,3045	0,8870	0,6524	2,77	3,219	16,96
Sulfate de magnésie....	1,4700	0,7644	1,2389	1,99	2,477	
— de chaux......	0,1047	0,2879	0,4903	1,11	1,357	
Bicarbonate de magnésie.	0,2086	0,1286	0,0129			
— de chaux....	0,3646	0,0221	9,1705			
Bromure de magnésium.	0,0052	0,0035	Traces.			
Chlorure de calcium....					6,080	6,80
Carbonate de chaux....					0,144	
Bromure de sodium.....					0,556	
Peroxyde de fer.........					0,003	
Sulfates (NaO. MgO. CaO).						2,33
Carbonates terreux......						9,53
Silice et matière organiq.						2
Bromures, azotates, oxydes de fer............						Traces.

Elle renferme des principes minéraux et en particulier du chlorure de sodium. Sa composition est variable suivant sa provenance et la profondeur, comme l'indique le tableau suivant, contenant les résultats d'analyses d'eaux prises sur les différents points du globe.

Sa densité varie entre 1,0293 et 1,00057.

On rend cette eau potable en la distillant dans l'appareil Peyre et Rocher, et en aérant par battage.

L'appareil Normandy supprime cette dernière opération en mélangeant la vapeur avec un courant d'air circulant dans l'appareil.

Eaux de pluie. — L'eau de pluie est la plus pure et l'une des meilleures; mais il est nécessaire de prendre certaines précautions lorsqu'on la recueille; car l'atmosphère contient de nombreux organismes, et la première eau recueillie se trouve souvent plus contaminée que l'eau courante, et de plus elle contient les poussières de l'atmosphère, des fumées, des débris de toitures ou de murs sur lesquels elle a coulé.

On ne doit donc recueillir que l'eau qui a tombé au bout d'un certain temps, l'atmosphère ayant été purifiée par la première tombée. Ce procédé est mis en pratique dans quelques villes. On peut juger de sa composition et des variations qu'elle subit par le tableau suivant emprunté au service municipal de Paris, fonctionnant à l'observatoire de Montsouris.

SEMAINES	ANALYSES CHIMIQUES							
	DANS 100 M. C. D'AIR DU PARC MONTSOURIS			EAUX MÉTÉORIQUES RECUEILLIES DANS LE PARC MONTSOURIS				
					PAR LITRE		PAR MÈTRE CARRÉ	
	Ozone.	Azote ammoniacal.	Acide carbonique.	Hauteur.	Azote ammoniacal.	Azote nitrique.	Azote ammoniacal.	Azote nitrique.
	mg.	mg.	lit.	millim.	mg.	mg.	mg.	mg.
SAISONS — Hiver........	1,9	»	30,1	37,7	2,3	1,1	86,9	40,9
Printemps.....	2,3	»	28,7	134,0	2,8	1,0	378,7	13,87
Été..........	2,0	»	27,4	155,7	2,3	0,5	358,7	76,6
Automne......	1,9	»	27,2	137,2	3,1	0,7	429,6	102.7
Année complète...	2,0	»	28,4	464,6	2,70	0,78	1253,9	358,9
Années antérieures.	1,3	2,2	29,6	555,0	1,87	0,70	1001,0	379,3

Eau de citerne. — L'eau de citerne est de l'eau de pluie recueillie; elle doit donc, pour éviter les inconvénients énumérés pour cette dernière, être prise comme cela est dit plus haut; de plus, elle est emmagasinée dans une citerne, c'est-à-dire dans un réservoir en maçonnerie; dans ce cas, si la citerne n'est pas protégée contre l'action de la lumière et bien ventilée, il s'y développe des champignons et des algues qui absorbent l'oxygène; de plus, l'eau peut dissoudre les sels contenus dans les matériaux de construction des murs;

pour éviter ce dernier inconvénient, on doit cimenter complètement les murs des citernes.

On peut améliorer considérablement la qualité de cette eau, en disposant au-dessus de la citerne un filtre en sable fin, que l'eau traverse avant de s'y rendre, et qui retient les corps étrangers, ou mieux, en le formant de deux couches de charbon intercalées entre deux couches de sable.

Eaux de mare. — Ces eaux étant stagnantes et provenant d'eau de pluie qui n'ont pu s'écouler par suite de l'imperméabilité du sol, sont en général non potables ; si une mare est bien entretenue, cette eau peut être employée à défaut d'autres, mais elle est indigeste.

MATIÈRES POUVANT ÊTRE INTRODUITES DANS L'EAU PAR LES APPAREILS

Trois matières peuvent être ainsi introduites dans l'eau : le plomb, le cuivre, le fer.

La première provient de la circulation de l'eau dans les tuyaux : il est à l'état de carbonate qui est formé par suite de l'oxydation du plomb sous l'influence de l'oxygène dissous dans l'eau, lequel oxyde se combine avec l'acide carbonique qui y est également dissous pour former un carbonate.

Malgré l'emploi général des tuyaux de plomb dans toutes les canalisations, on n'a pas trouvé d'accidents ou même d'indispositions dues d'une façon absolument certaine à ce métal.

La deuxième est le cuivre ; les expériences du docteur Burcq ont montré que les composés cuivriques pouvaient être introduits dans l'économie sans inconvénient, et il a pris ce corps pour base de sa méthode de préservation du choléra.

La troisième est le fer qui, loin d'être dangereux, est au contraire recommandé, mais il a l'inconvénient de donner à l'eau une couleur brune qui tend à faire croire que l'eau est plus ou moins boueuse ; la filtration corrige très facilement cet inconvénient.

Comme on le voit, ces matières ne doivent pas inquiéter le fabricant, et encore moins le consommateur, car elles sont absolument inoffensives.

Eaux à employer. — On doit employer l'eau de source naturelle ou artificielle, ou à son défaut l'eau de rivière ou de citerne, et l'eau de puits sous réserve des conditions citées plus haut ; on doit les faire circuler dans des tuyaux métalliques et ne les recevoir que dans des réservoirs en fer, car ce sont les plus économiques, ou en maçonnerie parfaitement cimentée, on doit éviter les vases en bois, mêmes carbonisés intérieurement.

De plus, on doit filtrer les eaux de façon à éliminer complètement tous les germes.

Différents moyens sont employés pour corriger chimiquement les eaux ; on ne doit y recourir que lorsqu'il est impossible d'avoir d'autres eaux à sa disposition, car ces procédés sont toujours un inconvénient, et de plus sont coûteux. Nous les donnons en note à la fin de ce traité.

Analyse rapide des eaux.

Pour doser d'une façon rapide la quantité de sels calcaires et magnésiens contenus dans une eau, on se sert de la propriété du savon de former des grumeaux avec ces sels.

On opère à l'aide d'une liqueur alcoolique de savon formée en faisant dissoudre à chaud 100 grammes de savon blanc de Marseille dans 1,600 grammes d'alcool à 90° que l'on filtre et auxquels on ajoute 1,000 grammes d'eau distillée.

La composition de la liqueur est calculée de manière que chaque degré hydrotimétrique représente 0 gr. 1 de savon neutralisé par 1 litre de l'eau soumise à l'expérience ; ainsi, si l'on a versé 18 divisions de la burette, on en conclut que l'eau contient une quantité de sels terreux tels qu'il faut employer 18 décigrammes de savon par litre avant d'obtenir une mousse persistante, c'est-à-dire employés en pure perte.

Chaque degré hydrotimétrique correspond soit à 0,0114 de chlorure de calcium, soit à 0,01 de carbonate de chaux.

On opère cette analyse en se servant d'un flacon jaugé et d'un hydrotimètre.

Hydrotimètre. — L'hydrotimètre se compose d'un tube de verre gradué fermé à l'une de ses extrémités, ouvert à l'autre et sur laquelle vient se brancher un bec servant de compte-gouttes.

Il est gradué de telle manière que le trait circulaire marqué au sommet de l'instrument est la limite que la liqueur doit occuper dans l'appareil pour faire l'opération; la division comprise entre ce trait circulaire et 0 représente la proportion de liqueur de savon nécessaire pour produire le phénomène de la mousse avec l'eau distillée pure. Les degrés à partir de 0 sont les degrés hydrotimétriques.

On opère en prenant 40 centimètres cubes d'eau que l'on mesure dans le flacon gradué et en versant goutte à goutte, à l'aide de l'hydrotimètre, la liqueur de savon et en agitant le flacon que l'on a soin de refermer chaque fois.

L'opération est terminée quand la mousse forme à la surface une couche régulière de plus d'un demi-centimètre d'épaisseur, qui se maintient au moins dix minutes sans s'affaisser.

Si l'eau soumise à l'expérience donne naissance à des grumeaux, lorsqu'on la mélange à la liqueur hydrotimétrique, ou si son degré dépasse 25 ou 30, on doit conclure que cette eau est trop chargée de sels terreux pour qu'on puisse l'essayer telle qu'elle est ; il est nécessaire de la mélanger avec de l'eau distillée, de manière à la ramener à un degré hydrotimétrique inférieur à 30°.

On y ajoute donc une, deux, trois fois son volume d'eau distillée, suivant qu'elle est plus ou moins impure, et cette addition se fait facilement au moyen du flacon jaugé de 10 en 10 centimètres cubes ; il faut, dans ce cas, avoir soin de compter le double, le triple ou le quadruple du degré observé, suivant que l'on a ajouté un, deux, trois ou quatre volumes d'eau distillée.

Pour reconnaître la présence des matières organiques qui peuvent être contenues dans l'eau, on emploie le chlorure d'or.

Pour les autres matières, nous renvoyons ceci à l'analyse complète des eaux qui est indiquée à la fin du volume.

CHAPITRE II

ACIDE CARBONIQUE

L'acide carbonique est un gaz incolore d'une odeur légèrement piquante et d'une saveur aigrelette ; c'est cette dernière propriété qui le fait employer dans la fabrication qui nous intéresse. Il est impropre à la respiration.

Il est plus lourd que l'air; sa densité prise par rapport à ce dernier gaz est de 1.529; 1 litre d'acide carbonique pèse donc 1 gr. 984. Il se liquéfie à la température de — 57° et sous une pression de 36 atmosphères; une fois liquéfié, on peut le solidifier en le faisant jaillir dans l'air. Evaporé dans l'air, l'acide liquide produit un abaissement de température de — 78 à — 80°.

L'eau en dissout son volume à la température ordinaire et sa solubilité croît proportionnellement à la pression ; pour 1 atmosphère, la quantité étant 1 litre, pour 10 atmosphères, elle est de 10 litres.

Ce gaz communique à l'eau, dans laquelle il se trouve, la propriété de dissoudre les sels en grande quantité, sels qui se déposeront aussitôt que le dégagement du gaz se produira.

C'est ce phénomène qui se produit dans les sources incrustantes où tout objet plongé est aussitôt recouvert d'une couche calcaire. Cette propriété est utilisée pour le transport de certaines eaux minérales ferrugineuses, qui, saturées, ne peuvent être transportées, mais qui, sursaturées, conservent en dissolution leurs principes minéraux et, par suite, leur limpidité et leurs qualités thérapeutiques.

L'acide carbonique se trouve dans la nature, où il se dégage en grande quantité des volcans, de certains sols, dans l'eau de certaines sources; il est produit par la respiration des êtres vivants, la combustion ou la décomposition des matières organiques, la combustion du charbon.

Il serait en grande quantité dans l'atmosphère si la respiration des plantes n'était contraire à celle des animaux : elles absorbent l'acide carbonique, fixent le carbone et dégagent de l'oxygène. Grâce à ce phénomène, la quantité contenue dans l'air n'est environ que de $\frac{3 \text{ à } 5}{10,000}$ de son volume.

Précautions à prendre. — On reconnaît sa présence dans une atmosphère lorsque, en y plongeant une bougie allumée, cette bougie s'y éteint; ce phénomène se produit dans une atmosphère contenant une quantité d'acide carbonique inférieure à celle qui est dangereuse pour l'homme.

Ce cas se présente surtout dans les endroits contenant des cuves en fermentation, dans des puits, des grottes naturelles comme la grotte de Royat.

Pour y pénétrer, il faut y projeter des dissolutions de potasse, de soude ou de lait de chaux, et n'y entrer que lorsqu'une bougie y reste allumée.

Préparation de l'acide carbonique.

On obtient l'acide carbonique de différentes façons.

Lorsqu'il s'agit de l'obtenir pur et en petite quantité, on emploie l'action de l'eau sur l'acide tartrique et le bicarbonate de soude ; c'est ce procédé qui est employé dans l'appareil domestique connu sous le nom de gazogène Briet.

La réaction qui se produit est donnée par la formule :

$$C^8 H^4 O^{10} 2HO + 2(NaOHO, 2CO^2) = 2NaO, C^8 H^4 O^{10} + 2CO^2 + 4HO$$

Ce procédé étant trop coûteux, on le prépare industriellement en se servant de l'action des acides, soit chlorhydrique, soit sulfurique, sur les carbonates alcalins ; on emploie principalement le carbonate de chaux ou le bicarbonate de soude.

Primitivement on employait l'acide chlorhydrique et le carbonate de chaux à l'état de craie (état sous lequel on le trouve très pur, connu aussi sous le nom de blanc d'Espagne ou de blanc de Meudon).

On préfère actuellement l'acide sulfurique car l'acide chlorhydrique, n'étant jamais pur, donne à l'acide carbonique, malgré un lavage prononcé, un goût peu agréable, sans parler de la détérioration prompte des appareils occasionnée par les vapeurs de cet acide.

On emploie pour cet usage l'acide du commerce marquant 66° Baumé. L'acide sulfurique attaque la craie et se substitue à l'acide carbonique qui est mis en liberté. La réaction est exprimée par cette formule :

$$CaO, CO^2 + SO^3 = CaO, SO^3 + CO^2$$

Depuis que le bicarbonate de soude est produit industriellement à très bon marché, on l'a substitué à la craie ; le gaz produit est plus pur ; les laveurs des appareils peuvent être de petite dimension, la vidange des matières est très facile ; de plus, le sulfate de soude résultant de l'opération étant soluble et pouvant sans déranger être versé dans les cours d'eau n'est pas une gêne pour l'industriel.

La réaction produite est donnée par la formule :

$$NaO, 2CO^2 + SO^3 = NaO, SO^3 + 2CO^2$$

Dans les pays où se trouvent des carrières de marbre, qui est du carbonate de chaux très pur, on l'emploie à l'état de poudre pour remplacer la craie.

La poudre de marbre se comporte à peu près comme la craie, mais elle a une tendance à consommer davantage d'acide ; il faut, lorsqu'on l'emploie, mettre dans le producteur de l'appareil moitié moins d'eau que pour cette dernière, autrement il y aurait un certain volume d'acide sulfurique de perdu, ce qu'il faut éviter.

On peut obtenir aussi l'acide carbonique en enlevant au bicarbonate de soude 1 équivalent de son acide carbonique par l'action de la chaleur; ce procédé, qui est assez dangereux, nécessite, en outre, des appareils compliqués de laveurs et de réfrigérants et coûte réellement trop cher pour la fabrication industrielle. Il a été employé pendant quelque temps en Hollande; mais ses nombreux inconvénients l'ont fait abandonner très vite.

Régénération du bicarbonate de soude. — Ancien procédé. — Ozouf a essayé à une époque la fabrication de l'acide carbonique d'une manière assez originale, très belle en théorie, mais peu pratique.

Son système consistait à employer l'acide carbonique provenant de la combustion du coke et dont l'oxyde de carbone était préalablement éliminé. L'acide carbonique produit était absorbé, à sa sortie du four, par une dissolution de carbonate de soude qui se transformait sous son action en bicarbonate.

Cette dissolution saline était ensuite amenée dans des récipients distillatoires chauffés; sous l'action de la chaleur, l'acide carbonique se dégageait et était recueilli dans un gazomètre, d'où il était distribué aux appareils à eau de Seltz.

Le carbonate neutre de soude qui restait dans la dissolution saline passait ensuite dans des réfrigérants et venait se retransformer à nouveau en bicarbonate.

Ce procédé était bon comme production de gaz; mais il exigeait des appareils fort coûteux et tenant un emplacement considérable.

Procédé actuel. — Le procédé précédent a été modifié, et est employé actuellement par l'une de nos grandes fabriques; il n'est avantageux que si un ensemble de circonstances nécessaires pour sa préparation économique se trouvent réunies.

Il a pour base la régénération du bicarbonate de soude; on opère en décomposant ce dernier par la chaleur en acide carbonique et en carbonate de soude; puis en soumettant ce carbonate à l'action de l'acide carbonique dégagé par des cuves de fermentation des fabriques de vins de raisins secs qui en dégorgent en grande quantité, et que les fabricants ne savent comment éliminer; ce procédé est avantageux pour eux, et pour le fabricant d'eaux gazeuses, à qui il revient au prix du transport.

On le redécompose à nouveau ce bicarbonate et l'on répète plusieurs fois cette opération sur la même matière; elle est nécessairement limitée, car, au bout de plusieurs régénérations, le carbonate se tasse et refuse d'absorber de l'acide carbonique.

Certains brasseurs disposent une cloche au-dessus de leurs cuves en fermentation et recueillent ainsi de l'acide carbonique qu'ils emploient à la fabrication des eaux et limonades gazeuses.

Comme le dit Maumené dans son excellent ouvrage traitant à fond la question des vins :

« Le gaz acide carbonique, tiré du marbre ou de la craie, présente les mêmes caractères que celui développé par la fermentation du raisin, et il est impossible de saisir entre eux la différence la plus légère : tous deux peuvent être décomposés par les mêmes agents chimiques, et si l'on en décompose 11 kilogr., on trouve dans chacun d'eux : 3 kilos de charbon pur et 8 d'oxygène.

« Les deux gaz purs ont absolument le même poids ; ils sont une fois et demi plus lourds que l'air (1 fois 529). Ils sont tous deux solubles dans l'eau et les autres liquides au même degré : tous deux résistent au feu le plus violent ; tous deux sont absorbés par les matières alcalines, la potasse, la soude, la chaux, et forment avec elles des combinaisons parfaitement identiques. »

En un mot, dans toutes les circonstances on les trouve entièrement pareils, et, comme on l'a déjà dit, s'il est une vérité certaine, c'est que les deux gaz n'en font qu'un, malgré toutes les différences apparentes d'origine.

Applications de l'acide carbonique. — Le gaz acide carbonique ne sert pas seulement à l'industrie des boissons gazeuses ; il est employé dans beaucoup d'industries chimiques, entre autre pour la fabrication de la glace artificielle.

On a fait des essais avec ce gaz, pour enlever à la pâte de savon son action caustique, et la rendre soluble dans les eaux séléniteuses. On étudie aussi son application au tannage du cuir.

On s'en sert également en métallurgie pour isoler certains métaux en fusion de l'oxygène de l'air au moment de la coulée afin d'éviter l'oxydation du métal, et à l'état liquide, pour empêcher par sa pression les pailles et les soufflures.

Tableau de la solubilité du gaz acide carbonique dans l'eau depuis 0° jusqu'à 30°, sous la pression atmosphérique; cette solubilité augmente par la pression.

(Calculé d'après la formule de BUNSEN.)

TEMPÉRATURE	GAZ ABSORBÉ	TEMPÉRATURE	GAZ ABSORBÉ
0°	1,7967	16	0,9753
1	1,7207	17	0,9719
2	1,6481	18	0,9318
3	1,5787	19	0,9150
4	1,5126	20	0,9014
5	1,4497	21	0,8900
6	1,3901	22	0,8800
7	1,3339	23	0,8710
8	1,2809	24	0,8630
9	1,2311	25	0,8510
10	1,1847	26	0,8505
11	1,1416	27	0,8460
12	1,1018	28	0,8420
13	1,0653	29	0,8370
14	1,0321	30	0,8372
15	1,0020		

Tableau de la solubilité de l'acide carbonique dans l'alcool depuis 0° jusqu'à 30°.

DEGRÉS	GAZ	DEGRÉS	GAZ
0	4,3295	16	3,1438
1	4,2368	17	3,0908
2	4,1466	18	3,0402
3	4,0589	19	2,9921
4	3,9736	20	2,9465
5	3,8908	21	2,9034
6	3,8105	22	2,8628
7	3,7327	23	2,8247
8	3,6573	24	2,7890
9	3,5844	25	2,7558
10	3,5140	26	2,7251
11	3,4461	27	2,6969
12	3,3807	28	2,6711
13	3,3177	29	2,6478
14	3,2573	30	2,6270
15	3,1993		

On voit par ces deux tableaux la grande solubilité de l'acide carbonique dans l'eau et dans l'alcool qui montrent que plus un liquide est alcoolisé, plus il dissoudra d'acide carbonique sous la même pression. C'est pour ce motif que dans la saturation des vins mousseux artificiels, on se contente de saturer sous une pression de 4 à 5 atmosphères au maximum; la quantité de gaz dissous sous cette pression étant plus que suffisante pour donner tous les caractères d'un vin naturel.

CHAPITRE III

CARBONATE DE CHAUX. CRAIE. MARBRE

De tous les calcaires que nous offre la nature, c'est le marbre qui est le plus pur; aussi l'emploie-t-on de préférence pour obtenir l'acide carbonique; pour activer l'action de l'acide, il faut employer la poudre de marbre.

Ce procédé ne s'emploie que dans les pays où l'on travaille le marbre, et où par conséquent cette matière est à bon marché. La craie, au contraire est plus employée, car elle se trouve un peu partout, mais principalement dans le bassin de la Seine.

Quand on extrait cette matière du sol, elle est impure, étant toujours mélangée de silex, de sable, d'oxydes de fer, de manganèse.

Pour la purifier, on lui fait subir plusieurs lavages qui la débarrassent des matières étrangères qu'elle contient, et on la livre au commerce en pains très secs.

Il est facile de s'assurer si la craie contient des oxydes de fer ou du manganèse en en mettant quelques fragments dans une capsule que l'on soumet à l'action d'un feu ardent; si elle contient de l'oxyde de fer, la masse prend une coloration jaunâtre ; si c'est de l'oxyde de manganèse, la coloration est brun foncé.

La craie doit toujours être emmagasinée dans un endroit sec et aéré et il faut éviter autant que possible de la laisser à même sur le sol.

On doit la conserver dans des caisses en bois ou dans des tonneaux et avoir soin d'empêcher tout contact de matières étrangères qui peuvent altérer sa pureté et lui communiquer des odeurs, telles que les chiffons gras, les débris organiques.

CHAPITRE IV

ACIDE SULFURIQUE

L'acide sulfurique appelé aussi huile de vitriol est un liquide incolore, à l'état pur, inodore, d'une densité de 1,842 à + 15°. Cet acide est très énergique et forme avec les oxydes métalliques des combinaisons qui constituent des sulfates.

Il est composé de 1 équivalent de soufre et de 3 équivalents d'oxygène, uni à un ou plusieurs équivalents d'eau ; sa formule est $SO^3 HO$ à l'état monohydraté, c'est-à-dire ne contenant que 1 équivalent d'eau, car il est très avide d'eau, et tend à s'unir à une plus grande quantité.

C'est cette propriété hygroscopique qui est mise en pratique pour dessécher les gaz que l'on fait passer à travers des fragments de pierre-ponce imbibés de cet acide, en particulier pour dessécher l'acide carbonique que l'on veut liquéfier.

Lorsqu'on le mélange[1] avec l'eau, il se combine et produit immédiatement une grande élévation de tempé-

---

[1] Voir à l'article *vide-touric* la manière de faire le mélange.

rature; cette avidité d'eau lui fait attaquer les tissus organiques; ce liquide doit être manœuvré avec de très grandes précautions, car il occasionne des accidents fort graves, les brûlures produites étant très dangereuses et excessivement douloureuses.

Brûlures par l'acide sulfurique. — Quand on est atteint par des projections d'acide, le seul remède à employer est de plonger la partie atteinte le plus vivement possible dans un seau d'eau, ou de la placer sous une fontaine complètement ouverte.

On doit rejeter les procédés consistant à laver la brûlure avec de l'ammoniac ou à appliquer du bicarbonate de soude en poudre, procédés qui font agir plus fortement l'acide et laissent des cicatrices souvent très profondes.

Un appareil spécial, le vide-tourie est nécessaire pour le manier.

L'acide sulfurique est fabriqué en grande quantité pour les besoins de l'industrie par le procédé des chambres de plomb.

L'acide sulfurique du commerce n'est jamais très pur; il contient généralement du sulfate de plomb, des traces d'arsenic, du fer, de l'acide sulfureux, de l'acide azotique et des matières organiques qui proviennent de la fabrication; ce sont ces matières qui lui donnent cette coloration brune qu'il a d'ordinaire.

Essais de l'acide sulfurique. — L'acide du commerce fabriqué en France est généralement suffisamment pur pour que son emploi dans la fabrication des eaux gazeuses n'ait aucun inconvénient.

Il n'en est pas de même de certains acides anglais ou allemands, les pyrites de ces contrées étant beaucoup plus riches en arsenic que les pyrites françaises.

L'acide sulfurique du commerce le plus employé pour la fabrication de l'eau de Seltz est en France, celui fabriqué par les usines de Saint-Gobain.

On peut se rendre compte de la présence des composés nitreux dans l'acide sulfurique en employant le sulfate de fer pur, qui est un réactif d'une très grande sensibilité ; on n'a qu'à verser dans l'acide à divers points de sa surface quelques gouttes d'une dissolution de sulfate de fer ; l'acide prend immédiatement une coloration rouge foncé ; si la coloration est rose tendre c'est qu'il contient du bioxyde d'azote et dans le cas d'une coloration violacée ou bleue on a affaire à de l'acide hypoazotique.

Lorsque l'acide ne marque pas 66° au pèse-acide Baumé, c'est qu'il contient de l'eau en excès, et par conséquent sa valeur industrielle est moindre.

Ces essais, sauf le dernier, demandent une certaine pratique. Il est donc nécessaire, si l'on veut connaître exactement la qualité de l'acide que l'on emploie, de s'adresser à un chimiste ou, à son défaut, à un pharmacien.

Il en sera de même pour les essais d'acide tartrique et citrique employés dans la fabrication. Afin d'être certain des produits sur lesquels on opère, on doit toujours s'adresser à des maisons sérieuses, sans se laisser tenter par le bon marché qui ne peut être obtenu qu'au détriment de la qualité, ces produits étant vendus à un cours industriel déterminé.

Densité des mélanges d'acide sulfurique et d'eau

Par BINEAU. (Température 15°.)

DEGRÉS de l'aréomètre	DENSITÉS	ACIDE monohydraté p. 100	ACIDE anhydre p. 100
5°	1,036	5,4	4,5
10	1,075	10,9	8,9
15	1,116	16,3	13,3
20	1,161	24,4	18,3
25	1,209	28,3	23,1
30	1,262	34,8	28,4
33	1,296	38,9	31,8
35	1,320	41,6	34,0
36	1,332	43,0	35,1
37	1,345	44,3	36,2
38	1,357	45,5	37,3
39	1,370	46,9	38,3
40	1,383	48,4	39,5
41	1,397	49,9	40,7
43	1,424	52,5	42,9
45	1,453	55,4	45,2
47	1,483	58,2	47,5
50	1,530	62,6	51,1
51	1,563	65,4	53,4
54	1,597	68,4	55,8
56	1,630	71,6	58,4
58	1,671	74,7	61,0
60	1,711	78,0	63,6
61	1,732	79,8	65,1
62	1,753	81,7	66,7
63	1,774	83,9	68,5
64	1,796	86,3	70,4
65	1,819	89,5	73,0
66	1,842	91,3	74,5
66,6	1,857	100	81,6

CHAPITRE V

ACIDES TARTRIQUE ET CITRIQUE. HYPOSULFITE DE SOUDE

ACIDE TARTRIQUE
$C^8 H^6 O^{12}$

L'acide tartrique s'emploie pour la fabrication du sirop de sucre devant servir aux limonades gazeuses ; c'est un corps solide et incolore, cristallisé en prismes rhomboïdaux obliques, de densité 1,75.

Il se dissout dans une partie un tiers d'eau à la température de + 19° et en très grande quantité dans l'eau chaude. Il est inaltérable à l'air. Excessivement soluble dans l'alcool, il est insoluble dans l'éther ; il se trouve combiné avec le potassium dans le tartre qui se forme dans les vins.

C'est cette matière qui permet de l'obtenir industriellement : on prend la crème de tartre, qui n'est autre que du tartre purifié, on la dissout à chaud et on la traite par de la craie en poudre ; il se forme un tartrate de chaux insoluble et un de potasse également insoluble ; on filtre, puis on traite la liqueur filtrée par le chlorure de calcium ; on obtient du tartrate de chaux insoluble.

On traite le tartrate de chaux ainsi obtenu par l'acide sulfurique ; on sépare le sulfate de chaux formé qui est insoluble et l'on évapore la liqueur ; il se dépose des cristaux qui sont de l'acide tartrique.

Il se trouve commercialement en gros cristaux, en granule et en neige ; c'est sous la première forme qu'on doit l'employer.

La droguerie fournit de l'acide tartrique très pur que l'on peut employer sans crainte.

Ce produit est parfois falsifié, surtout s'il est de provenance étrangère, il est bon de l'analyser.

L'acide tartrique n'attire pas l'humidité de l'air ; dans le cas où il serait humide, c'est qu'il contiendrait un peu d'acide sulfurique.

La coloration brune que prend une solution d'acide tartrique en présence de l'acide sulfhydrique indique la présence du cuivre ou du plomb.

Etant complètement soluble, à l'état pur, dans l'alcool à 95°, si l'on en fait dissoudre dans ce liquide une certaine quantité et que la liqueur reste claire, on est à peu près certain que l'acide employé est pur.

ACIDE CITRIQUE
$C^{12} H^8 O^{14}$

L'acide citrique s'emploie également dans la fabrication du sirop de sucre ; il est solide, incolore, inodore ; il cristallise en prismes rhomboïdaux droits ; sa saveur est fortement acide et très agréable ; il se dissout dans les trois quarts de son poids d'eau froide et dans la moitié de son poids d'eau bouillante ; il est soluble dans l'alcool et dans l'éther.

L'acide citrique se fabrique industriellement en Sicile et dans le midi de l'Italie. On se sert pour sa préparation du suc de citron que l'on fait fermenter légèrement.

On le clarifie en le débarrassant des matières qu'il tient en suspension, puis on le traite par la craie et on le sature par de la chaux vive ; on obtient ainsi un sel calcaire insoluble qu'on purifie par des lavages à l'eau et que l'on décompose ensuite par l'acide sulfurique ; on filtre et l'on obtient une dissolution d'acide citrique que l'on fait cristalliser. On peut l'extraire des groseilles à maquereau par le même procédé en ayant soin de les cueillir avant leur maturité.

D'après Bolley, on peut reconnaître si l'acide citrique contient de l'acide tartrique, en mettant sur un morceau de verre une fine couche de potasse caustique et en y superposant les cristaux d'acide citrique. Si ce dernier conserve sa transparence, il est pur ; dans le cas contraire il contient de l'acide tartrique qui devient blanchâtre et opaque en se transformant, au contact de la potasse en bicarbonate de potasse.

Une dissolution d'acide citrique additionnée d'un excès d'eau de chaux ne doit pas donner un précipité à la température ordinaire.

HYPOSULFITE DE SOUDE
NaO S O² + 6 H O

L'hyposulfite de soude se présente sous forme de cristaux ; il est très altérable à l'air, insoluble dans l'alcool, soluble en fortes proportions dans l'eau ; il jouit, comme l'acide sulfureux de la propriété d'empêcher les sucs végétaux de fermenter, c'est ce qui les fait employer dans les liqueurs fabriquées comme vins de Champagne et pour la conservation des limonades; mais en très petite quantité, environ 1 gr. par bouteille.

On doit le conserver dans des vases bien fermés, car sous l'influence de l'air, il se transforme très facilement en sulfate.

PROTOXYDE D'AZOTE
AzO

Le protoxyde d'azote est un gaz incolore et inodore ; sa saveur est légèrement sucrée; sa densité est 1 gr. 527; un litre de ce gaz pèse donc 1 gr. 975. Il se dissout dans l'eau, dans la proportion de 4 litres de gaz pour 5 litres d'eau, et en plus forte proportion dans l'alcool. Ce gaz est comburant; il rallume, comme l'oxygène, des corps qui ne présentent que quelques points en ignition.

Ce gaz peut se respirer à doses assez fortes ; il procure alors des sensations particulières qui se traduisent par une gaieté folle de la personne qui le respire; on l'emploie comme anesthésique surtout dans la prothèse dentaire. Il faut dans ces deux cas, sous peine d'accidents pouvant déterminer la mort rapide, employer un gaz parfaitement pur. Liquéfié sous une pression de 30 atmosphères, il peut, en redevenant à l'état gazeux, congeler l'eau.

AZOTE
Az.

L'azote est un gaz incolore dont la densité est 0,972; un litre pèse 1 gr. 258; il est très peu soluble dans l'eau dans la proportion de 25 litres pour 100 litres d'eau; il est contenu dans l'air, dont il forme les 4/5 du volume, il est par conséquent respirable en toute quantité. C'est de l'air qu'on l'extrait en absorbant l'oxygène par le phosphore ou par de la tournure de cuivre portée au rouge sombre.

OXYGÈNE
O.

L'oxygène est le gaz complétant la composition de l'air par 1/5 en volume et celle de l'eau par 9/10 en poids; il se combine à tous les corps pour former des oxydes. Il est incolore, sa densité est de 1,1057; un litre pèse 1 gr. 437; il est très peu soluble dans l'eau à la pression ordinaire. 1 litre d'eau dissout 0 lit. 041 d'oxygène à 0°.

DEUXIÈME PARTIE

Étude des appareils fabriquant industriellement l'eau de Seltz.

On peut diviser les appareils servant à fabriquer industriellement l'eau de Seltz en trois classes qui sont apparues successivement, chacune d'elles étant un perfectionnement de la précédente et qui sont basées sur la manière dont l'acide carbonique est produit :

1º Les appareils à pression chimique ;
2º Les appareils semi-continus ;
3º Les appareils continus.

CHAPITRE PREMIER

APPAREILS A PRESSION CHIMIQUE

Les appareils à pression chimique sont les premiers appareils industriels qui aient servi à la fabrication des eaux gazeuses. Ils ont été inventés par Barruel et Vernaut en 1830, puis perfectionnés par Savaresse et ensuite par François.

Dans cette classe les appareils se composent seulement de deux parties : un producteur de gaz et un saturateur dans lequel l'eau à saturer est préalablement introduite; la pompe refoulant le gaz n'existe pas comme dans les appareils actuels. Le gaz sortant du producteur entre en dissolution dans l'eau du saturateur par sa propre pression.

Les appareils de cette classe qui ont été primitivement très employés, tendent aujourd'hui à disparaître, ne pouvant lutter avec les appareils continus, qui, bien plus perfectionnés, conviennent mieux aux besoins de l'industrie actuelle.

APPAREIL VERNAUT ET BARRUEL

Cet appareil, qui a été le premier en date, est aujourd'hui complètement abandonné et a été remplacé par les types de Saveresse et de François ; nous ne le décrirons uniquement que parce qu'il a servi de base à ces derniers. Il se compose d'un producteur de gaz ayant la forme d'un tonneau placé horizontalement contenant intérieurement un agitateur ; il portait à sa partie supérieure une boule de cuivre doublée intérieurement de plomb et destinée à contenir un mélange d'acide sulfurique et d'eau et un tube aboutissant au sommet de la sphère et qui était destiné à transmettre la pression du gaz contenu dans le producteur à l'intérieur de la boule.

A côté se trouvait le cylindre saturateur contenant de l'eau et séparé du producteur par un ou deux vases laveurs de gaz.

L'acide carbonique dégagé dans le producteur par l'action de l'acide sulfurique sur la craie se lavait dans ces derniers et se dissolvait dans l'eau sous l'influence de sa propre pression et des oscillations que l'on communiquait au cylindre saturateur. Cet appareil avait d'assez grands inconvénients ; la sphère contenant l'acide sulfurique se détériorait très vite à sa jonction avec le producteur, et d'autant plus vite que l'acide sulfurique se trouvait échauffé par suite de la chaleur dégagée lors de son contact avec l'eau de ce dernier ; la dimension du producteur nécessitait un vase extrêmement résistant pour éviter les ruptures et l'ensemble de l'appareil était très volumineux.

APPAREIL DE SAVARESSE
Pl. I, fig. 1.

DURAFORT, constructeur à Paris.

L'appareil de Savaresse se compose d'un bâti en bois M, sur lequel reposent tous les organes de l'appareil, qui sont :

1° Un producteur de gaz P ;

2° Les deux laveurs LL' ;

3° Un saturateur cylindrique C ; il porte de plus sur l'un de ses côtés le tirage à bouteilles.

Depuis un certain temps, les appareils de tirage à siphons et à bouteilles sont isolés du saturateur et reliés à la distance voulue par un tuyau de raccord partant du robinet de garde R de l'appareil.

Le producteur P se compose de deux calottes de cuivre rouge, boulonnées et garnies à l'intérieur d'une chemise de plomb. La calotte inférieure est munie d'un agitateur à manivelle servant à brasser les matières afin d'activer la production du gaz, et d'un robinet de vidange V.

La calotte supérieure est surmontée d'une colonne creuse T également en cuivre doublé de plomb que l'on remplit de craie ; elle est munie inférieurement d'un agitateur spécial *a* chargé de faire tomber la craie en quantité mesurée.

Laveurs. — Les deux laveurs L et L' sont également en cuivre rouge ; ils sont étamés intérieurement et remplis de braise mouillée par une dissolution de bicarbonate de soude ; le second L' est muni d'un manomètre.

Saturateur. — Le saturateur C est un grand cylindre en cuivre rouge fortement et soigneusement étamé intérieurement avec de l'étain fin, terminé par un robinet R auquel se branche le tuyau allant aux appareils de tirage. Ces différents organes sont reliés entre eux par le conduit C allant du haut du producteur P au saturateur C et reposant sur le bâti par l'intermédiaire d'un support métallique.

FONCTIONNEMENT

On introduit préalablement l'eau destinée à être rendue gazeuse dans le saturateur et l'on ferme ensuite la tubulure d'introduction. On introduit ensuite dans le producteur le mélange d'eau et d'acide sulfurique dont les proportions sont désignées dans l'instruction fournie avec l'appareil, puis la cartouche de blanc par la tubulure spéciale. Il est bon alors de déchirer un peu la cartouche au moyen de l'agitateur spécial de façon à produire une certaine quantité de gaz qui, en se développant, chasse l'air contenu dans l'appareil ; on ferme ensuite le laveur L' sur lequel on fixe le manomètre *m*. On peut alors commencer à produire du gaz et à saturer l'eau du cylindre C.

La tige qui supporte la cartouche de blanc joue alors, en même temps que l'agitateur spécial *a*, un rôle important, car il est indispensable, afin d'éviter une production de gaz trop abondante ou trop tumultueuse, d'observer à la lettre les recommandations contenues dans l'instruction, et de bien remarquer la pression marquée par le manomètre.

Le cylindre C est monté sur les deux supports S et S' de façon à pouvoir osciller; une boîte à cuir spéciale permet ce mouvement de balancement sans que l'arrivée du gaz venant par le conduit CC soit entravée.

Au fur et à mesure de l'arrivée du gaz dans le cylindre, on le balance sans secousses, mais en lui faisant décrire toute sa course oscillante. La saturation est parfaite quand, malgré l'oscillation prolongée, la pression marquée par le manomètre reste fixe.

On s'occupe alors du tirage, soit en siphons, soit en bouteilles.

Cet appareil est bien construit et, quoique ancien comme système, il s'emploie encore quelque peu. Certains fabricants d'eau gazeuse, possédant cet appareil depuis longtemps, prétendent qu'il n'y a que ce système qui puisse donner de l'eau gazeuse parfaitement saturée.

C'est une erreur complète; les appareils continus pouvant non seulement faire aussi bien, mais mieux encore, sans parler des avantages incontestables qu'ils possèdent sur ce dernier. La maison Durafort, de Paris, qui construit encore de ces appareils, a, depuis quelque temps, modifié cette disposition première en y adjoignant une pompe spéciale pour aspirer et refouler l'eau dans le cylindre C, ce qui transforme cet appareil en appareil semi-continu.

APPAREIL GREFFIER

Un appareil à pression chimique a été construit par la maison Greffier; il n'a aucune qualité particulière, n'étant qu'une copie de l'appareil Savaresse; ne se construisant qu'en petits modèles, il a été, par suite de cette construction, adopté par les cafetiers et les restaurateurs.

APPAREIL FRANÇOIS
Pl. 1, fig. 2.

Cet appareil, quoique ressemblant beaucoup à l'appareil Savaresse comme fonctionnement, en diffère sensiblement par la forme : il est plus élégant et tient beaucoup moins de place, et, de plus, le mouvement d'oscillation donné au saturateur est supprimé et remplacé par un agitateur rotatif à palettes, mis en marche à l'aide d'une manivelle. Cet appareil se compose d'un producteur P et d'un saturateur S, supportés et munis tous deux d'agitateurs. D'un côté du bâti se trouve le tirage à siphons ; de l'autre, celui à bouteilles.

Le laveur est intérieur, de telle sorte que, dans cet appareil, il n'y a aucun organe extérieur. La manœuvre est la même que celle de l'appareil Savaresse. Le gaz produit par le producteur ne peut pénétrer dans l'eau du saturateur, sans passer par le laveur.

FONCTIONNEMENT

1° *Préparation des matières.* — On met dans un vase en grès la quantité d'eau indiquée par le numéro de l'appareil ; on y ajoute la quantité d'acide correspondante et l'on opère le mélange à l'aide d'un morceau de bois, puis on le laisse refroidir. Pour préparer les cartouches, on se sert d'un mandrin spécial, sur lequel on entoure un journal, deux ou trois tours au moins, en laissant le papier dépasser de quelques centimètres du côté du bout le moins gros. On colle cette cartouche dans toute sa longueur, ainsi qu'à l'extrémité, après en avoir fermé le bout. On retire le mandrin, et l'on confectionne une nouvelle cartouche. Lorsqu'elles sont sèches, on les emplit de carbonate de chaux, et l'on ferme à la colle, comme à l'autre bout.

Il faut généralement deux cartouches pour une opération, une de toute la longueur du mandrin, et une autre de dimension suffisante pour compléter le poids indiqué.

2° *Introduction des matières dans l'appareil.* — On remplit complètement le saturateur d'eau fraîche, puis on introduit la quantité d'eau acidulée dans le générateur par le bouchon D, en se servant d'un entonnoir en gutta-percha.

On démonte le vase laveur du couvercle sur lequel il est vissé, on le remplit d'eau aux deux tiers et on y ajoute un peu de bicarbonate de soude :

```
10 grammes pour le n° 1
12    —      —    — 2
15    —      —    — 3
20    —      —    — 4
```

que l'on renouvelle à chaque opération ; il a pour but de saturer les gouttelettes d'acide qui peuvent s'y introduire par suite d'une effervescence trop prompte. On dévisse ensuite le manomètre et la cuvette ; on emplit d'eau cette dernière, et l'on revisse.

Introduction des cartouches. — On introduit la plus petite cartouche de blanc dans l'orifice, en ayant soin préalablement de s'assurer que la manivelle du générateur est placée en bas, afin d'éviter que la cartouche se brise sur les dents de l'agitateur et ne produise un trop fort dégagement de gaz. Puis on fait osciller légèrement la manivelle de l'agitateur, on introduit la seconde cartouche, on replace le couvercle, puis le vase laveur, on serre complètement les écrous et l'on replace les bouchons d'introduction d'eau et d'acide.

PRODUCTION DU GAZ

L'appareil étant prêt, on manœuvre légèrement l'agitateur du générateur qui déchire légèrement la cartouche; du gaz se dégage; il faut avoir soin de ne pas laisser la pression s'élever à 2 atmosphères. A ce moment, on laisse échapper l'air contenu dans le générateur, en dévissant un peu la cuvette manométrique, on revisse, puis on laisse monter la pression jusqu'à 3 ou 4 atmosphères; on dévisse de deux ou trois tours le robinet de gaz, afin d'introduire l'acide carbonique dans le saturateur, et l'on extrait par l'embouteillage une quantité variable de 1 à 3 litres, suivant le numéro de l'appareil, afin d'enlever l'air contenu dans le saturateur.

On fait monter la pression de 4 à 5 atmosphères, et on la maintient pendant la durée de l'opération : on soutire lorsqu'elle est de 6 atmosphères pour les bouteilles et de 12 pour les siphons.

NUMÉROS des appareils.	CONTENANCE en bouteilles	PRODUCTION MAXIMUM PAR JOUR	PROPORTIONS DES CHARGES		
			Acide sulfurique.	Eau.	Carbonate de chaux.
0	15	200 bout^{les}	0 k. 600	2 lit.	0 k. 500[1]
1	25	300 —	1 500	7 1/2	1 500
2	35	420 —	2 006	10	2
3	50	550 —	2 500	12 1/2	2 500
4	70	700 —	4	20	4

[1] Bicarbonate de soude.

Emploi. — Cet appareil a été très employé et l'est encore, vu le faible emplacement qu'il occupe, mais il tend, comme ses devanciers, à être remplacé par les appareils continus que l'on est arrivé à exécuter aujourd'hui en petits modèles qui lui sont identiques comme débit et comme volume.

Cet appareil est fabriqué actuellement par MM. Prudon et Dubost, successeurs de François, qui exécutent également des appareils continus qui seront décrits ultérieurement.

CHAPITRE II

APPAREILS SEMI-CONTINUS

Caractères. — Dans ces appareils, on voit apparaître la pompe, organe qui n'existait pas dans ceux étudiés précédemment ; de plus, leur production n'étant pas limitée à la charge d'eau contenue dans le saturateur, mais à celle de la production de l'acide carbonique, leur permet un bien plus grand rendement et leur a fait mériter le nom d'appareils semi-continus.

Le type de ces appareils est l'appareil d'Ozouf.

APPAREIL D'OZOUF
Pl. I. Fig. 3.

Cet appareil rappelle par son aspect l'appareil François ; il se compose comme lui d'un producteur et d'un saturateur munis d'agitateurs placés l'un au-dessous de l'autre et supportés par un bâtis en fonte.

Producteur. — Le producteur est un cylindre en cuivre rouge doublé intérieurement de plomb, portant à sa partie inférieure une ouverture fermée par un bouchon à vis qui est destinée à permettre la vidange des matières à la fin de chaque opération. Le haut du cylindre est fermé par un couvercle également en cuivre doublé de plomb et à l'intérieur duquel se trouvent fixés deux réservoirs : l'un A appelé boîte à acide, est muni à sa partie inférieure d'un robinet c' qui ferme et ouvre cette boîte.

Ce robinet est manœuvré de l'extérieur par un croisillon placé sur le couvercle du producteur.

Le deuxième réservoir Z est également en cuivre étamé et sert de laveur. Le couvercle est fixé au producteur au moyen de brides et de boulons, ce qui permet un démontage facile lorsqu'il s'agit d'opérer le nettoyage du producteur. Il est muni inférieurement d'un agitateur à palettes en bronze et servant au brassage des matières pendant la fabrication du gaz ; cet agitateur est mis en mouvement à l'aide d'une manivelle.

Saturateur. — Le saturateur est également en cuivre rouge coquillé d'étain fin à l'intérieur, il est composé de deux calottes assemblées par brides et boulons. Il porte intérieurement un agitateur à hélice qui reçoit son mouvement du volant, à l'aide de deux engrenages et est destiné à activer comme précédemment la saturation du gaz dans l'eau. Il est de plus, muni de tous les organes de sûreté employés : niveau d'eau, manomètre, soupape. Le producteur et le saturateur sont reliés par un piédouche en bronze qui permet l'arrivée de l'eau et du gaz dans le saturateur ; ce piédouche est à trois orifices.

Le premier est pour l'eau refoulée par la pompe ; le deuxième pour la sortie de l'eau saturée se rendant au robinet de tirage et le troisième pour la sortie du gaz sortant des laveurs.

Sur l'un des côtés des bâtis se trouve une pompe aspirante et foulante, mue par le volant ; elle aspire l'eau dans un réservoir et la refoule dans le saturateur, afin d'alimenter le tirage. Sur l'autre côté se trouvent fixés les deux tirages à bouteilles et à siphons.

FONCTIONNEMENT

Cet appareil se construit de trois grandeurs différentes désignées sous les numéros 1, 2, 3.

On les charge :

Le n° 1	Acide 1/2 litre	Craie 2 h. 600	Eau 8 litres
— 2	— 3 —	— 5 h. 100	— 15 —
— 3	— 4 lit. 1/2	— 7 h. 700	— 20 —

On peut étendre la quantité d'acide de son tiers d'eau, mais il faut avoir soin de laisser refroidir le mélange avant de l'employer.

Charge. — On charge en introduisant dans le producteur au moyen d'un entonnoir, par la tubulure marquée « Matières » la quantité d'eau et de craie correspondant au numéro de l'appareil. On remplit d'eau le laveur en ouvrant la tubulure et ensuite on s'assure que le robinet de la boîte à acide est bien fermé, en tournant le croisillon *clé* à *droite* et à *fond*. On verse alors au moyen d'un entonnoir en plomb dans la boîte à acide, par l'orifice marqué *acide sulfurique*, la quantité d'acide sulfurique à 66° indiquée. On ferme ensuite les orifices et l'on serre complètement les bouchons afin d'éviter les fuites. La tubulure du producteur étant laissée ouverte, on fait fonctionner l'agitateur afin d'opérer le mélange de l'eau et de la craie. On ouvre partiellement et pendant un temps très court le robinet d'acide, de façon à laisser couler quelques gouttes d'acide dans le producteur, puis on le ferme complètement.

Le peu d'acide tombé, produit, au contact de la craie, une certaine quantité de gaz qui, en sortant par la tubulure restée ouverte, chasse l'air contenu dans le producteur. On ferme ensuite cette tubulure avec soin.

Quand on veut faire arriver le gaz dans le saturateur, on doit ouvrir le croisillon du piédouche d'un demi-tour seulement en le tournant d'un demi-tour à gauche.

Lorsque l'on opère pour la première fois, on peut remplir le saturateur d'eau, de deux manières, soit par l'ouverture supérieure, à l'aide d'un broc, soit par la pompe.

Le premier cas est préférable, parce qu'il évite qu'une certaine quantité d'air reste dans l'appareil, comme cela peut se produire dans le second cas.

Le saturateur étant complètement rempli d'eau avec la pompe, on commence à produire le gaz. Pour cela, on donne un mouvement très lent à l'agitateur du producteur, 30 à 40 tours par minute, puis on ouvre le croisillon du robinet à l'aide d'un quart de tour à gauche, afin de faire arriver une certaine quantité d'acide au contact de la craie et l'on continue de manœuvrer l'agitateur.

Si l'aiguille du manomètre montait trop vite, cela indiquerait un dégagement de gaz trop abondant, il faudrait fermer le robinet à acide immédiatement. Quand le manomètre marque 5 à 6 atmosphères on retire 2 à 3 litres d'eau par le robinet d'un des tirages, puis on ferme le robinet d'aspiration de la pompe qui est en communication avec le réservoir d'eau et on fait tourner le volant de l'appareil pendant quelques minutes. Ce mouvement du volant met en marche l'agitateur du saturateur et l'eau se sature de gaz ; on continue l'opération en remettant en mouvement l'agitateur du producteur et en ouvrant à nouveau le robinet à acide, jusqu'à ce que le manomètre marque 6 à 7 atmosphères dans le cas de tirage de bouteilles, et 10 à 12 dans celui de tirage des siphons.

On doit fermer ensuite le robinet à acide, tout en contnuant encore quelques instants le mouvement de l'agitateur du producteur.

Il est indispensable de toujours bien fermer le robinet à acide afin d'éviter un écoulement de ce liquide dans le producteur, lequel sous l'influence de l'agitateur en marche, produirait une très vive effervescence qui entraînerait la craie dans les laveurs et même jusque dans le saturateur.

Remarques importantes. — Le robinet du piédouche doit toujours être ouvert quand on produit l'acide carbonique. On ne doit jamais ouvrir le robinet à acide sans avoir, au préalable, fait tourner quelque peu l'agitateur du producteur, afin d'être sûr que la craie et l'eau sont parfaitement mélangées. On peut s'assurer que l'eau contenue dans le saturateur est parfaitement saturée, lorsqu'en fermant le robinet d'introduction du gaz et en faisant tourner le volant, la pression ne baisse pas dans le saturateur, c'est l'indice certain que la saturation du liquide est complète ; la pression indiquée par le manomètre restant la même.

On s'aperçoit de l'épuisement des matières contenues dans le producteur, lorsqu'en tournant l'agitateur et en ouvrant le robinet à acide, la pression marquée par le manomètre reste la même qu'avant cette manœuvre. On change alors les matières en fermant d'abord le robinet de communication du gaz du piédouche, en dévissant d'un demi-tour le bouchon de la tubulure (matières) du producteur ; un petit sifflement se fait entendre ; on tourne alors doucement l'agitateur du producteur au fur et à mesure que le sifflement diminue de force, on dévisse davantage le bouchon et on le retire tout à fait quand il ne reste plus de pression à l'extérieur du cylindre. On ouvre alors le robinet de vidange et l'on fait couler les matières dans un baquet. On rince ensuite l'appareil en introduisant par la tubulure des matières quelques gouttes d'eau. Il est bon de faire tourner l'agitateur pour activer le lavage intérieur.

Il ne reste plus qu'à recharger l'appareil et à opérer

comme il a été dit précédemment. Avant d'ouvrir le robinet à gaz du piédouche, il est indispensable de produire certaine pression dans le producteur, ce qui s'obtient en ouvrant le robinet à acide et en faisant fonctionner l'agitateur du producteur.

Tirage. — Comme le tirage des siphons et celui des bouteilles est sensiblement le même pour tous les systèmes, nous en donnerons la description après avoir traité des appareils continus.

Emploi. — Cet appareil très bien construit et qui fait honneur à son inventeur, tient très peu de place et a l'avantage de pouvoir s'expédier tout monté. Il est encore employé, mais, comme tous les appareils, on tend à lui substituer des appareils continus.

Il est actuellement construit par la maison Cazaubon et fils, de Paris.

APPAREIL GUÉRET

Un autre type d'appareil semi-continu est construit par M. Guéret. Il ne diffère du précédent que par la forme de quelques détails de construction. Le laveur est placé sur le côté de l'appareil, au lieu d'être à l'intérieur du producteur ; l'arrivée du gaz se fait par la partie supérieure du saturateur, au lieu de passer par le piédouche et la pompe se trouve placée sur l'un des côtés du bâtis.

Emploi. — Ces appareils fonctionnent tout aussi bien

que ceux d'Ozouf ; s'ils en ont les mêmes qualités et le même défaut, c'est de ne pas être des appareils continus.

Ils fonctionnent à la craie et au bicarbonate de soude. Les quantités employées sont :

1° CHARGE A LA CRAIE

Acide	Craie	Eau
1 lit. 25.	2 lit. 25.	6 litres.

2° CHARGE AU BICARBONATE

Acide	Bicarbonate	Eau
8 lit. 25.	2 kilos.	6 litres.

CHAPITRE III

APPAREILS CONTINUS

Les appareils sont ceux dans lesquels la pompe aspire et refoule en même temps, dans le saturateur, l'eau et le gaz nécessaires à la fabrication de l'eau gazeuse ; c'est ce qui leur donne la propriété à laquelle ils doivent leur nom.

Les proportions plus ou moins grandes d'eau et de gaz à aspirer et à refouler sont réglées par le robinet de distribution de la pompe.

Tous les appareils continus ont eu pour point de départ l'appareil de l'ingénieur anglais Bramah, lequel n'était lui-même qu'une transformation heureuse de l'appareil dit de Genève ; cet appareil est aujourd'hui complètement abandonné.

Les premiers appareils continus ont été fabriqués à Paris par Vieil-Cazal, et presque en même temps, par Lenôtre, Eloi, Vapaille. Ce sont ces appareils qui, transformés par les fabricants actuels, servent maintenant à l'industrie des boissons gazeuses.

On remarquera que les appareils de Boulet et Cie

sont les appareils perfectionnés d'Hermann-Lachapelle et Glover; ceux de Cazaubon dérivent de ceux d'Ozouf; de même ceux de Durafort, de ceux de Savaresse; ceux de Guéret frères, de ceux de Vapaille; ceux de François, de ceux de Lobis et Bernard de Bordeaux; Saint-Johannis de Marseille, de même que les anciens modèles de Lenôtre, fabriqués jusqu'en 1870 par l'ingénieur Mondollot, ont tous la même origine.

Tous ces fabricants se sont appliqués chacun de leur mieux à perfectionner les appareils créés par leurs prédécesseurs, et y ont apporté de grandes modifications :

Le producteur, le vase à acide et les laveurs ont été groupés sur un même bâti; ces laveurs ont été construits en métal, au lieu d'être en bois; le gazomètre est entièrement métallique, ainsi que sa cuve; la forme du saturateur a été mieux proportionnée, enfin les pompes ont été étudiées complètement pour le but qu'elles avaient à remplir et donnent un fonctionnement irréprochable.

La plus grande amélioration qui ait été faite aux anciens systèmes l'a été par l'ingénieur Mondollot, lorsqu'il a découvert le système de production automatique de l'acide carbonique.

Tout en continuant à perfectionner l'appareil que lui avait laissé son prédécesseur Lenôtre, il cherchait à supprimer le gazomètre, qui est la partie la plus encombrante des appareils continus et à rendre la fabrication du gaz automatique afin d'obtenir une production régulière et réellement continue. Après bien des recherches et de nombreux essais, il arriva à supprimer le gazomètre et à rendre automatique la production du gaz par le seul jeu de la pompe.

Cette production automatique du gaz est non seulement régulière, mais elle est continue et se fait sans effervescence, ce qui lui a permis de diminuer la dimension des laveurs et de leur donner des dimensions minima. De plus, la manœuvre très délicate du robinet à acide est supprimée, le robinet s'ouvrant lorsque l'on met l'appareil en marche, et se fermant lorsqu'on l'arrête.

Dans le système Mondollot, la pompe est devenue l'âme de l'appareil. Elle sert par ses aspirations. 1° à régler automatiquement l'écoulement de l'acide nécessaire à la production du gaz dans le producteur; 2° à prendre le gaz formé et à le refouler en même temps qu'une certaine quantité d'eau dans le saturateur, suivant la position de l'aiguille indicatrice d'un robinet de distribution.

Le gazomètre étant supprimé, et les laveurs étant de très petit volume, il a été possible de grouper sur un même bâti tous les organes de l'appareil ; aussi ces appareils tiennent-ils peu de place, même ceux d'une certaine puissance de production.

Nous allons étudier la description et la conduite de ces appareils.

APPAREIL DE BRAMAH
Pl. I bis.

Nous décrivons cet appareil, uniquement afin de juger des perfectionnements réalisés depuis, car, comme il est dit précédemment, il est complètement abandonné.

Il se compose d'un producteur et d'un saturateur.

Le producteur se compose :

1° D'un vase A en bois, doublé de plomb et destiné à contenir l'acide sulfurique ;

2° D'un vase en fonte, doublé de plomb, muni d'un agitateur, et recevant la craie ;

3° D'un laveur C ;

4° D'un gazomètre E.

Le saturateur se compose d'un tonneau H muni d'un agitateur auquel est adjoint une pompe et un appareil de tirage.

FONCTIONNEMENT DE L'APPAREIL

En ouvrant le robinet, l'acide sulfurique s'écoule sur la craie, et l'acide carbonique se dégage ; la pression du vase B se transmet au vase A ; par le tuyau a le gaz produit passe dans le laveur, et de là dans le gazomètre qui s'élève ; lorsque la consommation par le saturateur dépasse la production, il s'abaisse ; on ouvre alors d'une plus grande quantité le robinet *b* : on règle donc à la main la production de gaz à l'aide de ce robinet.

Le gaz est aspiré par la pompe qui l'envoie dans le saturateur par un tube muni d'un robinet à double ouverture ; en même temps, elle aspire l'eau contenue en *p*, et l'envoie également dans le saturateur H, par la seconde ouverture. Suivant la position du robinet, la quantité d'eau et de gaz varie ; on fait donc varier ces quantités l'une par rapport à l'autre.

Cette disposition du robinet, ainsi que le renversement de la pompe, et le cuir embouti placé sur son piston a été le perfectionnement le plus important apporté par Bramah, car il a permis d'envoyer du gaz, quelle que soit la pression, dans le saturateur.

Le tirage s'opérait en plaçant la bouteille à l'intérieur d'une enveloppe métallique surmontée d'une tête ; ayant au centre un petit entonnoir garni de caoutchouc qui vient s'appuyer sur le goulot de la bouteille et contient à la partie supérieure un bouchon qui peut descendre à l'aide d'un levier ; sur l'un des côtés, le tuyau d'arrivée d'eau ; sur l'autre, celui d'échappement d'air.

Lorsque la bouteille est pleine, on descend le bouchon à l'aide d'un levier ; puis la bouteille en abaissant la pédale qui la supporte ; et on la place sous deux branches de fer qui maintiennent le bouchon et qui permettent de le ficeler.

APPAREILS BOULET ET Cie

Pl. II, fig. 1.

Comme tous les appareils de cette classe, les appareils continus du système Boulet et Cie, sont composés :

1° D'un producteur de gaz ;
2° De laveurs ;
3° D'un gazomètre :
4° Du saturateur et de sa pompe ;
5° Des tirages servant à remplir les siphons et les bouteilles.

PRODUCTEUR

Le producteur se compose d'un cylindre en cuivre P, doublé intérieurement de plomb, muni de trois ouvertures : l'une inférieure, fermée par une vis en bronze, servant à la vidange des matières résultant de chaque opération.

La seconde B, appelée boîte à blanc, et fermée par un étrier, sert à l'introduction de l'eau et de la craie, enfin, la troisième, T, destinée à l'échappement du gaz. Elle est munie d'un agitateur formé de deux demi-disques placés perpendiculairement et actionné par une manivelle.

Ce vase est surmonté d'un second de plus petites

dimensions, qui est le vase à acide, *b*. Ce vase est également en cuivre doublé de plomb ; il est fixé sur le producteur par des vis à écrous, ce qui permet de le remplacer très facilement ; son couvercle possède une tubulure, *d*, fermée par une vis *c* à béquille par laquelle on introduit l'acide à l'aide d'un entonnoir en plomb. Il porte également un cadran divisé, destiné à régler la manette du robinet à acide. Ce robinet se compose d'une tige en cuivre *t* recouverte de plomb traversant la boîte à acide terminée inférieurement par un coquillage en platine qui ferme le vase ; et terminée extérieurement par une manette à vis, *c*, qui sert de clé et dont on règle l'ouverture à l'aide du cadran divisé, ce qui permet de régler à volonté la distribution de l'acide.

Un tube K fait communiquer le producteur avec le vase à acide de façon à établir la pression dans les deux vases.

LAVEURS

Les laveurs sont : l'un L métallique, l'autre L' en verre ; ce dernier sert d'indicateur en permettant de voir passer le gaz au fur et à mesure de sa production lorsqu'il se rend au gazomètre.

Le laveur L est en cuivre étamé intérieurement ; une cloison verticale intérieure en fait en réalité deux laveurs ; il est muni à sa partie supérieure de trois ouvertures.

La première q met le laveur en communication avec le producteur ; la deuxième q' fait communiquer le laveur inférieur L avec le laveur supérieur L', puis avec le gazomètre par le raccord R ; la troisième q'' sert à l'introduction de l'eau dans le laveur. Il porte à sa partie supérieure un robinet V' à écoulement d'eau, qui permet de changer l'eau qu'il contient. Un trop-plein J sert à fixer la quantité d'eau que l'on doit introduire dans le laveur.

Le laveur indicateur L' est un manchon en verre, légèrement conique reposant sur une rondelle de caoutchouc, il est fixé au laveur L au moyen d'un boulon de serrage ; le couvercle M porte un drageoir dans lequel se trouve une rondelle de caoutchouc, ce qui, le boulon une fois serré, évite les fuites à la partie supérieure et à la partie inférieure.

Enfin une tubulure t permet d'y introduire l'eau.

GAZOMÈTRE

Comme tous les gazomètres, celui employé est composé d'une cuve remplie d'eau dans laquelle plonge une cloche équilibrée à l'aide de 2 contrepoids soutenus par des cordes enroulées sur des poulies fixées de chaque côté aux montants de la cuve. La cuve et le gazomètre sont en tôle galvanisée.

La cloche porte à sa partie supérieure un petit écrou r qui permet de chasser l'air la première fois que l'on remplit le gazomètre de gaz, ou quand on en change l'eau. Des montants H et G, placés à l'intérieur de la cuve, soutiennent 2 tuyaux, dont l'un amène le gaz du producteur et l'autre le conduit à la pompe du saturateur.

Marche du gaz dans les laveurs. — Le gaz produit arrive à la partie inférieure du laveur, traverse la couche d'eau, puis arrive à la partie supérieure ; il rencontre le diaphragme redescend à la partie inférieure de la seconde moitié du laveur par le tuyau ; remonte ensuite à la partie supérieure et se rend par le tuyau recourbé dans le laveur L' ; puis de là, dans le gazomètre, par le raccord R. Le laveur L' étant en verre, le passage du gaz à travers l'eau qu'il contient permet de juger de la marche du producteur.

SATURATEUR

Le saturateur de cet appareil, comme tous ceux des appareils continus, se compose d'un récipient saturateur ayant ici la forme d'une sphère qui repose sur un bâti en fonte portant, sur un de ses côtés, la pompe spéciale aspirante et foulante. La sphère du saturateur est en bronze coulé, et est munie de tous les organes de sûreté que possèdent ce genre d'appareils : niveau d'eau, manomètre, soupape de sûreté.

Elle est munie intérieurement d'un agitateur formé de deux demi-cercles, qui est commandé par une roue d'engrenage recevant son mouvement d'une autre roue, calée sur l'arbre, portant le volant et actionnant la bielle de la pompe. Dans le bâti, qui est à colonne, se trouve le seau d'alimentation A en cuivre étamé, muni d'un robinet flotteur. Ce robinet a pour mission de maintenir toujours le même niveau de l'eau dans le seau d'alimentation, de façon à ce que la colonne d'aspiration et par suite l'effort développé par la pompe soit toujours sensiblement le même.

Tous les appareils continus sont munis de ce seau d'alimentation avec flotteur. La pompe possède le robinet de distribution de ces appareils, lequel permet la distribution de l'eau et du gaz à volonté et dans des proportions déterminées; un petit cadran gradué, placé près de la clef de ce robinet permet de régler le jeu de la pompe dans le sens de l'eau et du gaz.

Le saturateur S est fermé à la partie inférieure par un fond autoclave, muni de deux orifices à raccords : l'un pour l'arrivée de l'eau et du gaz refoulés par la pompe; l'autre, qui est muni d'un robinet de garde, fait communiquer le saturateur avec les appareils de tirage. Ce saturateur peut être mû à bras ou mécaniquement; pour la marche à bras, le volant est muni d'une manivelle; pour la marche mécanique, il porte un jeu de poulies folles et fixes.

FONCTIONNEMENT. — Dès qu'on ouvre le robinet à acide G, l'acide coule sur le carbonate contenu dans le producteur et le décompose; l'agitateur A manœuvré par la manivelle M et brassant les matières active cette décomposition ; le gaz, au fur et à mesure de sa production, passe par le tuyau de dégagement *q* et arrive dans les laveurs qu'il traverse comme cela a été dit précédemment, puis se rend par le tuyau R au gazomètre dont il fait monter peu à peu la cloche.

Une fois le gazomètre monté au point voulu, on ferme le robinet à acide l'on fait fonctionner encore pendant quelques secondes l'agitateur du producteur et on s'occupe de la saturation de l'eau.

Dès qu'on met la pompe du saturateur en mouvement, elle aspire de l'eau dans le seau d'alimentation et du gaz dans le gazomètre. Le robinet de distribution doit être alors convenablement réglé pour pouvoir prendre les quantités suffisantes de gaz et d'eau nécessaires, de façon à remplir la sphère du saturateur à moitié d'eau sous une pression de 5 à 6 atmosphères pour le tirage des bouteilles et de 10 à 12 atmosphères pour le tirage des siphons.

Avec un peu d'habitude, on arrive à trouver presque de suite la position normale de la clé du robinet de distribution pour obtenir le résultat. On peut alors commencer le tirage en suivant la production de l'appareil, et en se maintenant toujours dans les mêmes conditions de pression et de hauteur d'eau dans le saturateur.

Les appareils construits par MM. Boulet et Cie se font de plusieurs grandeurs suivant la production. Il en fait même à 2 corps de pompe et à 2 sphères de saturation qui représentent 2 saturateurs montés sur le même bâti.

Les tirages à siphons et à bouteilles, n'ayant rien de particulier, sont renvoyés à l'étude générale des tirages.

Ces appareils sont excellents; ils ont marqué un progrès réel dans la fabrication des machines à eau de Seltz; mais il ne faudrait pas les considérer comme les seuls pouvant produire de l'eau gazeuse en réunissant toutes les conditions voulues de l'hygiène.

APPAREILS CAZAUBON
Pl. II, fig. 11.

Cet appareil se compose, comme le précédent, de laveurs, d'un gazomètre et d'un saturateur avec sa pompe aspirante et foulante.

Ils ne diffèrent que par la disposition du producteur P. Ce dernier, muni de son vase à acide R, est supporté par un bâti de fonte et a de chaque côté des laveurs L et L' et un laveur indicateur D en verre.

Le gaz sortant du producteur traverse d'abord l'eau du laveur L, puis celle du laveur L', barbotte dans l'eau du laveur indicateur D, et se rend dans le gazomètre G. La pompe le refoule alors, en même temps qu'une certaine quantité d'eau dans la sphère R du saturateur où un agitateur, actionné par le volant, active la saturation. La sphère est en cuivre rouge fortement étamée à l'intérieur et fixée au bâti de l'appareil par des brides à boulons. Ces appareils sont construits solidement et fonctionnent très bien. Ils se font de différentes grandeurs.

1° L'appareil groupé dont tous les organes, sauf le gazomètre, sont sur un même bâti, tient peu de place et a un fonctionnement identique à celui décrit plus haut.

Le n° 2 est non groupé ;

Le n° 3 de même ;

Le n° 4 est à 2 pompes ;

Le n° 5 est à 3 pompes.

On verra à l'article concernant les tirages le fonctionnement de ces accessoires.

CHARGE DES APPAREILS CAZAUBON
APPAREIL GROUPÉ

NUMÉROS	CRAIE	EAU	ACIDE
1	7 kilos 100 gr. ou 6 litres	20 kilos ou 20 litres	7 kil. 300 ou 4 litres
2	10 kilos	24 —	5 —
3	12 kilos	30 —	6 lit. 1$1^2$
4	16 kilos 500	40 —	8 litres.

APPAREILS DURAFORT
Pl. III, fig. 1.

La forme de ces appareils se rapproche de celle de l'appareil Vapaille Guéret. La sphère du saturateur est formée de deux calottes allongées en bronze coulé, raccordées par des brides à boulons.

Cette sphère porte tous les organes de sûreté et d'observation déjà indiqués. Elle est supportée par un bâti en fonte, sur l'un des côtés duquel se trouve une pompe aspirante et foulante avec robinet de distribution, et sur l'autre côté le volant qui, au moyen d'une roue d'engrenage, commande l'agitateur de la sphère.

Le gazomètre est métallique. Le producteur se compose de deux cylindres en cuivre, supportés par un bâti en fonte. Le premier est muni d'un vase à acide et le second d'un laveur indicateur en verre; le sens des flèches indique la direction prise par le gaz se rendant au gazomètre.

FONCTIONNEMENT. — L'acide étant introduit dans le vase à acide B (la clef dudit vase étant bien fermée), la craie et l'eau admises en quantités voulues dans le producteur et les laveurs contenant l'eau nécessaire, on peut mettre en marche. Pour cela, on ouvre le robinet à acide, et l'on fait tourner l'agitateur du producteur. Le gaz se dégage et passe dans l'eau des deux laveurs, puis s'emmagasine dans la cloche du gazomètre.

Le gazomètre étant suffisamment rempli, on ferme le robinet à acide, et l'on met la pompe de l'appareil en marche, en agissant sur la manivelle du volant. On devra se conformer à ce qui a déjà été dit pour les autres appareils continus, c'est-à-dire avoir soin de régler convenablement le robinet de distribution de la pompe de façon à monter en pression et à trouver, au moment du tirage, le vase du saturateur *a* rempli d'eau, ce qu'indique le niveau de façon à avoir une pression de 5 à 6 atmosphères lorsqu'on tire des bouteilles et 10 à 12 pour le tirage des siphons.

Pendant le tirage, on doit suivre la production de l'appareil, et ne tirer que lorsqu'on est dans de bonnes conditions de niveau d'eau et de pression.

Ces appareils, qui sont très bons et bien construits, se font de plusieurs grandeurs :

Les n°s 1, 2 et 3 à une seule pompe.

Les n°s 4 et 5 à deux pompes.

Les n°s 4 et 5 ont deux laveurs métalliques.

APPAREILS GUÉRET FRÈRES
Pl. III, fig. 2.

Ces constructeurs donnent à leurs appareils deux formes de saturateurs : l'un à bâti à colonne avec sphère en bronze coulé, l'autre, à saturateur en bronze coulé ayant la forme d'un tonneau avec les cercles venus de fonte; cette forme était celle adoptée par leur prédécesseur Vapaille.

FONCTIONNEMENT. — Introduire dans le producteur par la tubulure K le volume de carbonate et d'eau, puis s'assurer que la clef du robinet à acide est hermétiquement fermée; introduire dans le vase à acide, au moyen d'un entonnoir en plomb, le volume d'acide sulfurique indiqué; puis de l'eau jusqu'aux deux tiers au moyen d'un petit entonnoir dans le laveur indicateur en verre, verser de l'eau dans le laveur en cuivre, jusqu'à ce qu'elle coule par le trop plein E, et fermer toutes les tubulures.

Au moyen de la manivelle X de l'agitateur du producteur, on agite le carbonate et l'eau, et en même temps on ouvre un peu la clef du robinet à acide; l'acide entre dans le producteur et l'acide carbonique se dégage, passe par le tube I, entre dans le laveur en verre, et contrairement à la marche des appareils précédents, barbotte à travers l'eau de ce laveur, traverse l'eau du laveur en cuivre, et se rend au gazomètre.

On doit régler l'ouverture du robinet acide suivant le bouillonnement de l'eau dans le laveur indicateur, et fermer ce robinet dès qu'on cesse d'agiter les matières.

La bassine d'eau Z étant alimentée par le robinet flotteur qui lui donne une hauteur d'eau invariable pendant le travail et le gazomètre étant rempli de gaz, il n'y a plus qu'à actionner le volant pour produire l'eau gazeuse.

On règle le robinet de distribution de la pompe de façon à obtenir les mêmes conditions de tirage que dans les appareils précédents, c'est-à-dire le saturateur à moitié plein d'eau sous pression de 5 à 6 atmosphères ou de 10 à 12, suivant le tirage.

On devra, pendant tout le temps du tirage, suivre la

5.

production de l'appareil, de façon à rester toujours dans les mêmes conditions d'eau et de pression.

Remplissage des siphons. — A l'article des *Tirages*, on traitera du remplissage des siphons et des bouteilles.

CHARGES DES APPAREILS GUÉRET

NUMÉROS	ACIDE	BLANC	EAU
1	3 litres.	7 lit. 500	Jusqu'au trop-plein E.
2	4 —	10 —	
3 et 4	6 —	13 —	
5	10 —	24 —	
6	12 —	29 —	
7	14 —	34 —	
8	16 —	39 —	

APPAREIL A PRODUCTEUR DE GAZ
DIT A FAIBLE PRESSION

Cet appareil diffère du précédent par la suppression du gazomètre. Le principe de production du gaz est basé sur la distribution de l'acide, sous pression constante, cette pression étant représentée par la hauteur H du liquide qui existe entre la partie supérieure du tube distributeur (allant du premier compartiment du vase à acide dans le second) et la partie supérieure du tube de déversement prenant au tiers du deuxième compartiment et communiquant avec le producteur.

Pour que cet appareil fonctionne exactement, il faut

que la hauteur de l'eau dans les laveurs soit calculée de manière à équilibrer la colonne d'acide. Aussi le vase à acide à deux compartiments qui surmonte le producteur est-il muni d'un tube en plomb plongeant dans l'acide du premier compartiment et communiquant avec l'air extérieur, pour qu'en cas d'excès de pression et par suite de refoulement de l'acide, par suite d'une irrégularité, le jet d'acide soit dirigé en un point voulu de façon à éviter les accidents. Ces appareils se font de trois grandeurs : les n°s 1, 2 et 3.

APPAREILS FRANÇOIS
Pl. IV, fig. 1.

Ces appareils se composent des mêmes organes que les précédents ; mais ils diffèrent de ces derniers par la construction. Le producteur est sur un bâti en fonte avec les deux laveurs et il communique avec un gazomètre et un saturateur muni de sa pompe.

Le producteur est en plomb ainsi que le vase à acide qui le surmonte ; les deux laveurs sont en cuivre étamés à l'intérieur ; le gazomètre est en zinc. Le saturateur se compose d'une sphère en cuivre rouge munie de tous ses accessoires de sûreté, supportée par un bâti métallique en V renversé.

L'agitateur est mû à l'aide d'un volant par une courroie au lieu d'engrenages comme dans les autres appareils. La pompe se trouve placée immédiatement sous la sphère.

Le fonctionnement de cet appareil est le même que celui des autres appareils continus à gazomètre.

Fonctionnement. — Le fonctionnement étant identique et demandant les mêmes précautions que celui des autres appareils précédents, nous ne le décrirons pas à nouveau.

NUMÉROS des appareils.	PRODUCTION par jour en siphons.	CHARGE DU GÉNÉRATEUR		CHARGE du vase à acide.
		Eau.	carbon. de chaux.	Acide préparé.
00	600	16 lit.	4 kilos.	3 lit. 3/4
0	800	20 —	5 —	5 —
1	1.000	24 —	6 —	6 —
1 bis	1.200	24 —	6 —	6 —
2	1.500	32 —	8 —	8 —
2 bis	3.000	32 —	8 —	8 —
3	4.000	40 —	10 —	10 —
4	5.000	48 —	12 —	12 —

Nombre de pompes.	Tirage.
1...............	sur bâti
1.................	—
1............	indépendant
1............	—
2.................	—
2.................	—
2 plus puissantes...	—
2 — ...	—

CHAPITRE IV

APPAREILS MONDOLLOT

Les appareils du système Mondollot sont classés en :

    Type n° 0.
    — n° 1.
    — n° 2.
    — n° 3.
    — n°^{os} 4, 5, 6 et 7.

Ces derniers sont à pompes doubles et pour grande production.

TYPE n° 0.
Pl. V, fig. 1.

Le type n° 0 a été créé pour la petite fabrication et pour remplacer les petits appareils à pression chimique ou les appareils semi-continus.

Il se compose d'un producteur automatique, d'un jeu de laveurs et d'un saturateur avec pompe aspirante et foulante.

Producteur. — Le producteur est formé par un seau en plomb D reposant sur un trépied et portant à sa partie inférieure un bouchon de vidange à vis V sur le fond duquel repose une cloche C également en plomb.

Dans l'intérieur de la cloche et reposant sur le fond du seau, se trouve un récipient cylindrique en plomb, appelé boîte à bicarbonate et dont le fond est percé de petits trous, sur lequel vient s'appliquer très librement un plateau en plomb à anse et pied et qui sert à protéger les trous de la boîte à bicarbonate, et c'est sur ce plateau que repose le bicarbonate de soude.

La cloche est terminée à sa partie supérieure par une tubulure B fermée par un couvercle à étriers, par laquelle on introduit la dose voulue de bicarbonate.

Une tubulure P met cette cloche en communication avec les laveurs par le tuyau TP.

Saturateur. — Le saturateur se compose d'une sphère S supportée par un bâti en fonte ; elle est munie de ses organes de sûreté et porte de plus un écrou de prise de gaz. La sphère est en cuivre rouge battu au marteau et coquillée d'étain fin à l'intérieur. Elle est munie d'un agitateur à palettes, recevant son mouvement du volant à l'aide de deux roues d'engrenage du même diamètre.

La partie inférieure de la sphère porte un robinet de garde qui sert à établir la communication entre la sphère et les appareils de tirage.

Laveurs. — Les laveurs L et L' se composent de deux carafes en verre traversées par un tube fixées sur le saturateur au moyen d'un support en bronze et de deux bagues filtées avec écrou en étain

Ils sont en communication : celui placé à la partie supérieure par le tuyau TP avec la cloche du producteur; celui de la partie inférieure par le tuyau t avec le robinet de distribution de la pompe (côté du gaz).

Pompe. (Pl. V *bis*, fig. 2 et 3.) — La pompe est formée d'un corps cylindrique P en bronze boulonné sur une console K. appartenant au bâti. Ce corps de pompe est fondu avec une chapelle d'aspiration P' dans laquelle joue la soupape p' et qui est surmontée de la chapelle P^2.

Le siège de la soupape de refoulement p^2 sert de butée pour la soupape p'. Les parties battantes des clapets sont constitués par des rondelles en cuir destinées à amortir les chocs et à éviter le bruit. La chapelle P^2 est fixée sur les colonnettes p^3 au moyen de deux écrous appartenant à la pièce E qui est elle-même rapportée au-dessous de la chapelle P' et sert de boisseau au robinet de distribution E'.

Au boisseau E aboutit d'un côté le tuyau p, par lequel arrive le gaz qui a passé par le laveur, et, de l'autre, le tuyau i en communication avec le réservoir d'alimentation. Le robinet E permet de régler simultanément l'arrivée de l'eau et du gaz, sa position est indiquée par un index.

Le tuyau B conduit le mélange d'eau et d'air au saturateur.

Le piston plongeur d, qui se déplace dans le corps de

pompe P, est terminé par une tête munie de deux coulisseaux qui le guide entre les glissières, et de l'articulation de la bielle à fourche qui est commandée par une manivelle calée sur l'arbre du volant.

Les joints sont formés par des rondelles de cuir; l'amorçage se fait par un écrou placé à la partie supérieure du corps de pompe.

Chargement de l'appareil. — Pour charger l'appareil on remplit d'eau le réservoir I; on dévisse le bouchon du laveur supérieur, puis à l'aide d'un petit entonnoir que l'on place sur le tube de communication pp; on remplit à moitié le laveur inférieur; on incline légèrement l'entonnoir, ce qui le place de biais par rapport au tube pp, et l'on remplit également à moitié le laveur supérieur. On replace le bouchon du laveur supérieur en ayant soin de le visser à fond.

On charge le producteur en introduisant dans la cloche B, à l'aide d'un entonnoir par la tubulure en bronze 800 grammes de bicarbonate de soude en poudre; puis on ferme cette tubulure; on verse ensuite dans le seau en plomb D dans lequel on plonge la cloche, d'abord 7 litres d'eau, puis un volume d'acide sulfurique à 66° mesuré par une éprouvette spéciale en verre que l'on remplit jusqu'à un trait gravé sur le verre; il faut avoir soin de verser l'acide très doucement et sur toute la surface de l'eau.

Manœuvre de l'appareil. — L'appareil étant chargé

il n'y a plus qu'à agir sur le volant pour obtenir de l'eau gazeuse. Dès que la pompe est en marche, elle fait le vide dans la cloche du producteur; aussitôt l'eau acidulée du seau passe sous la cloche, entre par les petits trous dans la boîte à bicarbonate et vient baigner le bicarbonate qui y est contenu. Il se forme de suite une certaine quantité de gaz qui refoule l'eau acidulée dans le seau. Une fois cette première quantité de gaz aspirée par la pompe, le poids de l'eau acidulée du seau l'emporte sur la force du gaz restant dans la cloche et cette eau vient à nouveau baigner le bicarbonate de soude et détermine une nouvelle production de gaz : cette marche se continue de même jusqu'à l'épuisement complet des matières.

On peut, sans aucun inconvénient, arrêter la marche de l'appareil au milieu d'une opération, car le gaz produit n'ayant pas d'issue refoule l'eau acidulée dans le seau et le bicarbonate de soude se trouvant à sec ne produit plus de gaz. Comme on le voit, cette production a lieu automatiquement par le jeu de la pompe et l'action de la pression atmosphérique.

Le saturateur doit être amené comme précédemment de 10 à 12 atmosphères pour le tirage des siphons et de 5 à 6 pour le tirage des bouteilles ; dans les deux cas, on doit toujours maintenir le niveau de l'eau à 1 ou 2 centimètres au-dessus de l'arbre de l'agitateur du saturateur, et s'attacher à ce que tout le temps du tirage, l'eau du saturateur soit toujours dans les mêmes conditions de niveau et de pression, ce qui s'obtient en faisant un tirage régulier proportionnel à la production de l'appareil et surtout en agissant convenablement sur le robinet de distribution de la pompe. Pour bien diriger ce robinet, il faut consulter le manomètre et le niveau d'eau ; si le niveau d'eau baisse sous la même pression, on inclinera légèrement la clé du robinet vers le mot Eau du cadran afin de prendre plus d'eau ; si, au contraire, c'est la pression qui baisse, on poussera la clé vers le mot gaz afin de prendre plus de gaz. On doit opérer ces déplacements de la clé, très lentement, en la manœuvrant par demi-division du cadran.

Avec un peu d'habitude, on trouve presque immédiatement la position normale que la clef du robinet doit garder pendant la plus grande partie d'une opération.

Fin de l'opération. — Les proportions d'acide sulfurique et de bicarbonate de soude indiquées sont calculées pour une marche d'environ une heure ; on doit arrêter l'opération quand le liquide est descendu dans le seau jusqu'à la naissance de la partie cylindrique de la cloche B, et changer les matières.

Changement des matières. — Pour opérer ce changement, on ouvre la tubulure B, on dévisse de 2 ou 3 tours le bouchon à vis V de vidange. Aussitôt l'écoulement terminé, on le revisse et l'on charge le producteur comme il a été dit précédemment.

Avec un peu d'habitude et la précaution d'avoir sous la main tout ce qui est nécessaire pour la charge, le changement s'effectue très rapidement. Aussitôt après, l'on peut remettre l'appareil en marche et procéder au tirage, le saturateur étant resté chargé.

TYPE n° 0, ANCIEN MODÈLE
Pl. V, fig. 2.

Dans le type n° 0 qui a précédé celui qui vient d'être décrit, le producteur se trouvait placé dans le bâti, à la place du seau d'alimentation.

Il différait quelque peu de celui construit actuellement maintenant, mais le principe de la production du gaz était le même.

C'est sur ce modèle que se construisent les producteurs indépendants avec laveurs servant à produire automatiquement l'acide carbonique :

1° Ce producteur se compose d'un seau en plomb reposant sur un trépied et muni d'un niveau d'eau et d'un tuyau de vidange à crochet ;

2° D'une cloche C également en plomb, reposant sur le fond du seau et portant intérieurement une cloison horizontale, soutenant un tube de plomb percé de petits trous ; elle porte à sa partie supérieure, une tubulure B fermée pour un couvercle à étrier servant à l'introduction du bicarbonate de soude ;

3° D'un laveur G monté sur la calotte de la cloche qui

est mis en communication avec elle par un double tube *q* qui ne permet la sortie du gaz produit que par sa partie inférieure, de manière à le forcer à traverser l'eau du laveur avant de sortir par le robinet R.

FONCTIONNEMENT. — On ouvre le robinet R et la tubulure N ; on remplit le laveur d'eau à moitié par cette tubulure ; puis on ferme avec soin ces deux ouvertures. On introduit dans la cloche 800 grammes de bicarbonate de soude granulé en ouvrant la tubulure B, et l'on verse dans le seau D 6 litres d'eau, et une mesure d'acide sulfurique à 66°. Une pompe aspirante du genre employé dans les appareils précédents y est jointe.

Pour mettre en marche, on établit la communication avec la pompe par le robinet R ouvert que l'on actionne ; son aspiration fait le vide dans la cloche C ; l'eau acidulée contenue dans le seau monte dans la cloche, passe par les petits trous du tube et mouille le bicarbonate de soude : le gaz se produit, mais sa pression, refoule presque immédiatement l'eau acidulée dans le seau. La quantité de gaz produite étant aspirée, l'eau monte à nouveau, une nouvelle quantité de gaz se dégage, et ainsi de suite, au fur et à mesure de l'aspiration de la pompe. On s'aperçoit que les matières du producteur sont épuisées quand le niveau du liquide du seau affleure l'anneau métallique qui termine le niveau d'eau placé sur le seau.

On opère la vidange de cet appareil, en ouvrant la

tubulure B, et rabattant le tube de vidange *t* qui laisse alors s'écouler le sulfate de soude, résidu de l'opération. Ces producteurs sont employés dans les soutirages de vins, bières, cidres.

Le producteur est alors mis en communication avec la partie supérieure du baril à soutirer, de telle sorte qu'au fur et à mesure que le liquide descend dans le baril, il est remplacé par une égale quantité d'acide carbonique.

Ce procédé permet d'empêcher tout contact du liquide du baril en vidange avec l'air extérieur. Certains débitants de bières s'en servent en l'ajoutant à leur pompe à bière; dans ce cas, au lieu de pomper de l'air et de l'emmagasiner dans le réservoir de pression, ils y refoulent l'acide carbonique produit par cet appareil.

Le contact de l'acide carbonique conserve à la bière son goût et son arome, et la bonifie même quelque peu, le gaz faisant pression s'y dissout en petite quantité; il a de plus l'avantage de n'introduire dans la bière aucun germe, ni fumée, etc., comme cela a lieu lorsque l'air est aspiré, soit dans une cave ou dans une salle de brasserie. Cet appareil est très apprécié et peut servir dans tous les cas où l'on a besoin d'obtenir automatiquement un courant d'acide carbonique sans pression.

SYSTÈME MONDOLLOT

TYPES n° 1 et 2
Pl. V, fig. 3.

Ces deux types sont identiques comme construction ; leur force de production seule diffère.

Dans ces types, les organes de l'appareil sont portés par un même bâti, le vase à eau, seul est indépendant. Le bâti est en fonte ; il a la forme d'une cloche munie d'un fond et reposant sur quatre pieds ; la partie en forme de cloche est doublée intérieurement de plomb et constitue le producteur. Elle porte à sa partie supérieure une tubulure B appelée boîte à blanc, servant à l'introduction de l'eau et du carbonate et à sa partie inférieure intérieurement, un agitateur à ailettes, hélicoïdales, actionné par le volant servant à brasser les matières dont la forme spéciale des ailettes a pour but d'éviter les projections des matières lors du brassage, contre les parois intérieures qu'elles encrassent au bout d'un certain temps et extérieurement, un robinet de vidange V.

La sphère constituant le saturateur est identique à celle de l'appareil précédent et est également munie d'un agitateur, actionné par le volant et possède les mêmes accessoires.

Sur l'un des côtés du bâti, se trouve fixé à l'aide d'un support en bronze et de deux écrous, le vase à acide D qui est en plomb il est à air libre et muni d'un robinet à acide r; il communique avec le producteur par un tuyau recourbé, en plomb $a\,a$, descendant jusqu'au bas du socle et remontant ensuite pour verser l'acide à la partie supérieure du producteur.

Depuis peu, au vase en plomb, on a substitué un vase en porcelaine, recouvert de plomb, la clé à vis a été remplacée par un bouchon également en porcelaine; le fonctionnement est du reste resté le même; cette amélioration a été très utile au point de vue de la propreté du vase et de la manœuvre du robinet à acide.

Le vase à acide (Pl. V *bis*, fig. 1) est fermé par un couvercle en plomb et est muni intérieurement d'une passoire en plomb servant à retenir les ordures qui pourraient être entraînées par l'acide. Cette passoire porte au fond un bouton en porcelaine blanche très visible, qui sert, comme on le verra dans la description de la manœuvre de l'appareil, à reconnaître que la charge tire à sa fin.

Laveurs. — Les laveurs L et L' sont également fixés sur l'autre côté du bâti, au moyen d'un support en bronze; précédemment, le laveur inférieur L' était en cuivre rouge étamé intérieurement et le laveur L appelé laveur indicateur, en verre; un tube t traversait les deux laveurs et permettait au gaz de barbotter dans l'eau qu'ils contenaient avant d'arriver à la pompe. Actuellement, le laveur métallique a été modifié; au lieu d'être placé à la partie inférieure du support des laveurs, il est à la partie supérieure et au lieu d'être rempli d'eau, il est plein de fragments de pierre-ponce, préparée spécialement pour l'épuration méthodique du gaz, ce qui en fait un laveur sec.

Le laveur indicateur en verre L a un rôle très important, car il permet de voir passer à travers l'eau qu'il contient, la quantité de gaz aspirée par la pompe, à chaque coup de piston et de se rendre compte ainsi de son bon fonctionnement.

Vase de sûreté. — Près du vase à acide, se trouve placé le vase de sûreté, qui est formé par un tube en cuivre étamé descendant jusqu'au bas du producteur et terminé à sa partie supérieure par une carafe ovoïde en cristal et à sa partie inférieure par un tube aboutissant à la partie supérieure du producteur. Ce tube est rempli d'eau jusqu'à la moitié de la carafe ; cette colonne d'eau, forme par son poids, une soupape qui sert à la fois pour le producteur et pour le vase à acide, car en cas d'excès de pression dans le producteur, le gaz s'échappe à travers cette colonne d'eau et évite tout refoulement de gaz dans le vase à acide, la colonne d'acide étant beaucoup plus lourde que celle d'eau, oppose au gaz une plus grande résistance et c'est cette dernière qui cède la première.

Pompe. — La pompe P est la même que celle décrite précédemment ; elle est actionnée par le volant et son robinet de distribution est raccordé du côté du gaz aux laveurs par le tuyau *g* et du côté de l'eau par le tuyau K avec le seau d'alimentation I.

CHARGE ET MISE EN MARCHE DE L'APPAREIL. — On remplit préalablement d'eau le laveur indicateur en verre L jusqu'à moitié de sa hauteur par la tubulure N, que l'on referme ensuite; le laveur métallique L' par la tubulure F jusqu'à la naissance de cette tubulure, puis on introduit dans le producteur, par la tubulure B, l'eau et le bicarbonate en quantités voulues.

Ces quantités sont :

Pour le n° 1 3 kil. de craie ou 4 kil. 700 de bicarbonate de soude avec 12 litres d'eau.
Pour le n° 2 6 kil. de craie ou 9 kil. 400 de bicarbonate de soude avec 24 litres d'eau.

et l'on ferme la tubulure B.

Le robinet r du vase à acide étant parfaitement fermé, on remplit ce vase d'acide sulfurique à 66° Baumé, puis le vase de sûreté, d'eau, jusqu'à ce que son niveau arrive à moitié de la carafe en verre. On fait arriver l'eau dans le seau d'alimentation I dont le niveau est maintenu constant par le robinet flotteur.

Les choses étant ainsi disposées on peut mettre l'appareil en marche.

Mise en marche. — On ouvre le robinet à acide r et l'on actionne le volant; cette manœuvre met en mouvement à la fois, le piston de la pompe P et les agitateurs du producteur et du saturateur, le jeu de la pompe détermine une dépression dans les vases laveurs et par suite dans le producteur qui fait affluer dans ce dernier, par intermédiaire du tube siphon $a\,a$, l'acide sulfurique contenu dans le vase à acide. Cet acide rencontrant le carbonate maintenu en suspension dans l'eau par l'action de l'agitateur, le décompose et produit un dégagement de gaz qui établit bientôt une pression suffisante dans le producteur pour maintenir l'acide dans le tube siphon aa et par suite pour arrêter son écoulement; le jeu de la pompe continuant, il se produit une nouvelle dépression à l'intérieur du producteur et par suite, un écoulement momentané d'acide et un nouveau dégagement de gaz.

La production du gaz est par suite continue et est réglée automatiquement par le jeu même de la pompe, sans que l'opérateur ait à s'en occuper et à opérer comme dans les autres systèmes, la manœuvre délicate d'un robinet à acide, il n'a qu'à ouvrir ce robinet quand il met l'appareil en marche et à le fermer quand il l'arrête. La pompe aspire en même temps que le gaz, l'eau du réservoir l et les refoule ensemble dans le saturateur S où s'opère la saturation de l'eau par suite de la pression et de l'action de l'agitateur.

Le manomètre m et le niveau d'eau n guident l'opérateur dans la manœuvre de la clé e du robinet de distribution de la pompe.

La quantité de craie introduite dans le producteur correspond au volume d'acide que contient le vase à acide; dès que celui-ci est vide, on doit en conclure que tout le carbonate est usé; il faut alors fermer le robinet à acide et arrêter l'opération afin de pouvoir renouveler les matières.

Pour recharger l'appareil, on vide le producteur par le robinet de vidange V, et on le charge à nouveau, ainsi que le vase à acide D.

On ne doit jamais attendre que l'acide ait complètement disparu du vase à acide, pour arrêter l'opération : l'arrêt doit se faire quand on voit le niveau de l'acide à fleur du bouton de porcelaine placé comme repair au fond du filtre ou passoire du vase à acide ; cette précaution est nécessaire afin d'empêcher le désamorçage du tube siphon $a\,a$, qui se produirait et l'on serait forcé de réamorcer si l'on continuait l'opération plus longtemps.

Nous renvoyons au chapitre *tirage* pour le fonctionnement des appareils de remplissage.

Production. — N° 1. 600 siphons.   900 bouteilles.
N° 2. 1,200   —   1,800   —

SYSTÈME MONDOLLOT
TYPE n° 3
Pl. VI, fig. 1, 2, 3.

Nous arrivons avec ce type à l'appareil à grand débit à marche complètement mécanique. Dans cet appareil, le producteur est séparé du saturateur.

Ce producteur est composé de deux producteurs jumeaux dont l'un seulement est toujours en marche, ce qui évite l'arrêt nécessité par le rechargement dans les types précédents.

Le producteur est formé par deux cylindres en cuivre rouge martelé doublés intérieurement d'une chemise de plomb très épaisse. Ils reposent sur un bâti en fonte à quatre pieds, sur lequel ils sont boulonnés par l'intermédiaire de cercles en fer forgé.

Chaque producteur porte à la partie inférieure, un robinet de vidange et à la partie supérieure, quatre ouvertures : la première, une tubulure B, par laquelle on introduit le blanc dans les cylindres ; la deuxième R R', par laquelle le gaz se rend au laveur ; la troisième $h\ h'$, établit la communication entre le producteur et la colonne d'eau du vase de sûreté V servant de soupape hydraulique ; enfin, la quatrième, qui est située sur le côté, sert à fixer le support du vase à acide D D' qui est identique à celui des types n° 1 et 2.

Il porte de plus, un écrou de trop-plein placé en $b\ b'$ et servant à donner le niveau que l'eau doit occuper dans le producteur lors de son introduction.

Il est muni intérieurement, d'un agitateur hélicoïdal, mis en mouvement par un jeu de poulies et servant au brassage des matières qui y sont contenues. Une pièce en croix X réunit les deux tuyaux de sortie, du gaz de chaque producteur et les fait communiquer avec les laveurs.

Saturateur. — Le saturateur est formé d'une sphère en cuivre rouge martelé et coquillé d'étain fin à l'intérieur, munie des divers organes de sécurité et reposant sur un bâti creux en fonte, qui supporte tous les organes de l'appareil.

Dans l'intérieur de ce bâti se trouve placé le seau d'alimentation de la pompe, muni de son robinet flotteur et elle porte intérieurement un agitateur muni de palettes destiné à activer la dissolution du gaz dans l'eau. Cet agitateur reçoit son mouvement de l'arbre du volant, comme cela avait lieu dans les types précédents. Un seul laveur, le laveur indicateur, est placé sur le côté du bâti; il est en verre et permet de voir passer le gaz à chaque coup de piston de la pompe et de suivre son fonctionnement.

Laveur. — Le laveur métallique L est isolé et placé sur un socle entre les producteurs et le saturateur. Il communique avec les producteurs par le tuyau ll qui plonge jusqu'au fond du liquide qui le remplit et avec le laveur indicateur L' par le tuyau l' partant de sa partie supérieure. Un robinet de garde, situé à la partie inférieure de la sphère du saturateur, permet de faire communiquer, pour la sortie de l'eau de Seltz, le saturateur avec les appareils de tirage.

Vase de sûreté. — Le vase de sûreté du producteur double, type 3, est un tube en cuivre étamé, terminé à sa partie inférieure par un petit robinet permettant d'en vider l'eau lorsque cela est nécessaire, et à sa partie supérieure, par une carafe en verre. Ce tube est à air libre, il communique par sa partie inférieure avec le producteur par les deux tuyaux hh'.

On le remplit d'eau comme ceux des types précédents, jusqu'à moitié de la carafe en verre. La colonne d'eau de ce vase forme également un bouchon hydraulique et fonctionne comme celle des producteurs, types 1 et 2.

Pompe. — La pompe est la même que celle des types précédents, aspirante et foulante, et munie d'un robinet de distribution communiquant d'un côté (côté du gaz) par le tuyau E avec le laveur indicateur, et de l'autre côté (côté de l'eau), par le tuyau p, avec le réservoir d'eau d'alimentation placé à l'intérieur du bâti.

Elle est formée d'un corps cylindrique P en bronze boulonné sur une console h, appartenant au bâti. Ce corps de pompe est fondu avec la chapelle d'aspiration P' dans laquelle joue la soupape p' et qui est surmontée de la chapelle de refoulement P^2.

Le siège de la soupape de refoulement p^2 sert, en même temps de butée pour la soupape p'. Les parties battantes des clapets sont constituées par des rondelles annulaires en cuivre, destinées à amortir les chocs et à éviter le bruit. La chapelle P^2 est fixée au moyen de 2 écrous vissés sur l'extrémité des colonnettes p^3, appartenant à la pièce E, qui est elle-même rapportée au-dessous de la chapelle P' et sert de boisseau au robinet de distribution E'.

Au boisseau E aboutit d'un côté le tuyau p, par lequel arrive le gaz qui a passé par le laveur, et, de l'autre, le tuyau i en communication avec un réservoir d'alimentation I. Le robinet E' permet de régler simultanément l'arrivée du gaz et de l'eau ; sa position est indiquée par un index e dont l'extrémité se déplace en regard du cadran e. De la chapelle de refoulement P^2 part le tuyau s, qui conduit le mélange d'eau et de gaz sous pression dans le saturateur S.

Le piston plongeur, qui se déplace dans le corps de pompe P, est terminé par une tête munie de deux coulisseaux servant à le guider entre deux tiges d' formant glissière; cette tête est en outre garnie de deux tourillons autour desquels sont articulées les extrémités de la bielle à fourche a qui actionne le piston. Cette bielle oscillante est commandée par l'intermédiaire de la manivelle a', forgée avec l'arbre A', dont l'extrémité opposée reçoit le volant à bras A.

Les différents points sont rendus parfaitement étanches par des rondelles de cuir; le corps de pompe est muni d'un cuir embouti, maintenu par un écrou en bronze et un anneau en caoutchouc.

Quant au réservoir d'alimentation, il ne présente aucune particularité : il a un couvercle supportant un flotteur qui agit sur une soupape f pour régler l'arrivée de l'eau et maintenir ainsi le niveau constant et placé sur le bâti de l'appareil. L'amorçage a lieu à l'aide d'un écrou z

Charge et mise en marche de l'appareil type n° 3. — La production du gaz dans les producteurs de cet appareil est identiquement la même que dans les appareils types n°^{s} 1 et 2. On remplit d'eau :

1° Le laveur métallique jusqu'à son orifice de trop plein o ;

2° Le laveur indicateur L' jusqu'à la moitié;

3° On introduit dans les producteurs, par la tubulure BB', 8 kilos de craie et de l'eau jusqu'au trop-plein bb' et l'on ferme les tubulures ;

4° Le robinet du vase à acide étant fermé, on remplit ce vase d'acide sulfurique (acide à 66°).

Purge d'air du producteur. — Avant de mettre la pompe du saturateur en marche, il faut chasser l'air qui se trouve dans les producteurs.

Pour cela : la tubulure B étant ouverte, on embraye l'agitateur du producteur pour agiter les matières et l'on ouvre le robinet à acide, et on laisse couler l'acide pendant un certain temps pour produire un dégagement de gaz. Dès qu'on voit des vapeurs blanches sortir par la tubulure B, on doit fermer le robinet à acide, puis la tubulure B. On est alors certain que le producteur ne contient plus que de l'acide carbonique.

Mise en marche des producteurs. — Pour mettre en marche un producteur préalablement chargé, il faut :

1° Ouvrir la tubulure du blanc B ;

2° Embrayer très doucement l'agitateur ;

3° Fermer la tubulure du blanc ;

4° Ouvrir le robinet à acide ;

5° Ouvrir le robinet de gaz du producteur au repos, pour mettre en marche le saturateur de l'appareil.

La conduite de l'opération est identiquement la même que pour les types n°^{s} 1 et 2.

On s'aperçoit que les matières du producteur en marche commencent à être épuisées quand on voit, dans le vase à acide, le niveau descendu jusqu'à fleur du bouton de porcelaine placé au fond du vase. Il faut alors avant d'arrêter le fonctionnement de ce producteur mettre en marche le second chargé d'avance, cela comme il a été dit pour le premier. Ce n'est que lorsque le second producteur fonctionne que l'on peut arrêter la marche du premier, ce qui se fait :

1° En fermant le robinet à acide ;

2° En débrayant l'agitateur ;

3° En fermant une ou deux minutes après le robinet de gaz.

On ouvre ensuite la tubulure B, on opère la vidange du producteur inférieur et l'on rince avec soin ; puis on le rechange afin qu'il soit prêt à fonctionner lorsque les matières du producteur en marche seront sur le point d'être épuisées.

Observation importante. — Ne jamais arrêter un producteur en marche qu'après l'arrêt complet de la machine à eau de seltz ou après la mise en marche de l'autre producteur chargé à l'avance.

Les producteurs doubles se font de différentes dimensions, à partir du type n° 3 ; ce sont :

N° 4 B qui peut desservir 2 saturateurs n° 3.
N° 5 C   —   4   —
N° 6 D   —   8   —
N° 7 E   —   16   —

Le type n° 7 fonctionne à Paris dans l'usine de la

Compagnie générale des Eaux gazeuses de la rue Grange-aux-Belles. Ce système de producteur double automatique permet de n'avoir qu'un jeu de 2 producteurs pour desservir plusieurs saturateurs et permet, d'après le principe même du système, d'interrompre la marche de tous ou d'une partie des saturateurs, sans aucun inconvénient pour la marche du producteur fonctionnant.

Gazogènes continus système Mondollot.

N°s TYPES	PRODUCTION EN 10 H.		DIMENSIONS			FORCE en chevaux.	DIAMÈTRE de chaque producteur.
	Siphons.	Bouteilles.	Hauteur.	Largeur.	Longueur.		
0	300	600	1,50	1	1,80	1/6 chev.	
1	600	1.200	1,70	1,30	2	1/5 —	
2	1.200	2.400	1,80	1,40	2,20	1/2 —	
3	2.400	4.800	2	2,40	2,40	1 —	
PRODUCTEURS DOUBLES AUTOMATIQUES (Comprenant deux producteurs jumeaux.)							
		Litres Co²					mètres.
3 A	2.500	10.000	2	1	2,50	1/2 chev.	0,44
4 B	5.000	20.000	2,20	1,20	3	id.	0,51
5 C	10.000	40.000	2,30	1,30	3,20	id.	0,60
6 D	20.000	80.000	2,50	1,40	3,50	id.	0,76
7 E	40.000	160.000	3	1,70	4	1 chev.	1

* Cette production du gaz acide carbonique est celle obtenue sous la pression atmosphérique.

CHAPITRE V

APPAREILS ACCESSOIRES DE FABRICATION

1º APPAREILS DE TIRAGE

On appelle tirages les appareils disposés de façon à permettre l'introduction de l'eau gazeuse dans les bouteilles et dans les siphons. Ils sont indépendants des appareils de production et de saturation ; ils sont raccordés à ces derniers par des tuyaux en étain fin, prenant naissance au robinet de garde du saturateur et dont la distance entre l'appareil et le tirage peut atteindre 10 mètres sans aucun inconvénient. La distance moyenne est généralement 1^m,50 ; la seule condition à remplir, c'est que ces appareils soient placés dans le meilleur jour possible, surtout pour les tirages à bouteilles dont le verre est quelquefois très foncé.

Les tirages des différents fabricants, dont nous avons étudié les appareils, se ressemblent presque tous ; il n'y a guère de différence sensible entre eux que dans le système du robinet d'admission de l'eau gazeuse. Les uns ont un robinet à boisseau qui est le plus ancien système ; d'autres possèdent un robinet à vis avec soupape spéciale de dégagement ; certains ont un robinet à double soupape manœuvré par un levier à bascule, ouvrant tantôt la soupape d'admission de l'eau de Seltz, tantôt celle du dégagement. Les tirages nouvellement perfectionnés n'ont pour robinet qu'une soupape, manœuvrée par un levier, lequel permet :

1° L'arrivée de l'eau de Seltz quand on appuie dessus ;

2° Le dégagement, quand il est libre.

MANŒUVRE DU ROBINET A BOISSEAU
DES TIRAGES A SIPHONS
Pl. VII, fig. 1.

Prenons, comme type de ce tirage, celui de la maison Guéret frères.

Ce tirage se compose d'une colonne creuse en fonte, portant tous les organes de la mise en siphons dont le principal est un chariot actionné par une tringle passant dans la colonne, se terminant inférieurement par une pédale y. Le siphon se place renversé sur ce chariot dans cette position, le chapeau de la tête du siphon repose sur un godet en bronze garni de plomb ; le bec du siphon entre dans un écrou percé appelé écrou du nez du robinet de tirage et muni d'une rondelle souple préparée pour faire le joint entre le robinet de tirage et le bec du siphon. On ouvre le siphon en agissant par pression de haut en bas. Le robinet M est chargé de l'emplissage ; une cuirasse en cuivre percée de trous, pouvant se placer entre le siphon et l'opérateur, permet de protéger le tireur tout en laissant à celui-ci la faculté de suivre le remplissage du siphon.

Le siphon étant placé comme l'indique le dessin, on appuie avec le pied sur la pédale y, pour bien serrer le bec du siphon contre la rondelle de l'écrou percé du robinet. Puis, on appuie avec la main gauche sur le levier l, qui agit sur le levier du siphon et l'ouvre. On tourne la clé du robinet à droite ; le siphon se remplit aux 2/3 ; quand l'arrivée du liquide dans le siphon cesse, on tourne la clé du robinet en sens inverse, l'air contenu dans le siphon, qui faisait équilibre à la pression de la machine à eau de Seltz s'échappera en permettant, quand on tournera à nouveau la clé à droite, une nouvelle entrée d'eau de Seltz dans le siphon. Ces dégagements se font tant que le siphon n'est pas plein à 2 ou 4 centimètres du col. Les mouvements de dégagement d'air doivent se faire vivement : il est préférable d'en faire plusieurs petits qu'un seul trop grand, le siphon ne s'en videra que mieux.

Le siphon rempli, on abandonne le levier l, on ferme le robinet d'arrivée d'eau de Seltz, on lâche du pied la pédale y, on retire le siphon, et on en replace un autre sur lequel on opère de même.

MANŒUVRE DU ROBINET A DEUX SOUPAPES
AVEC LEVIER OSCILLANT

Ce système est celui de MM. Cazaubon, Hermann et François.

Prenons comme type celui de M. Cazaubon, fig. 3, pl. II.

Il se compose également d'une colonne creuse avec pédale intérieure sur laquelle se place obliquement le siphon sur un godet (ce qui est peu avantageux); le levier du siphon est ouvert par le levier h. En appuyant sur la pédale y, le bec du siphon entre dans l'écrou percé du nez du robinet de tirage. Puis, en agissant sur le levier M, et en ouvrant le siphon, en abaissant le levier h, l'eau gazeuse arrive dans le siphon; les dégagements s'opèrent en faisant osciller le levier M, et en appuyant sur la deuxième soupape.

Dans ce tirage, le cuirasse est mobile et se met à la main, par-dessus le siphon. Le tirage (Hermann) Boulet et Cie ne diffère de celui-ci qu'en ce que le levier de tirage est vertical au lieu d'être horizontal, que la cuirasse est fixée au tirage au lieu d'être libre et que l'ouverture du siphon a lieu simplement par la pression du pied sur la pédale y.

APPAREILS ACCESSOIRES DE FABRICATION

ROBINET DE TIRAGE A UNE SEULE SOUPAPE
AVEC DÉGAGEMENT AUTOMATIQUE

Pl. VII, fig. 2.

Ce système de robinet est usité dans les appareils de l'ingénieur Mondollot; il est excessivement simple et pratique et très facilement réparable.

Le tirage se compose également d'une colonne creuse reposant sur 3 pieds, traversée par une tige, munie inférieurement d'une pédale et terminée à la partie supérieure par un godet en bronze g, cette colonne est surmontée d'une cuirasse, et porte sur l'un des côtés le tuyau d'arrivée d'eau de Seltz terminé par un écrou percé, et précédé d'une soupape actionnée par un levier M; de l'autre un levier D, destiné à ouvrir le siphon.

Voici comment on procède au remplissage des siphons :
1° On place le siphon renversé sur le godet, et l'on appuie le pied sur la pédale y, afin de faire entrer le bec du siphon dans l'écrou percé A du robinet de tirage; 2° on ferme la cuirasse et l'on appuie la main gauche sur la poignée D du levier afin d'ouvrir le siphon; 3° on ouvre alors de la main droite le robinet de tirage, en appuyant, d'un coup sec et à fond sur le levier M. Le siphon s'emplit aux 3/4 environ; on dégage le gaz en excès dans le siphon en abandonnant pendant un temps très court le levier M, qui se relève lui-même sous l'action d'un res-

sort intérieur et ferme le canal d'arrivée de l'eau de Seltz et ouvre celui de dégagement du gaz.

Puis on rouvre le robinet en appuyant à nouveau sur le levier M pour finir de remplir le siphon.

4º Lorsque le siphon a fini de s'emplir, on lâche d'abord la poignée du levier D, puis celle du levier M; on ouvre la cuirasse, on saisit le siphon, et on abandonne la pédale y.

Comme on le voit, cette manœuvre est très simple et très rapide.

ROBINET A VIS AVEC SOUPAPE DE DÉGAGEMENT
Pl. VII, fig. 3.

Ce robinet à vis se compose d'une clé à vis permettant l'arrivée de l'eau de Seltz dans le siphon; pour opérer le dégagement, on ferme la clé et on appuie sur la gâchette d'une soupape à proximité de la clé et disposé à cet effet.

TIRAGES A BOUTEILLES

Tous les tirages à bouteilles se ressemblent à peu de chose près. Comme description générale, nous prenons l'un des plus employés du type Mondollot (pl. VII, fig. 3).

FONCTIONNEMENT. — Le tirage étant raccordé à l'appareil de fabrication par le tuyau de raccord bb, allant du robinet du tirage à un robinet de garde de l'appareil, on procédera au moment voulu, à l'emplissage des bouteilles de la manière suivante :

1° On introduit un bouchon dans le cône d'embouteillage et, de la main droite, on fait descendre le levier u pour amener ce bouchon un peu au-dessus du trou d'arrivée de l'eau gazeuse dans le cône ; on doit maintenir avec la main le levier pendant tout le temps de l'emplissage pour empêcher le bouchon de remonter sous la pression.

2° On met la bouteille sur le support en bois K et l'on appuie avec le pied sur la pédale y, pour presser le goulot contre l'ouverture du cône ; on réglera la position du support en bois monté à vis sur sa tringle, de façon à obtenir la course nécessaire.

3° On amène la cuirasse C devant la bouteille et on ouvre le robinet de tirage i ; la bouteille s'emplit aux 3/4 environ ; on ferme alors le robinet, on dégage ensuite le gaz en excès dans la bouteille de 2 façons, soit en appuyant quelques secondes avec l'index sur le levier j de dégagement du robinet ; soit en cessant un instant la pression du pied sur la pédale y (ce qu'on appelle dégagement au pied), puis on rouvre à nouveau le robinet pour achever le remplissage de la bouteille.

4° La bouteille étant pleine à 1 ou 2 centimètres près, on ferme le robinet de tirage, tout en maintenant avec la pédale la bouteille pressée contre le cône d'embouteillage, puis on fait descendre le levier u, pour enfoncer le bouchon dans le goulot, jusqu'à ce que le taquet t

vienne porter sur son arrêt. Le bouchon est alors enfoncé au point convenable.

En pressant alors avec le pouce sur la touche t', on fait basculer le petit levier tt', jusqu'à ce que le taquet échappe son arrêt, et l'on continue d'appuyer sur le levier, mais en diminuant la pression du pied sur la pédale y, de façon que la bouteille descende en même temps que le bouchon.

5° Au moment où le bouchon sort du cône, on doit saisir le col de la bouteille et appuyer fortement avec le pouce sur la tête du bouchon pour l'empêcher de s'échapper. Lorsqu'on se sent maître du bouchon, on retire complètement la bouteille de l'appareil en lâchant la pédale y; puis on s'occupe de ficeler le bouchon.

Il faut une certaine habitude pour ne pas laisser s'échapper le bouchon au moment où on retire la bouteille de l'appareil; cette manœuvre peut être rendue très facile par l'emploi de la pince à bouchons qui sera décrite ultérieurement et qui, serrant à la fois le bouchon et le goulot, permet d'enlever la bouteille tout en maintenant solidement le bouchon.

L'opération du ficelage sera facilitée par l'emploi simultané de cette pince et du calebotin à pédale (pl. VIII, fig. 5).

Dans ce cas, la bouteille étant amenée avec la pince sur le support de ce calebotin, l'on presse du pied la pédale pour faire monter la bouteille et serrer le bouchon contre la branche recourbée qui forme la partie supérieure du calebotin ; puis, le bouchon se trouvant ainsi maintenu par la pression du pied, l'on abandonne la pince devenue inutile et l'on a toute liberté d'action pour faire le ficelage.

On se sert actuellement beaucoup de bandelettes de fer-blanc pour fixer les bouchons sur les bouteilles (fig. 3, pl. VIII).

Ficelage des bouteilles. — On entoure d'abord à cet effet les goulots des bouteilles avec un fil de fer pas trop serré contre le goulot, mais suffisamment, cependant, pour qu'il ne passe pas par-dessus la cordaline de la bouteille, puis on prend une bande, on l'introduit aux extrémités entre le fil et la bouteille ; le dessin montre la disposition de la bandelette placée et dont les deux bouts ont été rabattus en crochets.

Ces bandelettes se fabriquent mates ou brillantes ; on en fait même de tricolores pour la fête nationale.

Précaution à prendre. — On aura soin de laisser tremper dans l'eau tiède les bouchons avant de s'en servir.

Bouchage des fuites. — Par suite d'un long usage, les fuites d'eau gazeuse peuvent se produire au robinet de tirage ou à son dégagement ; on les supprimera ainsi :

Si la fuite a lieu par le robinet du tirage, on en dévissera la clé et on regarnira la boîte où elle s'ajuste de rondelles en cuir. On remplacera également par une neuve la rondelle en cuir du bout de la clé ; cette rondelle y est fixée par une petite vis facile à retirer et à remettre en place.

Si la fuite se produit par le levier de dégagement, on

en dévissera le boisseau et il suffira de renouveler tout ou partie de la soupape avec tige et rondelles que renferme ce boisseau. L'affaissement des cuirs du robinet de tirage peut amener sa clé à trop se rapprocher de la soupape de dégagement et à en gêner la manœuvre. Il faudrait, en ce cas, dévisser la poignée de la clé et l'ajuster sur un autre des huit pans du haut de la clé.

Les tirages à bouteilles des autres fabricants ont le même fonctionnement; mais ils diffèrent de celui du système Mondollot, ceux de Guéret frères, Boulet et Cie, François et Cazaubon, en ce qu'ils n'ont pas la crémaillère, ni le secteur à engrenage du levier; leur levier est simplement à chape articulée. Le taquet d'arrêt n'existe pas non plus. Dans le tirage du système Durafort, le levier à chape articulée existe également, mais le levier, dans son prolongement, est terminé par un contrepoids (genre anglais) qui met le levier d'abattage bien en main. La soupape de dégagement de ce tirage a la forme d'une tête de siphon.

TIRAGE DOUBLE

Le tirage double que font presque tous les fabricants d'appareils à eau de Seltz est un appareil servant à remplir les siphons aussi bien que les bouteilles; il porte sur la même colonne tous les organes nécessaires qui ne sont autres que ceux des deux tirages séparés. Ces tirages sont très commodes pour la petite fabrication, car ils tiennent moins de place et sont moins coûteux que les deux tirages séparés.

Leur fonctionnement est le même que celui des tirages simples ; toutefois, comme c'est presque toujours le même robinet d'admission de l'eau de Seltz qui commande chaque partie spéciale du tirage, il faut, quand on se sert de la partie spéciale au remplissage du siphon, supprimer, à l'aide d'un organe d'arrêt, la communication de la partie du tirage correspondant au remplissage des bouteilles et *vice versa*.

TIRAGE A SIPHONS ET A BOUTEILLES AVEC DOSEUR INJECTEUR AUTOMATIQUE
Système Mondollot.

Ces appareils permettent de remplir d'eau de Seltz les bouteilles et les siphons et d'y introduire une quantité déterminée de sirop, de façon à fabriquer les limonades par une seule opération. L'inventeur a eu l'heureuse idée de se servir du gaz provenant du dégagement du siphon et de la bouteille pour injecter le sirop.

Ces appareils très ingénieux et très simples remplacent très avantageusement les pompes à sirop et permettent une grande propreté dans la fabrication de la limonade ; ils ont tous leurs organes argentés intérieurement.

TIRAGE A BOUTEILLE AVEC DOSEUR INJECTEUR
Pl. VII, fig. 6.

L'appareil est disposé comme le tirage à bouteilles

ordinaire; mais il porte en plus le système du doseur injecteur.

Pour l'installer, on relie l'olive O par un tuyau de caoutchouc au robinet d'un réservoir placé au moins à un mètre au-dessus de cette olive; on raccorde par un tuyau X X, le robinet d'arrivée de l'eau de Seltz S avec le robinet de garde de l'appareil de saturation. L'appareil étant ainsi disposé, on peut s'occuper du dosage et du remplissage des bouteilles.

Amorçage de l'appareil. — On place la bouteille comme à l'ordinaire sur son support et on appuie avec le pied sur la pédale y; on introduit ensuite un bouchon dans le cône d'embouteillage et on abaisse le levier u de façon à faire arriver le bouchon un peu au-dessus du trou d'arrivée de l'eau de Seltz; on maintient le levier pour empêcher le bouchon de remonter sous la pression; puis on appuie sur la manette N du robinet à boisseau, afin de faire arriver l'eau de Seltz dans la bouteille. Pendant ce remplissage, le gaz passe dans un réservoir en bronze R' par le tuyau nn' et s'y emmagasine, retenu qu'il est par un petit clapet disposé à cet effet. Ensuite on doit retirer cette première bouteille qui ne sert qu'à amorcer l'appareil.

Pendant cette partie de l'opération, le sirop est descendu dans le mesureur en verre R, qui porte un petit tube argenté t, à tête moletée, coulissant dans ce mesureur et permettant de faire varier les doses, suivant qu'on l'enfonce plus ou moins.

On place alors une nouvelle bouteille comme la première, et on relève la poignée N jusqu'à son arrêt : le gaz contenu dans le réservoir R' fait alors pression dans le mesureur à la surface du sirop et toute la dose qu'il contient est injectée dans la bouteille.

On appuie alors sur la poignée N, ce qui fait ouvrir le robinet d'arrivée d'eau de Seltz S, et on remplit la bouteille en faisant le nombre de dégagements nécessaires. On lâche alors la poignée N et l'on enfonce le bouchon comme pour les bouteilles ordinaires, puis on s'occupe du ficelage. Pendant le temps que la bouteille se remplit d'eau de Seltz, une nouvelle dose de sirop descend dans le mesureur.

Le dégagement de cette bouteille a permis de nouveau au réservoir R' d'emmagasiner le gaz en pression suffisante pour servir à injecter le sirop dans la bouteille suivante ; on peut donc recommencer l'opération. On voit par la manœuvre très simple de cet appareil que l'on arrive à fabriquer très vite les limonades.

Cet appareil peut servir comme appareil ordinaire de tirage à bouteilles ordinaire; pour cela il n'y a qu'à ne pas exécuter le mouvement de relèvement de la poignée N, mais appuyer simplement dessus pour produire l'introduction de l'eau de Seltz et opérer les dégagements au pied.

TIRAGE A SIPHONS AVEC INJECTEUR DE SIROP
Pl. VII, fig. 5.

Cet appareil est identique au tirage à siphons ordinaire, mais il porte en plus les organes de l'injecteur de sirop.

Réservoir à sirop. — Comme dans l'appareil précédent, le réservoir à sirop doit être placé au moins à un mètre au-dessus de l'olive O du tirage. Cette distance est indispensable pour l'emploi de sirop épais, tel qu'on le retire de la bassine de cuisson.

Lorsqu'on le dilue d'un tiers d'eau, par exemple, cette hauteur peut être diminuée ; on doit le placer à une hauteur telle que le sirop arrive très rapidement dans le réservoir.

Amorçage de l'appareil. — On raccorde l'olive O de l'injecteur avec le réservoir à sirop, puis le robinet à eau de Seltz S par un tuyau de raccord X X avec le robinet de garde de l'appareil de saturation, puis on procède au dosage et au remplissage de la façon suivante : On pose le siphon sur le tirage comme pour le remplissage ordinaire, en appuyant sur la pédale y pour faire pénétrer le bec de l'écrou percé du robinet.

On appuie ensuite sur la poignée N ; ce mouvement ouvre le robinet S et fait arriver l'eau de Seltz dans le siphon. On dégage alors en appuyant sur la gâchette H ; ce mouvement fait passer le gaz du dégagement dans le réservoir R' et le surplus s'en ira par l'olive du réservoir R".

On retire ce premier siphon qui n'a servi qu'à amorcer l'appareil. Pendant cette opération préparatoire, le sirop est entré dans le mesureur en verre R qui est le même que celui décrit précédemment.

Remplissage des siphons. — On place alors un deuxième

siphon dans la position du premier et l'on relève la poignée N jusqu'à son arrêt. Immédiatement, la pression du réservoir R' vient agir sur la surface du sirop contenu dans le mesureur et l'inject dans le siphon. On rabat la poignée N, ce qui permet à une nouvelle quantité de sirop de pénétrer dans le mesureur, puis on appuie sur la poignée N pour faire arriver l'eau de Seltz. Le siphon se remplit aux 2/3 et l'on achève son remplissage à l'aide des dégagements nécessaires qui se font en appuyant par petits coups secs sur la gâchette H.

On retire le siphon et on le remplace par un autre sur lequel on opère de même. Cet appareil peut également servir de tirage ordinaire à siphons. Pour cela, on supprime le mouvement de relèvement de la poignée N ; il peut arriver que le dégagement soit trop lent; dans ce cas, on l'active en soulevant la petite olive O' vissée au bas du réservoir de pression inférieure R". Il faut naturellement la remettre en place pour se servir à nouveau de l'appareil comme injecteur.

POMPES A SIROPS
Pl. VIII, fig. 1.

Les fabricants d'eaux gazeuses, qui n'emploient pas les tirages système Mondollot, emploient pour introduire le sirop dans les bouteilles ou les siphons, des appareils appelés pompes à sirop.

Les pompes à sirop se ressemblent presque toutes,

Elles diffèrent un peu comme forme ; mais elles ont toutes le même principe de fonctionnement : une pompe qui consiste à aspirer à l'aide d'un piston mû par un levier le sirop contenu dans une carafe, et à le refouler dans le siphon et dans la bouteille. La course du piston se limite à volonté afin de pouvoir faire varier les doses de sirop. Certains appareils ont la pompe à sirop placée verticalement ; d'autres horizontalement ; tous les organes de ces appareils sont argentés extérieurement et intérieurement. La tringle actionnée par la pédale y peut recevoir soit un support pour les bouteilles, soit un support à siphons. Le nez du robinet de la pompe reçoit aussi, suivant les besoins, l'écrou percé pour le bec des siphons ou l'écrou spécial pour le goulot des bouteilles.

Entretien. — Les pompes à sirop, pour être toujours tenues en bon état, doivent être nettoyées intérieurement très souvent avec de l'eau tiède afin d'empêcher le cuir du piston de la pompe de s'user trop vite par suite de la présence de cristaux de sucre qui se forment à la longue dans le corps de pompe.

La maison Guéret fabrique, en plus de la pompe à sirop ordinaire, une pompe montée sur tirage qui permet au doseur de remplir lui-même ses bouteilles ou ses siphons.

DOSEUR MONROY
Pl. IX, fig. 9.

Cet appareil est très simple : il ne permet de doser le sirop que dans les bouteilles.

Il se compose d'une petite carafe de verre avec robinet à la partie inférieure, et un couvercle à la partie supérieure. Ce couvercle est traversé par une tige creuse et à air libre, laquelle communique, comme le montre le dessin, avec un réservoir à sirop placé plus haut. La dose est réglée par le degré d'enfoncement plus ou moins grand du tube creux.

Ce petit appareil fonctionne très bien et rend de grands services.

M. Durafort fabrique un petit mesureur en verre adapté à un tonnelet; ce mesureur est à soupape flottante et fonctionne régulièrement. Tous ces différents appareils se trouvent du reste dans les catalogues des fabricants avec leurs grandeurs et leurs prix.

TIRAGE HORIZONTAL CODD

POUR BOUTEILLES A BILLES EN VERRE
Pl. VII, fig. 2.

Cet appareil se compose d'une colonne en fonte supportant le robinet et le support à cuirasse de la bouteille Codd. Ce support cuirasse peut osciller, la bouteille est placée à cet effet dans le prolongement du support; ce support est muni d'un robinet E d'arrivée d'eau de Seltz et d'une olive de dégagement G, dont on peut régler l'importance par le serrage plus ou moins grand d'une vis.

Remplissage des bouteilles. — Pour remplir une bouteille, on la place sous la cuirasse, celle-ci étant verticale, les crans du goulot en dessus. On amène à soi la manette du support H, de façon à bien appuyer le goulot de la bouteille contre la rondelle de caoutchouc fixée dans le baguin du robinet. On ouvre alors le robinet d'eau de Seltz en appuyant sur le levier E ; la bouteille se remplit et le dégagement s'opère automatiquement par l'olive G.

La bouteille étant remplie, on fait basculer le support à cuirasse en abaissant le levier du support et en maintenant toujours la bouteille collée contre la rondelle du baguin. La bille de verre descend se fixer alors dans le goulot et vient se fixer contre la rondelle de caoutchouc intérieure du goulot. On peut alors retirer la bouteille qui est pleine et hermétiquement bouchée.

Débouchage. — Pour déboucher la bouteille, on doit refouler la bille avec le pouce, ou mieux avec un petit champignon en bois ou en verre fait exprès.

Ce système de tirage permet par sa simplicité, à un enfant de remplir très facilement 4 ou 500 bouteilles à l'heure ; on peut y adjoindre sans inconvénient un doseur injecteur de sirop.

Ce tirage se construit en petit modèle, qui, au lieu d'être monté sur colonne, se fixe sur une table ou sur un escabeau à proximité de l'appareil à eau de Seltz. Le mouvement de relèvement existe également dans ce tirage, mais sans contrepoids.

TIRAGE A BILLES

SYSTÈME PRUDON ET DUBOST
Pl. V, fig. 5.

Ce tirage se compose d'un porte-bouteilles métallique qui vient se fixer sur le support des tirages à la place du porte-siphon à l'aide d'une vis de serrage A.

Il est muni d'un bec D d'emplissage qui se raccorde avec le robinet de tirage ordinaire C ; inférieurement il porte une plaque que l'on soulève à l'aide d'une came E.

Fonctionnement. — On place la bouteille, on la presse contre le bec d'emplissage en agissant sur la canne E ; on opère les dégagements en agissant sur C, puis la bouteille remplie, on fait tourner la partie portant la bouteille autour du point D en tenant le levier actionnant la came, ce qui maintient la bouteille parfaitement appliquée en D, jusqu'à ce qu'elle occupe une position symétrique à la première. A ce moment, la bille tombe et bouche la bouteille.

Avantages de cet appareil. — Il a l'avantage d'être simple de manœuvre, de pouvoir se placer sur tous les tirages à bouteilles, et de coûter le cinquième des tirages anglais ordinaires.

CHAPITRE VI

RÉCIPIENTS CONTENANT LES EAUX GAZEUSES

Les bouteilles primitivement employées présentaient de nombreux inconvénients. Savaresse inventa en 1837 le siphon. Depuis sa création, il a été perfectionné et est devenu, quoique toujours très solide, plus léger et d'une forme plus gracieuse. En Angleterre et depuis quelque temps en France, on emploie la bouteille Codd.

LE SIPHON

Le siphon est un outil de travail, aussi doit-il être construit très solidement afin de pouvoir fournir le plus longtemps possible les services qu'on lui demande.

Il doit réunir les qualités suivantes: solidité, simplicité, élégance. Le fabricant d'eaux gazeuses aura donc tout intérêt à acheter des siphons très bien établis et sur lesquels il pourra compter, ce qui aujourd'hui est affaire de prix. Tous les siphons sont composés: 1° d'une carafe en verre; 2° d'un tube; 3° d'une garniture métallique appelée tête. Les carafes peuvent être cylindriques ou ovoïdes (peu employées). Cette dernière forme est unie ou à côtes intérieures dites vénitiennes, transparentes ou de couleur blanche, bleue, bleu pâle, jaune ou verte.

Les siphons se divisent en deux classes, suivant leur construction : le système dit à grand levier ou bouchage en dessus et le système dit à petit levier ou bouchage en dessous. Il y a aussi le moyen levier qui n'est autre que le système à petit levier avec un levier un peu plus long, mais il est peu employé.

SYSTÈME A GRAND LEVIER

Le système à grand levier a été le premier système employé ; dans la coupe (pl. IX, fig. 2) on se rendra facilement compte de la disposition des différents organes qui composent le système de la tête du siphon. La tête est en étain avec un alliage de régule d'antimoine dans la bonne fabrication, et de plomb dans la mauvaise. Elle se compose d'un corps principal comprenant le bec ; d'une bague brisée b et d'un chapeau c. La bague est un anneau fileté en deux pièces qui s'assemblent une fois passées autour du col de la carafe de verre du siphon. C'est sur la partie filetée de la bague que se visse la tête du siphon. Un tube d, en verre, avec armature étain enfilé dans la carafe, repose sur une rondelle en caoutchouc c, dite rondelle de tube ; cette rondelle sert à faire le joint entre le tube, la tête et la carafe. Le mécanisme intérieur de la tête est composé : d'un piston en étain dont l'extrémité inférieure, chargée de reposer sur le tube du siphon porte une rondelle en caoutchouc appelée rondelle de bout de piston. Au milieu du piston se trouve une rondelle e, dite rondelle de corps de piston. Le piston est surmonté d'une tige sur laquelle se trouve enfilé un ressort à boudin retenu à sa partie supérieure par le chapeau de la tête du siphon.

Dans le corps du piston se trouve une ouverture où pénètre le bout d'un levier articulé sur la tête et fixé à celle-ci au moyen d'une goupille appelée goupille de l'oreille du siphon. La partie extérieure de ce levier appuie sur le piston par l'intermédiaire d'une petite baguette de fer-blanc, qui a été placée dans le moule lors de la fabrication de cette partie de la tête et qui a pour but d'offrir une résistance aux actions répétées du levier qui, agissant de lui-même sur l'étain, le détruirait rapidement ; le prolongement de ce levier est extérieur et c'est sur cette partie que l'on appuie pour ouvrir le piston. En effet, le siphon étant plein d'eau Seltz, en appuyant sur le levier, on fait relever le piston en forçant le ressort ; le bout du piston s'élève alors de quelques millimètres au-dessus du téton du tube et permet ainsi à l'eau gazeuse de passer dans le bec et de là à l'extérieur.

Ce système de siphon grand levier est appelé système à bouchage en dessus, car, dans ce siphon, il n'y a que la force du ressort qui contre-balance la pression intérieure développée par le liquide gazeux.

SYSTÈME A PETIT LEVIER

Dans ce système, le corps de la tête est le même que dans le système précédent, mais le mécanisme est complètement modifié. La partie métallique du tube du siphon à grand levier a la forme d'un entonnoir; la fermeture a lieu au moyen d'une soupape l avec tige fermant sur un téton m tourné dans la tête même. Le levier est à cheval sur la tête de la tige. Sous le ressort se trouve une rondelle de caoutchouc r, prise entre deux rondelles métalliques, appelée rondelle de tige, qui est chargée d'empêcher l'eau de Seltz de passer dans la partie supérieure de la tête.

En appuyant sur le levier, on tend le ressort et l'on fait descendre la tige et par conséquent la soupape l qui y est fixée; l'eau de Seltz du siphon peut alors, en sortant par l'entonnoir du tube, entrer dans le bec du siphon et sortir. Dans ce système, les chances de bonne fermeture sont très grandes, car en plus de la force du ressort, il y a encore la pression intérieure du siphon qui tend à coller la soupape contre l'orifice de sortie de l'intérieur de la tête, ce qui fait que, même avec un ressort quelque peu défectueux, certains siphons à petit levier fonctionnent encore longtemps sans avoir besoin d'être réparés.

COMPARAISON DES DEUX SYSTÈMES

Le système à grand levier est beaucoup plus dur à ouvrir que le petit levier, car son ressort exerce sur la soupape un effort de 27 kilos, tandis que le petit levier n'a à vaincre qu'un effort de 8 kilos; par contre, le grand levier est plus gracieux comme forme, moins coûteux et plus facile à réparer, mais ces réparations sont beaucoup plus nombreuses.

Un grand levier ne fonctionne guère plus de six mois sans réparations, tandis qu'un petit levier fonctionne plusieurs années.

Ces différents avantages font en général préférer le système à petit levier, qui est actuellement le plus employé.

SYSTÈMES DIVERS

Tous les siphons à grand et à petit levier se composent des organes énumérés ci-dessus et leur fonctionnement est le même; toutefois certains fabricants ont cru faire mieux en changeant quelque peu l'assemblage des différentes pièces. Ainsi par exemple certains siphons à petit levier, au lieu d'avoir le bout du levier prenant à même dans la masse de la tête, près du chapeau, ont ce levier fixé par une goupille, d'autres par un cran. Certains pistons de grand levier, au lieu de fermer sur le téton du tube, ferment sur un téton tourné dans le fond de la tête qui alors est cloisonnée. Enfin on a inauguré des tubes tout en verre sans porte-tube métallique; mais la nouveauté de cette application ne permet pas d'en dire grand'chose, le résultat bon ou mauvais de leur emploi ne pouvant être connu qu'au bout d'un certain temps d'expérience.

Un industriel a réédité un vieux système qui avait été mis de côté depuis longtemps à cause de son idée peu pratique. Ce système consiste à supprimer la soupape métallique et à la remplacer par une petite tige en caoutchouc creuse, terminée par une petite boule également en caoutchouc. Ce système marche assez bien dans les pays tempérés; mais dans les pays chauds, la partie de caoutchouc se fendille ou se colle et les réparations deviennent très fréquentes; de plus, la tête en est disgracieuse, ce qui ne l'empêche pas de plaire à quelques-uns, naturellement.

Considérations générales. — On devra autant que possible s'en tenir aux deux types décrits plus haut, qui sont fabriqués par tous les fabricants d'appareils à l'eau de Seltz actuels; il faudra surtout se méfier des offres de siphons à bon marché, qu'on paiera toujours trop cher pour les services qu'ils rendent.

BOUTEILLE CODD

Pour éviter les inconvénients du bouchage par le liège, qui nécessite des précautions particulières lorsque l'on remplit les bouteilles d'eau gazeuse. Les Anglais ont imaginé de faire fermer la bouteille par sa propre pression intérieure.

La bouteille a un goulot légèrement rentré à la base du col. Entre cette partie et le sommet du goulot, lequel est muni d'une rondelle de caoutchouc, se trouve une bille en verre.

Lorsque la bouteille est vide, la bille repose sur la partie rentrée du col ; lorsqu'elle est pleine d'eau gazeuse, la pression appuie la bille sur la rondelle de caoutchouc et la bouche hermétiquement. C'est pour remplir cette bouteille qu'a été inventé le tirage Codd.

Réparations des siphons.

Outils. — Pour démonter et remonter les siphons, on se sert de la pince à chapeau et de la pince à bague (pl. IX, fig. 6 et 5) qui sont des outils indispensables auxquels viennent s'ajouter la presse à siphon et la clef pour soupape petit levier.

Réparation d'un siphon a grand levier. — Quand un siphon à grand levier laisse fuir par le bec, c'est que la rondelle du bout de piston c est mauvaise ; si la fuite a lieu par l'oreille du siphon, près de la goupille du levier, c'est que la rondelle de corps de piston a besoin d'être changée. Il faudra dans les deux cas retirer le piston de la tête de la manière suivante :

On dévisse d'abord la goupille *o* et l'on retire le levier ; puis on dévisse le chapeau, au moyen de la pince à chapeau ; on enlève le ressort et le piston. Il est alors facile de changer les rondelles défectueuses.

Avant de remonter le piston regarni de rondelles neuves, on doit le tremper dans l'eau afin qu'il rentre aisément. Si la fuite a lieu par la bague *b*, c'est que la rondelle de tube *c* est mauvaise ; il faut dévisser la bague au moyen de la pince à bague, enlever la tête du siphon de dessus la carafe ainsi que le tube et sortir la rondelle défectueuse qu'on remplace par une neuve et l'on remonte le siphon.

Remontage des siphons. — Le remontage des siphons ne peut être bien exécuté qu'au moyen de la presse à siphons (pl. IX, fig. 3).

Presse à siphons. — Cette presse est formée d'un bras vertical en fonte coudé horizontalement à la partie supérieure, fixé sur une base également en fonte, laquelle base porte une garniture en bronze. A la partie supérieure du bras, se trouve une vis actionnée par un volant et terminée par une rondelle en bois, un levier *l* avec arrêt est fixé à la partie inférieure. Cet appareil permet de maintenir le siphon vertical pendant l'opération du démontage et du remontage.

Le siphon se place la tête en bas : le bec de la tête est fixé par la garniture en bronze et il est pressé verticalement par la vis *k*. Le siphon étant ainsi fixé, on fixe la bague avec la pince à bague. Cette presse peut aussi servir à introduire le sirop dans les siphons, au moyen d'une seringue en étain (fig. 8); c'est ce modèle qui est donné planche IX.

Pour introduire le sirop, on place le siphon dans la presse, comme il vient d'être dit et on l'ouvre en appuyant sur un levier l agissant sur le levier du siphon, puis on injecte la quantité voulue de sirop au moyen de la seringue; le sirop étant introduit, on laisse échapper de son cran d'arrêt le levier l', le siphon se trouve fermé et prêt à être rempli d'eau de Seltz pour former la limonade.

En cas d'urgence, il est toujours bon d'avoir en réserve quelques pistons tout garnis, de façon à remplacer ceux défectueux par des neufs, quitte à réparer ultérieurement les autres.

Réparations des siphons a petit levier. — Quand le siphon fuit par le bec, c'est que la soupape l est en mauvais état et qu'elle a besoin d'être changée. Pour cela il faut dévisser la bague b, retirer la tête du siphon de dessus la carafe, dévisser la petite soupape l et revisser à sa place une soupape neuve sur le bout de la tige. On doit exécuter cette opération en employant autant que possible l'outil spécial dit clé à soupape (pl. IX, fig. 7). Si la fuite a lieu par le levier, il faudra dévisser la soupape l ainsi que le chapeau de la tête, sortir le levier du siphon en appuyant avec un poinçon sur a tête de la tige de façon à forcer le ressort et permettre au levier qui est à cheval sur la tête de la tige de sortir facilement. Puis retirer la tige et le ressort ainsi que la rondelle de la tige défectueuse; la remplacer par une rondelle neuve et remettre le tout en place. — Si la fuite a lieu par la bague, il faudra changer tout simplement la rondelle de tube. Les fabricants fournissent toutes ces pièces de réparations prêtes à être mises en place.

Remplaçage des tubes. — Pour les tubes, il est impossible de les fournir de longueur exacte, soit pour les siphons ou les 1/2 siphons; les fabricants les envoient généralement tous de la même longueur; c'est au client à couper son tube à la longueur voulue pour chaque carafe.

En effet, la hauteur des carafes varie beaucoup; ne serait-ce que de 4 millimètres, c'est assez pour avoir des tubes trop longs pour les unes et trop courts pour les autres.

Pour obtenir la longueur voulue des tubes pour chaque carafe, voici comment on procède : on prend une tige en fer de 40 centimètres de longueur et de 2 à 3 millimètres de grosseur, sur laquelle on enfile un bouchon. On fait descendre cette tige jusqu'au fond de la carafe à laquelle on veut mettre un tube; puis on fait glisser le bouchon jusqu'à ce qu'il touche le col de la carafe. On sort alors la tige, et l'on mesure la partie de la tige entrée dans la carafe, qui donne la longueur exacte que le tube doit avoir. On mesure alors le tube en commençant par la monture en étain et l'on fait sur le verre, à la longueur voulue, une encoche au moyen d'une lime triangulaire, dite tiers-point. On pose ensuite le tube sur une table, la partie en trop dépassant, puis en donnant un petit coup sec sur cette partie, le morceau se détache net, et l'on est certain d'avoir un tube allant bien à la carafe.

Il faut éviter de mettre dans les carafes des tubes trop courts, lesquels ne permettraient pas au liquide de sortir complètement du siphon, et seraient, par conséquent, une source de dépôts au fond des vases.

Il est bon de n'avoir de rondelles en caoutchouc de rechange que le moins possible, car elles se dessèchent très vite ; il est préférable de les faire venir au fur et à mesure des besoins, afin de les avoir toujours fraîches et bien élastiques, d'autant plus que ces rondelles peuvent s'expédier par la poste.

NETTOYAGE DES SIPHONS. — Quand les carafes sont grasses, c'est-à-dire quand elles simulent contre les parois intérieures des parties non mouillées dont l'eau se retire brusquement, il faut absolument démonter le siphon, rincer les carafes avec des coquilles d'œufs ou du crottin de cheval. Si ce rinçage ne suffit pas, il faudra employer la potasse. Enfin, en dernier ressort, faire une lessive composée d'un demi-litre d'eau dans lequel on versera 51 grammes d'acide fluorhydrique.

On verse cette lessive dans la carafe et presque aussitôt on la renverse en faisant couler la lessive dans la deuxième carafe et ainsi de suite. Les carafes lessivées doivent être passées aussitôt et au fur à mesure de leur lessivage dans de l'eau fraîche, et bien égouttées.

Ce principe graisseux se présente plus souvent dans les carafes de siphons en service que dans celles des siphons neufs. Dans le premier cas, la graisse n'a pu y être introduite que par l'eau de l'appareil à eau de Seltz, soit que le piston de la pompe ait été graissé à l'huile, ou que la graisse des cuirs de la boîte à cuirs de l'agitateur soit passée en petite quantité dans l'eau.

Dans le second cas, il est impossible de se rendre compte du phénomène ; on ne peut que le constater. Il est attribué à tort ou à raison à une certaine huile essentielle formée par le silicate non suffisamment aéré pendant son refroidissement lent : ce qui le fait supposer c'est l'emploi forcé de l'acide fluorhydrique dilué pour le faire disparaître ; or, cet acide est le seul attaquant le verre ce qui donne une certaine importance à l'hypothèse ci-dessus énoncée.

Depuis quelque temps on fait beaucoup de siphons nickelés, ce qui permet d'avoir un matériel très propre quoique coûtant un peu plus cher ; 20 centimes environ par tête de siphon en plus du prix ordinaire.

Nettoyage des têtes. — Les têtes non nickelées, peuvent se nettoyer avec du blanc délayé dans de l'eau auquel on ajoute un petit filet d'alcool.

On barbouille ainsi les têtes, on laisse sécher, et avec

une brosse à patience, dite *comète*, on frotte les têtes qui prennent de suite le brillant du neuf. Dans les fabriques importantes on se sert de brosses rotatives mues mécaniquement, et que tous les fabricants d'appareils construisent. (Voir planche IV.)

CHAPITRE VII

RÉCIPIENTS PORTATIFS ET ROBINETS DE DÉBIT

Pl. VIII, fig. 4.

Les récipients portatifs sont des cylindres en cuivre rouge martelé, fortement étamés à l'intérieur et dont la capacité varie de 15 à 30 litres et qui servent de réservoirs d'eau de Seltz. Ils ont un fond démontable pour la facilité du nettoyage et portent à la partie supérieure un robinet dont fait partie un tube d'ascension allant jusqu'au fond du récipient.

On place ces récipients sous le comptoir de débit et on les met en communication avec un robinet de comptoir de forme quelconque.

Remplissage. — Ces récipients se remplissent aux tirages des appareils à eau de Seltz. Pour cela on raccorde avec un tuyau d'étain leur robinet avec le nez du robinet de tirage à siphons, duquel on a enlevé l'écrou percé; puis on ouvre le robinet du récipient et celui du tirage et l'on arrête en fermant le robinet du récipient et celui du tirage, et l'on arrête en fermant le robinet du récipient quand on n'entend plus le bruit de l'arrivée de l'eau de Seltz dans le récipient. Puis une ou deux minutes après on ouvre à nouveau, et cela deux ou trois fois de suite. Cette manœuvre analogue à celle des dégagements lors du remplissage des siphons a le même but. Lorsqu'on le rend libre il est alors prêt à être mis en service.

Suivant les fabricants, ces récipients ont des formes différentes ; les uns les font sphériques, les autres cylindriques, les uns couchés, les autres debout. On en fait aussi à niveau (Mondollot, planche VIII, fig. 4), ce qui permet de savoir exactement la quantité de liquide contenue dans le récipient.

On peut se servir de ces réservoirs comme de réservoir à pression en y refoulant à la pression que l'on veut, du gaz acide carbonique. Ainsi chargés, ces récipients peuvent fournir suffisamment de gaz pour faire monter la bière d'un petit baril, de la cave au robinet de débit. La manœuvre seule du robinet du récipient est délicate ; car il faut envoyer dans le baril la pression suffisante pour faire monter la bière, mais ne pas la dépasser, car on risque fort de faire éclater le baril qui n'est nullement préparé pour ce service.

On fabrique des colonnes de débit pour les comptoirs, qui sont fort élégantes, elles affectent les formes de récipients à tulipe, de bouquets, de siphons nickelés, argentés ou dorés, de colonnes ornementées ; il s'en fait de très originales ; nous citerons en particulier celles d'une des nombreuses buvettes des quais de Bordeaux où les robinets de débit ont la forme de pompiers dont les lances d'incendies projettent l'eau de Seltz dans le verre du consommateur.

CHAPITRE VIII

ACCESSOIRES DE FABRICATION

VIDE-TOURIE
Pl. IV, fig. 4.

Le meilleur ustensile pour prendre dans une tourie de l'acide sulfurique est le siphon insufflateur appelé vide-tourie. Il se compose d'un tube en plomb recourbé portant à son extrémité inférieure un robinet en métal plombeux; vers le tiers du tube, dans la partie droite, se trouve un bouchon en caoutchouc enfilé sur le tube, et pouvant glisser à volonté. Ce bouchon qui est conique peut, par le serrage plus ou moins fort d'un écrou, se gonfler à volonté et par conséquent boucher hermétiquement le col de la tourie ou de la bonbonne dans laquelle il est introduit. Un petit tube t placé dans le bouchon fait communiquer l'intérieur de la tourie avec l'extérieur.

Amorçage du siphon. — Pour ce servir de ce siphon, il n'y a qu'à retirer le bouchon de la tourie et de faire pénétrer la partie droite jusqu'au fond; puis d'amener le bouchon en caoutchouc dans le col de la tourie, et visser l'écrou de serrage afin d'opérer une fermeture complète. On met ensuite une cruche en grès ou un vase en plomb ou on verse sous le robinet du siphon et l'on ouvre ce robinet, puis on souffle dans la tourie par le petit tube t.

La pression exercée à la surface de l'acide le fait monter dans le siphon et l'amorce; le liquide coulera, par conséquent, aussi longtemps qu'on laissera le robinet ouvert. L'appareil est amorcé et le restera.

POMPES

Les pompes de production inférieures à 2,000 litres sont généralement toutes bonnes; elles diffèrent par des dispositions ou des formes de construction, mais leur principe reste toujours le même; leur rendement est sensiblement identique; le prix seul et la disposition suivant l'endroit où l'on veut les placer peut donc seul influencer l'acheteur.

Il n'est pas de même pour les pompes supérieures à ce débit; deux types peuvent être employés, les pompes centrifuges et les pompes à piston.

POMPES CENTRIFUGES. — Nous éliminerons ce type car l'on n'a jamais besoin dans l'industrie des eaux gazeuses d'une grande vitesse et d'un grand débit qui sont les qualités spéciales de ces pompes et qui demandent par suite beaucoup de force vu leur faible rendement.

Pompes a piston.— Parmi ces types beaucoup, sinon tous, sont à rejeter, car ils donnent des débits beaucoup trop forts même pour les très grandes fabriques parisiennes; c'est à la demande de ces fabriques que nous avons fait étudier un type spécial.

POMPE SPÉCIALE
Constructeur : Office Technique à Paris.

Cette pompe a l'avantage de ne donner qu'un débit maximum de 4,000 litres ; d'être très simple de construction, de n'exiger qu'un emplacement de 1 mètre sur

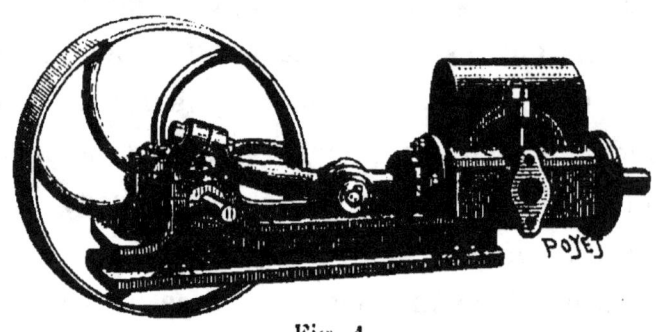

Fig. 1.

0 m. 65 et d'être inférieure comme prix aux plus petites pompes centrifuges, de plus de n'être susceptible d'aucun dérangement et de pouvoir donner le débit que l'on désire.

Elle se compose d'un piston à double effet garni de cuirs emboutis se mouvant dans une boîte rectangulaire extérieurement et sur l'un des côtés de laquelle se trouvent deux boîtes à clapets qui contiennent les clapets d'aspiration.

Le dessus du cylindre porte deux clapets coniques en bronze qui sont les clapets de refoulement. Tous ces clapets sont soulevés par la pression d'eau et retombent par leur propre poids, sans aucun ressort.

Cette première boîte est surmontée d'une seconde de forme demi-circulaire formant réservoir d'air au refoulement. Le piston a sa tige guidée par le fond du cylindre; une pièce métallique vissée sur les fonds permet de rendre complètement étanches ces deux points.

Mise en marche. — Il suffit de faire tourner 2 ou 3 tours la poulie fixe pour que la pompe fonctionne.

Installation. — On peut la poser soit sur un massif de maçonnerie de $0^m,30$ de large, $0^m,65$ de long et $0^m,30$ de haut, soit sur un bâti en bois, soit contre un mur sur deux consoles triangulaires scellées dans le mur.

On peut se dispenser de mettre un clapet de pied à l'aspiration, elle aspire jusqu'à $8^m,50$ environ et peut refouler à toutes hauteurs.

Nombre de tours à la minute.	Débit à l'heure.
60	4.000 litres
45	3.000 —
30	2.000 —
15	1.000 —
8	500 —
4	250 —

FILTRES

Dans cette partie nous ne décrirons que les filtres industriels applicables à la fabrication des eaux gazeuses, les filtres en papier et au charbon étant des filtres domestiques qui ne peuvent donner un débit suffisamment fort.

Nous étudierons les deux types industriels de David et de Bourgeoise.

FILTRE DAVID

Constructeur : la Cie de filtrage des eaux à Paris.

Pl. V, fig. 6.

Ce filtre est formé d'un vase conique en fonte muni de deux faux fonds et portant deux tubulures latérales ; il repose sur trois pieds et est fermé par un couvercle fixé par boulons.

Au-dessus du faux fond supérieur se trouvent rangées par couches superposées :

Une couche G de sable ou gravier fin ; une couche F de noir animal en grains ou charbon de bois concassé ; une couche D en grès pulvérisé ; une couche C en laine tontisse rendue imputrescible ; une couche A en éponge.

L'eau arrive à la partie supérieure, traverse le filtre et sort par la tubulure inférieure, on peut régler et intercepter le courant à l'aide des robinets dont sont munies ces tubulures.

Mise en marche. — On ferme la tubulure supérieure et le petit robinet inférieur en tenant fermé le robinet de sortie ; le filtre est rempli d'eau, on ferme le petit robinet inférieur et l'on ouvre le robinet de sortie de l'eau.

Nettoyage. — On opère en renversant le courant et en démontant le filtre, enlevant les matières et les replaçant après lavage.

RENSEIGNEMENTS GÉNÉRAUX

N°	DÉBIT A L'HEURE EN LITRES	DIAMÈTRE DES TUBULURES	HAUTEUR DE LA CUVE	DIAMÈTRE SUPÉRIEUR	DIAMÈTRE INFÉRIEUR
1	300	0,015	0,500	0,440	0,390
2	500	0,020	»	0,450	0,440
3	1,200	0,027	»	0,650	0,350
4	2,500	0,025	»	0,770	0,370
5	4,000	0,040	»	0,860	0,590
6	6,000	0,050	»	1,130	0,890

FILTRES SYSTÈME BOURGEOISE
Buron, constructeur à Paris.

Ces filtres sont de deux types : le premier fonctionnant par aspiration et le deuxième fonctionnant par pression.

Ces filtres sont très employés par les fabricants d'eaux gazeuses ; ils ont l'avantage que l'eau, montant au lieu de descendre comme dans les précédents, le dépôt se fait dans le bas de l'appareil et ne peut obstruer le filtre.

FILTRE A ASPIRATION
Pl. IV, fig. 4.

Ce filtre est à employer toutes les fois qu'on ne possède pas d'eau sous pression ; il se compose d'une caisse métallique à fond perforé et qui est remplie par des lits d'éponges fortement tassées et de charbon. Il suffit pour le mettre en marche, de faire aboutir l'extrémité du tuyau placé à la partie supérieure plus bas que le fond de la caisse.

Nettoyage. — Il suffit de sortir le filtre du réservoir, d'enlever les matières filtrantes, et de les laver à grande eau afin de les débarrasser des impuretés produites par la filtration.

RENSEIGNEMENTS GÉNÉRAUX

N°	DIAMÈTRE	DÉBIT A L'HEURE
1	0^{m}35	200 litres.
2	0, 45	500
3	0, 60	800
4	0, 80	1,500

FILTRE PURIFICATEUR
Pl. V *bis*, fig. 4.

Lorsque l'eau contient des gaz en dissolution ou des matières colorantes ; il est bon d'ajouter à ce filtre, un filtre purificateur formé par un vase en tôle contenant une forte épaisseur de charbon recouverte par une couche mince d'éponge tassée, recouverte elle-même par une toile recouverte. L'eau traverse ce filtre avant de se rendre dans la cuve contenant le filtre à aspiration.

RENSEIGNEMENTS GÉNÉRAUX

N°	DIAMÈTRE	HAUTEUR	DÉBIT PAR HEURE
1	0m62	1m	200 litres.
2	0,75	1,20	400
3	0,75	1,20	600

FILTRES A PRESSION
Pl. IV, fig. 5.

Ces filtres sont formés d'une caisse en fonte munie de fonds faux, comprenant entre eux des lits d'éponges tassées et de charbon; munis de trois tubulures et d'un robinet d'échappement d'air pour la mise en marche.

Fonctionnement. — L'eau arrive à la partie inférieure lorsque la clé du robinet est en bas, elle traverse le filtre et s'échappe par la tubulure placée au centre de l'appareil.

Nettoyage. — Pour nettoyer ce filtre il suffit de tourner le robinet, la clé étant en haut. L'eau arrive en sens inverse dans le filtre, chasse les impuretés qui se déposent au fond, il suffit d'ouvrir le robinet inférieur pour les éliminer.

RENSEIGNEMENTS GÉNÉRAUX

Nº	HAUTEUR	DIAMÈTRE	DÉBIT A L'HEURE
1	0m35	0m35	100 litres.
2	0, 40	0, 40	175
3	0, 45	0, 45	250
4	0, 55	0, 55	500
5	1, 05	0, 70	1,000
6	1, 20	0, 90	2,000
7	1, 40	1, 15	4,000

FILTRES CHAMBERLAND

Ce filtre est composé de cylindres creux en faïence spéciale appelés bougies, qui sont suspendus dans une cuve métallique par l'intermédiaire d'un plateau.

L'eau arrive entre les bougies, filtre à l'intérieur et se rend au-dessus du plateau où on la soutire.

Ces filtres ne sont pratiques ni pour la petite industrie et encore moins pour la grande ; ils demandent un grand nombre de bougies pour débiter un volume moyen et coûtent par suite très cher d'acquisition.

Les bougies doivent être lavées très souvent, ce qui amène une rupture fréquente et un emplacement très coûteux, ces filtres ont de plus l'inconvénient que, si une bougie se fêle, l'eau passe par cette fente sans se filtrer. On est averti de cet accident par suite de la variation de la pression indiquée par le manomètre.

FILTRES MALLIÉ

Ces filtres sont analogues aux précédents, ils en diffèrent en ce que le courant d'eau passe en sens contraire et va de l'intérieur à l'extérieur.

Le dépôt de matière se fait donc à l'intérieur, le lavage est par suite plus difficile que dans le précédent. Les inconvénients résultant du lavage sont les mêmes ; de plus, les bougies peuvent se casser sous l'influence de la pression intérieure qu'elles subissent.

Ce filtre n'est pas plus pratique industriellement que le précédent.

TROISIÈME PARTIE

CHAPITRE PREMIER

OBSERVATIONS TRÈS IMPORTANTES
CONCERNANT LA FABRICATION DE L'EAU DE SELTZ

Tous les appareils dont on vient de lire la description peuvent donner d'excellents produits, à la condition toutefois de s'appliquer à bien suivre les instructions données par leurs constructeurs.

Où il y a surtout danger à s'écarter des indications précises d'une instruction, c'est lorsqu'on emploie avec un appareil d'un système nouveau différant de celui dont on s'est servi jusqu'alors.

Il faut, dans ce cas, afin de ne pas commettre d'erreur ni faire de mauvaises opérations, essayer d'oublier la précédente manière d'opérer et se faire un devoir de suivre la nouvelle instruction mot à mot.

Les nouveaux possesseurs d'appareils continus ont surtout une tendance à vouloir produire très vite; ils prennent toujours trop d'eau et se trouvent satisfaits quand la pression monte vivement dans le saturateur. Ils sont ensuite étonnés que leurs siphons, quoique tirés à une forte pression, ne se vident pas bien.

Ils ne se rendent pas compte de ceci : c'est qu'en prenant beaucoup d'eau, le volume rempli par le gaz à la surface de l'eau dans le saturateur, diminue et la pression marquée par le manomètre augmente, mais ce n'est qu'une pression de surface et l'eau n'est nullement saturée car elle n'en a pas eu le temps. Il faut, en effet, un temps plus ou moins long pour que le gaz en contact avec l'eau puisse y entrer en dissolution et cela, malgré la pression et l'agitation, aussi les constructeurs ont-ils calculé la capacité des saturateurs et le débit des pompes, de façon à ce qu'en prenant l'eau et le gaz dans les conditions voulues, l'eau tirée de 10 à 12 atmosphères pour les siphons et de 5 à 6 pour les bouteilles, soit bien saturée. Il faut aussi avoir soin de ne pas tirer trop vite, c'est-à-dire qu'il faut suivre la production de l'appareil et ne jamais tirer une deuxième bouteille, ou un deuxième siphon sans que le niveau de l'eau et la pression soient revenus à ce qu'ils étaient lorsqu'on a tiré la première bouteille ou le premier siphon et ainsi de suite pendant tout le temps du tirage.

AIR

Le grand ennemi des fabricants d'eaux gazeuses est l'air qui s'introduit dans les appareils. On s'aperçoit qu'un appareil contient de l'air lors du tirage des bouteilles ou des siphons. Dans ce cas, au moment du dégagement, l'eau blanchit par la formation subite d'une grande quantité de petites bulles d'air. Il faut alors chasser cet air et s'appliquer ensuite à l'empêcher de pénétrer à nouveau dans l'appareil. Pour chasser l'air du saturateur, on procède de la façon suivante, d'une manière générale.

On remplit le saturateur d'eau aux 3/4, en tenant ouverte la soupape de sûreté ou un écrou de la partie supérieure du saturateur; on fait arriver un peu de gaz qui, en s'échappant par la sortie ménagée, entraînera le peu d'air restant au-dessus de l'eau, puis, on ferme la soupape et on visse l'écrou.

On ouvre ensuite le robinet de tirage et on fait arriver du gaz dans le saturateur. Au fur et à mesure que le gaz arrive, il chasse l'eau qui s'écoule par le robinet de tirage. Le saturateur une fois vide d'eau ne contiendra plus que du gaz.

Suivant que l'on possède des appareils continus ou intermittents, le gaz et l'eau envoyés dans le saturateur y seront refoulés : par la pompe, pour les appareils continus, ou, comme on le dit, l'instruction pour les appareils intermittents. L'air ne peut s'introduire dans les appareils continus que par l'action de la pompe, par les tuyaux de raccords qui y sont annexés, et par le gazomètre pour les appareils qui en sont pourvus.

Par la pompe. — L'air s'introduit toutes les fois que

le cuir du piston est en mauvais état; dans ce cas, au moment du refoulement, le piston laisse fuir un peu d'eau, et, au moment de l'aspiration, il prend de l'air. La fuite d'eau par le piston, au moment du refoulement, est un indice certain du mauvais état du cuir ; il faut alors absolument le changer.

Pour les tuyaux annexés à la pompe. — Quand les écrous des raccords sont mal serrés ou munis de rondelles de cuir en mauvais état, alors à chaque aspiration de la pompe, l'air entre par les joints mal faits.

Pour le gazomètre. — Quand on n'a pas eu soin d'en chasser l'air avant de le remplir de gaz, ce qui s'explique parfaitement, certains fabricants, voulant économiser le gaz, renvoient dans le gazomètre le gaz qui s'échappe par les dégagements des siphons et des bouteilles. Ils obtiennent, prétendent-ils, une économie sérieuse de gaz. Ce procédé séduit au premier abord, mais quand on se rend compte du peu de valeur du gaz et des chances très grandes qu'on a d'introduire de l'air dans le gazomètre, on voit de suite que cette opération est plus préjudiciable que lucrative.

Fuites. — Une autre cause d'ennuis dans la fabrication sont les fuites. L'acide carbonique étant d'une fluidité étonnante, passe là où l'eau et l'air ne passent pas, et cela, la plupart du temps, sans bruit, sans aucun autre indice que celui de sa disparition.

C'est à cette fluidité de l'acide carbonique qu'on doit les difficultés de construction des appareils de fabrication.

Les boîtes à cuirs, les joints doivent être l'objet d'études longues et sérieuses : aussi cette fabrication demande-t-elle une longue et sérieuse pratique.

Il arrive cependant au moment où, quoique parfaitement bien faits au début, les joints deviennent mauvais, les rondelles se dessèchent et la pression du serrage aidant, elles s'amincissent, c'est à ce moment que les fuites se produisent.

Moyen de trouver les fuites. — On perd souvent bien du temps à trouver une fuite qui peut se découvrir de suite en employant le moyen suivant : on délaye du savon dans de l'eau, puis avec une barbe de plume ou un petit pinceau, on en barbouille tous les écrous et les joints de l'appareil, surtout ceux de la partie supérieure du saturateur (au manomètre, soupape de sûreté, écrou de prise de gaz et le haut du niveau d'eau). La plus petite fuite sera immédiatement signalée par une bulle de savon très visible. On réparera alors le joint correspondant à cette fuite.

Production du gaz. — Dans la préparation du gaz avec les appareils à pression chimique ou à gazomètre, il faut opérer avec précaution et surtout ne jamais produire beaucoup de gaz à la fois, autrement la réaction chimique étant trop forte, il se produit une effervescence considérable et un développement de chaleur très accentué, qui permet au gaz d'entraîner un peu de vapeurs d'acide. Il est vrai qu'une grande partie de ces vapeurs peuvent rester dans l'eau des laveurs, mais elles acidulent cette eau qui use alors très vite le métal des laveurs.

Il y a aussi un autre inconvénient à agir de la sorte, c'est que le gaz ainsi produit a une odeur désagréable de craie brûlée qu'il faut éviter à tout prix.

Enfin, un dernier inconvénient est qu'une trop grande effervescence dans le producteur est de pouvoir, en soulevant les matières, les faire entrer dans la tuyauterie, ce qui nécessiterait un nettoyage compliqué.

Goût de graisse. — Ce goût provient de ce que le piston de la pompe a été graissé avec de l'huile ou avec de la graisse. Aussi les constructeurs recommandent-ils toujours d'éviter ces deux matières, quelle que soit leur qualité, et de ne graisser le piston qu'avec un peu de beurre frais, et le plus rarement possible. Où il est important de le graisser, c'est lorsqu'il fait entendre un certain grincement, bruit qu'on ne lui attribue pas tout d'abord, car ce bruit se répercutant dans tous les organes de l'appareil, fait croire à un frottement des ailettes de l'agitateur dans le saturateur. Quand ce bruit se produit, il n'y a qu'à mettre le piston au bas de sa course et le frotter avec un linge légèrement beurré; le bruit cessera de suite.

Quand par hasard l'eau de Seltz a un goût de graisse rance, c'est qu'il a dû s'introduire dans le saturateur, et d'une façon quelconque, de l'huile ou de la graisse; ce goût persiste souvent longtemps. Pour le faire disparaître, il faut mettre dans le seau d'alimentation de l'eau un peu de potasse en poudre enveloppée dans un linge, laisser quelque peu dissoudre la potasse, puis remplir de cette eau le saturateur, faire tourner l'agitateur pendant un certain temps et faire écouler l'eau par le robinet de tirage, puis ensuite opérer un rinçage énergique avec de l'eau ordinaire.

Vitesse. — Pour les appareils marchant mécaniquement, il faut toujours s'arranger de façon à ce que le volant ne dépasse pas une vitesse de 70 tours par minute.

On aurait tort de croire que la production des appareils est proportionnelle à la vitesse ; cela est vrai jusqu'à la vitesse indiquée ; mais à partir de 70 tours la pompe a des tendances à se désamorcer, sinon complètement, du moins partiellement. En effet, la pompe étant obligée d'aspirer et de refouler l'eau et le gaz, il faut pour qu'elle fonctionne bien que les clapets aient le temps, non seulement de se lever jusqu'à leur butée, mais aussi de retomber sur leur siège, ce qu'ils ne peuvent faire dans de bonnes conditions que jusqu'à 70 coups de piston par minute. On devra donc se garder de dépasser cette vitesse.

Il faut avoir soin, quand on met l'appareil en marche, de ne jamais prendre beaucoup d'eau, et, quand il fonctionne, de ne jamais changer brusquement de côté la clé du robinet de distribution de la pompe. Il pourrait en résulter un désamorçage complet de la pompe, si on mettait la clé brusquement sur l'arrivée du gaz, ou un coup de bélier très fort si on la mettait à l'eau. En hiver, on aura soin de ne laisser jamais d'eau dans le saturateur au repos, de crainte de la gelée; on évitera ainsi bien des désagréments.

Il va sans dire que l'eau des laveurs et de la cuve du gazomètre doit être renouvelée le plus souvent possible ; le producteur doit être rincé à grande eau après chaque vidange.

Entretien. — On devra entretenir toutes les parties mécaniques de l'appareil en excellent état; éviter les dépôts de sulfates, de carbonates ou d'oxydes, autrement, ils s'accumuleraient avec une facilité incroyable. Pour cela un entretien quotidien vaudra bien mieux qu'un grand nettoyage fait de temps en temps.

On doit éviter complètement les raccords en plomb; il faut employer l'étain partout, et ne jamais faire passer dans le saturateur étamé des appareils à eau de Seltz de liquide autre que l'eau, autrement l'appareil conserverait un goût spécial qu'on aurait toutes les peines du monde à faire disparaître.

Si l'on veut gazéifier du vin ou toute autre boisson, il faudra se servir d'un saturateur dont la sphère, la pompe et tous les raccords annexés seront argentés intérieurement, comme on le verra plus loin au chapitre concernant les vins mousseux.

Le fabricant d'eau gazeuse doit se souvenir que l'appareil qu'il possède lui a coûté un certain prix, et que de son fonctionnement parfait dépend la bonne qualité des produits fabriqués, et par conséquent leur vente.

CHAPITRE II

ACCIDENTS DE FABRICATION

Les accidents sur les appareils et les siphons euvent être produits par deux causes : la gelée et les orages.

La première agit sur les appareils de fabrication et sur les bouteilles ou siphons.

La deuxième seulement sur ces derniers.

Gelée. — La gelée agit sur les appareils comme sur les siphons, il faut avoir la précaution de vider complètement les appareils de fabrication et de placer les siphons remplis, soit dans une cave, dont la température est constante, soit dans un local parfaitement clos dans lequel on maintient une température de 3 à 4°.

Orages. — Lors des orages, il faut avoir soin de ne jamais déposer des vases pleins d'eau de Seltz, siphons ou bouteilles sur le sol ; il faut les mettre sur du bois ou de la paille et même, autant que possible, arrêter le tirage jusqu'à ce que la pluie soit tombée pendant un bon quart d'heure. On évitera ainsi des explosions très fréquentes et parfois dangereuses. Il faut, au fur et à mesure du remplissage des bouteilles et des siphons les mettre dans des caisses ou des paniers à compartiments afin d'éviter, en cas de rupture d'un vase, l'explosion des autres, qui résulte la plupart du temps du choc produit par la rupture d'un seul.

Incendie. — Enfin, il sera bon de se rappeler qu'en cas d'incendie le contenu d'un siphon d'eau de Seltz vaut, comme pouvoir extinctif, plusieurs litres d'eau ; c'est sur cette propriété de l'eau saturée d'acide carbonique qu'ont été construits les appareils extincteurs dits Matafuegos, etc.

Ces appareils ont le défaut énorme de ne produire le gaz qu'au moment où l'on doit s'en servir ; aussi l'eau n'est-elle que peu saturée et même souvent pas du tout ; elle sort avec force, c'est vrai, par la pression exercée à la surface, mais le pouvoir extinctif en est relativement faible.

C'est pourquoi, certaines maisons de commerce importantes ont fait fabriquer exprès des cylindres constituant des récipients portatifs qu'elles font remplir d'eau de Seltz bien saturée par des fabricants

Le jet, sortant de ces récipients au moment de l'incendie, possède un pouvoir extinctif très grand, et, dans un commencement d'incendie, leur secours peut arrêter le feu.

Accidents produits par la rupture des siphons. — Pour éviter la responsabilité en cas d'accidents arrivant aux ouvriers, il sera bon d'afficher, dans la fabrique, le règlement de l'atelier, dans lequel il sera défendu aux ouvriers de faire aucune manipulation de vases pleins sans être porteurs des organes de préservation, tels que masques et gants.

Lorsqu'un ouvrier est blessé par un éclat de siphon ou de bouteille, il faut de suite bien laver la plaie avec un fort jet d'eau de Seltz; l'acide carbonique étant très anesthésique, en plus du lavage sérieux que produira l'eau gazeuse, débarrassera la plaie des petits morceaux de verre, et amènera une facile coagulation du sang sur la partie coupée, on doit ensuite verser sur la plaie un peu d'arnica dilué et faire un bandage. Si pendant cette opération l'ouvrier avait des tendances à défaillir, il faudrait lui faire avaler un peu d'arnica très dilué, 3 gouttes dans un verre d'eau, ou mieux encore, un verre de bon cognac. Lorsqu'on aura un pharmacien peu éloigné, il faudra, après avoir bien lavé la plaie et fait un bandage provisoire mener le blessé à la pharmacie afin de le faire panser dans toutes les règles voulues.

CHAPITRE III

ACHAT DES APPAREILS

Lorsque l'on veut acheter un appareil, il est bon de bien se rendre compte des avantages et des défauts de chaque système et d'éviter de se laisser influencer, à moins que ce ne soit par quelqu'un de compétent très au courant des progrès réalisés dans l'industrie.

On doit toujours acheter un appareil plus fort que celui que l'on croira suffisant, en se rappelant que qui peut plus peut moins sans toutefois tomber dans l'exagération.

Un appareil un peu fort offre beaucoup d'avantages surtout dans une industrie où il faut produire au jour le jour et dans laquelle on est sujet à des irrégularités de vente considérables. Il faut en effet souvent pouvoir produire beaucoup dans le moins de temps possible, afin de ne pas manquer la vente qui se présente, quitte à rester ensuite plus ou moins de temps avec un débouché ordinaire. Pour cela il est nécessaire d'avoir un appareil pouvant à un moment donné, permettre d'abattre beaucoup de besogne.

Enfin il est bon, quand l'importance du commerce le permet, d'employer de préférence 2 appareils moyens au lieu d'un seul fort. Car en cas d'accident à l'un des appareils, on a toujours la ressource du second, qui permet de ne pas interrompre la fabrication. Il faut, par mesure de précaution, avoir toujours en rechange les pièces et les rondelles les plus susceptibles de se détériorer, telles que niveaux d'eau, laveurs en terre, clapets, cuirs de piston, de façon à pouvoir faire le changement de suite.

On ne doit pas craindre de demander au constructeur tous les renseignements dont on aura besoin; certains fabricants n'osent pas en demander; ils ont peur de passer pour peu intelligents ou de paraître importuns. C'est un grand tort car quelquefois un simple conseil donné par lui peut éviter bien des tâtonnements et bien des ennuis.

DÉMARCHES A FAIRE POUR L'ÉTABLISSEMENT D'UNE FABRIQUE D'EAUX GAZEUSES

Commission d'hygiène.

Tout le monde peut fabriquer de l'eau gazeuse, mais dans le cas de vente on doit en faire la déclaration à l'administration préfectorale : l'autorisation suit la demande de près; elle ne se refuse jamais, sauf dans les cas de complications de casier judiciaire dont on ne parle ici qu'en passant.

Cette déclaration sur papier timbré doit donner un exposé des outils employés pour l'eau de Seltz, moteur, etc... Elle sert à l'administration pour renseigner la Commission d'hygiène sur les appareils qu'elle doit inspecter.

Un industriel quelconque et, à plus forte raison, un fabricant d'eaux gazeuses doit toujours recevoir les membres de cette commission composée à Paris de chimistes, d'ingénieurs, de médecins et de pharmaciens; en province, elle se compose surtout de membres des deux dernières catégories, cette Commission agissant au nom de la loi, sur mandat du préfet et exécutant le vœu de cette loi au point de vue de la salubrité et de l'hygiène publique.

Il faudra donc répondre à toutes les questions posées par les membres de cette commission d'une façon loyale, et tenir compte de leurs observations, et cela sans aucune fausse susceptibilité.

Les questions posées par la Commission d'hygiène, concernant la fabrication qui nous intéresse sont généralement celles-ci :

1° Quelles sont les matières que vous employez, et dans quelles proportions?

2° De quelle eau vous servez-vous, où la prenez-vous, est-elle potable?

3° Changez-vous souvent l'eau de vos laveurs, de votre gazomètre?

4° Êtes-vous bien sûr du bon étamage intérieur du saturateur?

5° En quoi sont vos tuyaux de raccords ?

6° Exigez-vous de vos ouvriers qu'ils mettent le masque et les gants pendant le travail ?

7° En quel métal sont les têtes de vos siphons ?

8° Combien y a-t-il de plomb dans cet alliage ?

9° Quel sucre employez-vous pour faire vos sirops de limonade ?

10° Faites-vous vous-même vos alcoolats de citron et d'orange ?

11° Si vous employez des extraits, veuillez nous les soumettre ?

12° Avec quoi colorez-vous vos limonades ?

On doit répondre à toutes ces questions sans hésiter, montrer son local et ses appareils.

Local. — Le local de la fabrique doit être parfaitement aéré, afin d'empêcher l'accumulation de l'acide carbonique pendant le travail et les accidents qui pourraient en résulter ; le sol doit être bitumé et avoir une légère pente dirigée vers le mur séparant de la cour ; on percera dans ce mur, au niveau du sol, une ou deux ouvertures carrées de cinq à six centimètres qui serviront à laisser échapper l'eau ou l'acide carbonique qui s'accumuleraient dans le local par suite d'accidents.

QUATRIÈME PARTIE

Etude de la fabrication des différentes boissons dans lesquelles entre l'acide carbonique.

CHAPITRE PREMIER

SIROP

On appelle sirop une solution concentrée de sucre, dans de l'eau, du vin, etc.

Le degré de concentration du sirop varie suivant les produits que l'on fabrique; généralement il répond en poids à 2 de sucre pour 1 d'eau. Ce degré joue un grand rôle dans la conservation du sirop, car, plus un sirop est concentré, moins il contient d'eau; par suite il est plus facile à conserver, parce que dans le cas où la concentration n'est pas suffisante, la fermentation du sucre se produit au bout d'un certain temps et détruit le sirop.

Il y a également un maximum de concentration qu'il ne faut pas dépasser, sans cela le sucre se cristallise et forme dépôt au fond des vases; les premiers cristaux de sucre servent de noyau à la formation de nouveaux cristaux ; le sirop se trouve dépouillé de son sucre et devient très faible.

Les sirops doivent toujours être préparés au sucre pur sous peine d'être falsifiés. On fait malheureusement des sirops avec du glucose ou sucre interverti, ou bien avec du glucose extrait de la fécule; ces sirops se reconnaissent facilement par les réactifs indiqués dans le tableau suivant :

RÉACTIFS	SIROPS DE		
	sucre pur	sucre interverti	fécule
Addition de 3 à 4 volumes d'alcool à 90°..................	pas de précipité	pas de précipité	précipité blanc.
Ebullition avec volume égal d'une solution de potasse caustique.	ne noircit pas	rougit, puis noircit	noircit
Addition d'iodure ioduré de potassium..................	pas de coloration rouge	pas de coloration rouge	coloration rouge
Ebullition avec la liqueur cupro-potassique.....	pas de réduction	abondante réduction	réduction.

PRÉPARATION DU SIROP

Pour préparer un sirop, on met dans une bassine en cuivre non étamée et bien propre, que l'on place sur un feu clair et ardent.

20 kilos de sucre blanc, 1re qualité,
et 10 litres d'eau filtrée.

puis on attend l'ébullition.

Après 3 ou 4 minutes d'ébullition on retire la bassine du feu et l'on introduit dans le sirop une solution faite à chaud de :

>200 gr. d'acide tartrique.
>100 gr. — citrique.

Puis, on filtre le sirop toujours à chaud en le faisant passer à travers un cadre à fond de flanelle ou une chausse en feutre ou en coton.

Le sirop filtré, on le laisse refroidir dans une terrine en grès ou une conge en cuivre étamé.

Aromatisation. — Une fois refroidi, on l'aromatise avec un demi-litre d'alcoolat de citron ou 50 grammes de limonine; on a soin d'agiter le sirop pendant cette opération de façon à faire pénétrer l'arome dans toute sa masse. On peut ensuite mettre ce sirop dans des bouteilles bien sèches que l'on bouche hermétiquement, et le conserver ainsi très longtemps.

On peut même ne l'aromatiser qu'au fur et à mesure des besoins; cela est plus prudent, surtout quand on fabrique une grande quantité de sirop à la fois.

Cuite à la vapeur. — Lorsqu'on possède une machine à vapeur, on peut cuire le sirop dans une machine à double fond chauffée par la vapeur, dite bassine de distillerie. On doit avoir soin au début, de faire arriver la vapeur dans le double fond avec précaution.

La cuisson se comporte de la même façon que sur un feu nu. Ces bassines, ainsi que les conges, se trouvent chez tous les fabricants d'alambics et d'articles de distilleries tels que Egrot, Deroy, etc., etc.

Filtrage. — Quand on emploie de l'eau filtrée, du sucre de 1re qualité, des acides tartrique et nitrique purs, le simple filtrage à la flanelle ou à la chausse est grandement suffisant. Si l'on n'est pas bien certain de la bonne qualité des produits employés, il sera bon de mettre dans la bassine, pendant l'opération de la cuisson, deux blancs d'œufs délayés dans un peu d'eau. A la température d'ébullition du sirop, l'albumine se solidifiera et remontant à la surface entraînera avec elle tous les corps étrangers en suspension dans le sirop. Puis avec une écumoire, on enlève l'albumine solidifiée et le sirop se trouve dans les conditions voulues pour le filtrage.

On peut aussi se servir, pour opérer le filtrage, de la pâte de papier.

Cette pâte se prépare de la manière suivante :

On bat du papier non collé dans de l'eau tiède jusqu'à ce qu'il soit réduit en bouillie homogène, on le rince et on le met au fond de la chausse. Quand on verse le sirop chaud dans la chausse, la pâte de papier forme couche filtrante au fond, et assure au sirop passé, une limpidité parfaite.

Degré de concentration et manière de le reconnaître. — Le sirop fabriqué dans les conditions ci-dessus doit marquer au pèse-sirop 29° ou 30° chaud, et 34° ou 35° froid. Sa densité est de 1,320 lorsqu'il est bouillant et de 1,385 lorsqu'il est froid,

Certains fabricants reconnaissent de suite sans avoir besoin de pèse-sirop, le degré de concentration du sirop; ils se servent pour le reconnaître, de différents phénomènes physiques portant les noms suivants :

La pellicule, le perlé, la nappe, le petit filet, le grand filet, le lissé, le petit soufflé, le petit boulé, la petite plume, le cassé, etc., etc...

Voici en quoi consistent les principaux :

Perle. — Le sirop est à la perle ou au perlé, quand en le prenant dans une cuiller, l'y balançant un instant, puis le versant par le côté, les gouttes en tombant affectent la forme d'une perle.

La pellicule. — On reconnaît que le sirop est à cet état de concentration, lorsqu'en soufflant à la surface, on le voit se couvrir d'une sorte de membrane mince et ridée disparaissant quand on cesse de souffler.

Le petit filet. — On reconnaît cet état du sirop de sucre lorsqu'en plaçant un peu de sirop en ébullition sur le pouce, et en le touchant avec l'index, puis en écartant les deux doigts, le sirop forme un filet long de 5 à 6 millimètres.

Le cassé. — Cet état du sirop de sucre est voisin de la concentration maxima. Il se reconnaît en projetant le sirop dans l'eau; il se solidifie immédiatement et forme une masse dure et cassante.

La pellicule, le perlé et le petit filet sont des états de concentration à peu près semblables et correspondent sensiblement au 30° de l'aréomètre de Baumé (pèse-sirop).

Le dosage des bouteilles est généralement de 100 à 125 grammes de sirop aromatisé.

AROMATISATION

L'aromatisation des sirops doit toujours être faite à froid pour éviter l'évaporation de l'arome qui aurait lieu certainement en grande partie au contact d'un sirop chaud.

Les aromes varient à l'infini ; les plus généralement employés sont ceux de citron, d'orange, de framboise, de groseille, de menthe, de café, d'absinthe, etc...

Les proportions à mettre dans le sirop varient suivant le goût de la clientèle.

Dans certaines contrées on préfère la limonade très sucrée et peu aromatisée ; dans d'autres, au contraire, la limonade très aromatisée et peu sucrée.

On peut teinter les limonades au citron et à l'orange en rosé, en ajoutant au sirop un peu d'alcoolat de baies de sureau ou de jus de merises. Il faut éviter à tout prix dans l'aromatisation et dans l'emploi des colorants, de se servir de produits médiocres, la conservation des limonades en dépendant ; et, surtout, ne jamais employer de colorants nuisibles.

Accidents résultant d'une fabrication défectueuse. — Il arrive quelquefois que certaines limonades deviennent filandreuses et que le fabricant ne peut s'expliquer pourquoi.

Ce phénomène ne peut se produire que par les raisons suivantes : la mauvaise qualité du sucre employé (glucose probablement); eau gazeuse mal saturée ou contenant de l'air ; enfin arome de mauvaise qualité. En un mot ces accidents résultent du manque de soins apportés à la fabrication.

PRÉPARATION DES ALCOOLATS

Comme on l'a vu plus haut, la bonne qualité de l'arome employé dans le sirop de limonade, a une influence très grande sur la conservation.

Alcoolat de citron. — Pour préparer l'alcoolat de citron, on pèle les citrons de belle qualité ou encore mieux, on les rape, en ayant soin de n'enlever que les zestes ; puis on les fait macérer dans un bocal pendant une vingtaine de jours avec de l'alcool rectifié de bon goût ; les bocaux doivent être bien bouchés et remplis le plus possible. On peut préparer cet alcoolat à l'époque où les citrons sont abondants et bon marché et en avoir toujours de prêt à l'avance. Quand on sort l'alcoolat des bocaux, après une macération plus ou moins longue, de 20 à 30 jours, on le filtre à travers un filtre en papier et on le met dans des bouteilles soigneusement bouchées.

Ainsi conservé, l'alcoolat de citron bonifie en vieillissant et devient excessivement bon.

Limonine. — On peut remplacer l'alcoolat de citron

par un produit fabriqué exprès pour les fabricants de limonades et appelé limonine Naudier.

Ce produit se met à raison de 50 grammes pour aromatiser la quantité de sirop obtenue avec 20 kilos de sucre.

Alcoolat d'orange. — L'alcoolat d'orange se prépare exactement comme celui de citron, sauf qu'on substitue des oranges aux citrons.

Dans certains pays, on aromatise le sirop en employant moitié alcoolat de citron et moitié d'orange; l'arome ainsi obtenu donne le goût panaché; il est délicieux et peut contenter les palais les plus difficiles.

CHAPITRE II

EAU DE PROTOXYDE D'AZOTE ET EAU AZOTÉE
EAU OXYGÉNÉE

EAU DE PROTOXYDE D'AZOTE

Depuis quelques années, dans plusieurs contrées, surtout en Espagne, on sature l'eau ordinaire avec du protoxyde d'azote ; on obtient ainsi une boisson agréable dont la consommation, ainsi que celle de l'eau simplement azotée a pris une importance considérable. Cette eau est paraît-il très bonne pour les malades atteints de la goutte, de rhumatisme, etc.

Préparation. — On prépare le protoxyde d'azote en décomposant par la chaleur l'azotate d'ammoniaque. On soumet ce sel à une température de 200° ; il se décompose alors en eau et en protoxyde d'azote. A partir de 250° la décomposition cesse d'être régulière, et elle peut donner lieu à cause de ces variations brusques à des ruptures de l'appareil de production ; il se forme également du bioxyde d'azote et des vapeurs hypoazotiques. On épure le gaz produit en le faisant passer dans des flacons contenant une dissolution de sulfate ferreux qui sert à fixer le bioxyde d'azote suivi d'un autre contenant de l'hydrate de chaux ou de la potasse qui sont destinés à retenir les vapeurs hypoazotiques.

Le gaz produit est alors recueilli dans un gazomètre d'où il est aspiré par la pompe d'un appareil à eau de Seltz pour servir à la saturation de l'eau.

EAU AZOTÉE

On sature également l'eau ordinaire avec de l'azote. A Paris, et dans certains pays, on a fondé de vastes établissements dans lesquels on peut suivre un traitement en absorbant l'azote, soit en dissolution dans l'eau, soit par aspiration. Ce traitement est recommandé pour certaines maladies des voies respiratoires notamment pour la phtisie.

Dans ces établissements, on prépare généralement l'azote en décomposant l'oxygène de l'air par la combustion du phosphore. L'azote passe dans des laveurs spéciaux où il se débarrasse de l'acide carbonique qu'il contient et arrive dans un gazomètre. La pompe d'un appareil à eau de Seltz continu l'aspire et le fait entrer en dissolution dans l'eau.

EAU OXYGÉNÉE

On emploie également les appareils à eau de Seltz

pour saturer l'eau ordinaire avec du gaz oxygène et produire l'eau oxygénée. Cette boisson est très recommandée pour certaines maladies.

L'opération se fait comme pour saturer l'eau par l'acide carbonique. La pompe de l'appareil saturateur prend du gaz oxygène dans un gazomètre, lequel le reçoit d'un producteur spécial. On peut produire l'oxygène de différentes manières, suivant les matières premières qu'on peut avoir à sa disposition dans de bonnes conditions d'achat

1° Par le peroxyde de manganèse chauffé au rouge, qui perd 1/3 de son oxygène et passe à l'état d'oxyde rouge. Cette opération se fait dans une cornue en grès ou en fonte ; les laveurs contiennent une dissolution de soude ou de potasse afin de retenir l'acide carbonique ;

2° Par le peroxyde de fer et l'acide sulfurique ;

3° Par le chlorate de potasse qui, chauffé, donne du chlorure de potassium, du perchlorate de potasse et de l'oxygène ;

4° Par le chlorure de chaux chauffé au rouge sombre ;

5° Par le sulfate de zinc qui donne de l'oxyde de zinc, de l'acide sulfureux et de l'oxygène qu'on fait passer dans des laveurs à solution alcaline (ammoniaque ou potasse) ;

6° Par l'acide sulfurique chauffé qui forme de l'acide sulfureux et de l'oxygène. Pour cette opération, on fait couler l'acide sulfurique sur lames de platine placées dans des cornues; chauffées au rouge; elles décomposent l'acide sulfurique en acide sulfureux et en oxygène.

L'acide sulfureux reste dans l'eau d'un laveur contenant une lessive de soude ; et l'oxygène se rend dans un gazomètre ;

7° Par le bioxyde de baryum. La baryte caustique a la propriété de se combiner avec l'oxygène de l'air au rouge sombre, en formant du bioxyde de baryum, lequel, chauffé au rouge vif, repasse à l'état de baryte en abandonnant l'oxygène. L'air, amené sur la baryte pour l'oxyder, doit être au préalable débarrassé de son acide carbonique, pour cela, on le force au moyen d'une soufflerie, à passer dans une dissolution de potasse ou de soude. Cette opération évite la transformation de la baryte en carbonate. La baryte employée ne peut servir qu'un nombre limité de fois ; au bout d'un certain temps elle refuse d'absorber l'oxygène ;

8° Par les manganates.

Le permanganate de soude, chauffé au rouge, donne 10 p. 100 de l'oxygène qu'il contient ; il reste un mélange de soude et de sesquioxyde de manganèse. Toutes ces opérations sont délicates et ne peuvent être faites que par des personnes habituées au travail du laboratoire ; on n'en parle ici qu'en résumé et pour mémoire ; des livres scientifiques et spéciaux traitent cette question à fond.

On voit que les trois éléments principaux qui composent l'air : l'oxygène, l'azote et l'acide carbonique, entrent séparément dans la fabrication des eaux gazeuses et jouent, au point de vue thérapeutique, un rôle différent.

CHAPITRE III

VINS

VINS ORDINAIRES — VINS DE CHAMPAGNE
VINS CHAMPAGNISÉS

Les vins naturels constituent la boisson la plus ordinaire de la France; 750 millions d'hectolitres de vin sont annuellement produits en France par 2 millions d'hectares plantés en vigne et représentent une valeur de un milliard. Malheureusement les différentes maladies de la vigne, le phylloxera, l'oïdium, sont venues diminuer cette production qui tend à se rétablir par la fabrication des vins artificiels, qui sont fabriqués à l'aide de raisins secs.

Les variétés de vins sont très grandes, chaque terrain et chaque espèce de vignes donnant un bouquet et des propriétés particulières que vient modifier la vieillesse du vin.

Le bouquet et les propriétés proviennent de la composition chimique des vins qui est très variable.

Comme on le voit, l'eau et l'alcool sont les principes constituants auxquels viennent s'ajouter les autres matières; leurs proportions varient avec la nature des vins, comme l'indique le tableau suivant :

VINS ROUGES	ALCOOL en volume.	EXTRAIT A 100°	GLYCÉRINE	BITARTRATES	CENDRES	ACIDITÉ totale. en So. Ho.	OBSERVATIONS
Composition moyenne des vins français.							
Moyenne des vins franç.	10,0	18,9	5,6 à 7,6	1,2 à 5	1,2 à 3	2,5	ext. {max. 40,5 / min. 13,0}
Bourgogne 1 à 3 ans..	»	16,9	5,8	1,8		2,5	
Pomard............	11,5						alc. {max. 13,3 / min. 9,4}
Volnay............	10,5						alc. {max. 12,6 / min. 7,3}
Richebourg ordinaire..	12,6	23,6					vins de six mois.
Beaujolais.........	10,4	21,7			2,17		vins de 3 ans.
Petit Bourgogne.....	7,8	15,6					vins de 1 année.
Bordeaux ordinaire...	9,4	»	7,1	2,3	1,6 à 3		alc. {max. 10,9 / min. 7,9}
— supérieur..	9,1	16,4				2,15	alc. {max. 9,7 / min. 7,3}
Vins de l'Hérault N pl.	10,1	19,0	6,5 à 7,6		1,7 à 3,5	2,5 à 5,6	ext. {max. 28,0 / min. 16,0}
— pl.	10,3	21 à 25			3,2 à 4,6	4,9 à 5,1	
Aramon pl.........	10,0	24,0			2,95	4,2	
Beaux Narbonnes (1876)	12,4						
Narbonnes.........	10,8	18,8				2,0 à 3,0	alc. {max. 14,0 / min. 6,4}
Petits Narbonnes.....	7,8						
Roussillons de table ..	14,8				2,4	2,66	
Vins de la Marne.....	11,4	24,1				1,8 à 5,3	alc. {max. 14,8 / min. 6,7}
Cahors..............	11,7						alc. {max. 12,1 / min. 8,9}
Vins de la Haute-Garon.	9,8	23,8		1,4	1,4 à 2,0		alc. {max. 12,4 / min. 7,5} ext. {max. 28,8 / min. 18,9}
VINS BLANCS							
Chablis (1 mois)......	9,7	14,0					
Bordeaux...........						2,51	
Picpoul.............	11,5	13,2		3,5		4,51	
Extrait de quelques vins étrangers.							
Vins du Rhin........		1		4	5	6	
Vins moyens rouges...	11,4	27			4,09	2,76 à 6,53	alc. {max. 15,8 / min. 8,1} ext. {max. 10,5 / min. 12}
Johannisberg........	10,1	20,5		1,20	4,16	6,34	
Obermgelhein.......	11,6	23,4		2,75	4,03	5,77	
Auerbacker.........	10,4	14,5			3,40	4,24	
Rusling............	3,5	12,5			2,40	4,89	
Ass monnalhausen....	11,2	25,1		2,27	3,42	5,33	

VINS

La densité des vins change aussi suivant leur nature. Le tableau ci-dessous donne la densité des vins les plus connus.

Densité de certains vins.

Bourgogne	0,9913	d'après Brisson
Bordeaux.	0,9939	— Id.
Madère.	1,0382	— Id.
Porto commun	0,9820	— Braude.
Américain	1,0070	— Id.
Madère commercial. . . .	0,9861	— Id.
Pyrénées-Orientales	0,9870	— Bonis, père.
Palestine	0,9909	— Hitschoot.
Tarn-et-Garonne.	0,9910	— Filhol.
Gironde.	0,9940	— Fauré.
Marne.	0,9900	— Maumené.

La densité des vins dépend de deux causes :

1° De la présence de l'alcool ;

2° De la présence des matières solides dissoutes.

L'alcool diminue la densité et tend à la rendre plus faible que celle de l'eau ; les matières solides l'augmentent au contraire et le rendent plus lourd que l'eau.

ALCOOL

L'alcool, dont la formule chimique est $C^4H^6O^2$, est combustible ; pur, il brûle complètement suivant la formule :

$$C^4H^6O^2 + O^{12} = C^4O^8 + H^6O^6 \text{ ou } 4(CO^2) + 6(HO)$$

Quand dans un mélange, l'eau forme plus des 6/10 du

volume, l'alcool devient incombustible. Les vapeurs d'alcool sont trois fois plus lourdes que celles de l'eau. Quand on mélange de l'eau et de l'alcool, il y a production de chaleur et diminution de volume.

Le tableau ci-après montre l'importance de la contraction; il peut servir pour les mélanges et les additions d'alcool.

ALCOOL	EAU	CONTRACTION
95 litres.	5	1,18
90	10	1,94
85	15	2,47
80	20	2,87
75	25	3,19
70	30	3,44
65	35	3,62
60	40	3,73
55	45	3,77
50	50	3,745
45	55	3,64
40	60	3,44
35	65	3,14
30	70	2,72
25	75	2,24
20	80	1,72
15	85	1,20
10	90	0,72
5	95	0,31

La contraction a été calculée par Budberg.

La vapeur d'alcool pèse, d'après Gay-Lussac, 1,1633 et celle d'eau 0,622. Aussi est-il important, dans le maniement des spiritueux, de prendre toutes les précautions possibles pour éviter les accidents ; par exemple, on ne doit jamais poser de lumière sur le sol, car, en vertu de leur densité, les vapeurs s'y accumulent et peuvent provoquer une explosion ou un incendie.

Collage des vins. — Les vins doivent être, comme chacun le sait, collés et bien clarifiés.

On emploie, pour obtenir ce résultat, les gélatines, le blanc d'œuf, le sang, le lait, la poudre de Julien. De toutes les gélatines, la meilleure est la colle de poisson (Ichtyocolle) qu'on coupe en menus morceaux et qu'on introduit dans la barrique.

Coloration. — Certains vins sont colorés artificiellement avec de la fuchsine ; quoique cette falsification ne s'applique qu'aux vins rouges, il est bon d'en parler ici.

Pour s'assurer de cette falsification, on emploiera le moyen suivant :

On verse de 5 à 6 grammes de vin suspecté dans un flacon de 30 centimètres cubes, on ajoute un excès d'alcali volatil, puis on achève de remplir avec de l'éther pur ; on agite et on laisse déposer. Puis on décante, l'éther surnage ; on y ajoute quelques gouttes d'acide acétique (vinaigre) ; si le vin contient de la fuchsine, on voi immédiatement apparaître une coloration rouge.

ÉTHERS

L'alcool en présence des acides produit des composés appelés éthers.

Les éthers se forment très lentement dans les vins à cause de la grande quantité d'eau qu'ils contiennent; ce sont eux qui ont une grande influence sur l'arome et le bouquet des vins vieux (Maumené).

Le tartrate acide de potasse, dont on extrait l'acide tartrique qui y est en grande quantité, attaque facilement les mélanges métalliques d'étain et de plomb et même l'étain fin, on ne doit donc pas employer ces tuyaux pour les vins mousseux, mais des tuyaux argentés.

VINS MOUSSEUX

Les vins mousseux sont des vins contenant de l'acide carbonique en dissolution et dont le type est le vin de Champagne. Ces vins sont obtenus à l'aide d'une préparation spéciale. On peut faire des vins mousseux avec tous les vins; il n'y a pour cela qu'à les mettre en bouteilles avant la fin de la fermentation insensible.

Les vins de Champagne sont des vins blancs; on les prépare, soit avec des raisins blancs, soit, plus souvent, avec des raisins rouges, car ils sont généralement plus riches en sucre.

On cueille le raisin et on le presse avec de très grandes précautions; on les met en tonneaux, au bout d'un mois, on colle une seconde, puis une troisième fois et l'on met en bouteilles où ils achèvent de fermenter.

On ajoute lors de la mise en bouteilles 3 à 5 p. 100 de liqueur et on les laisse fermenter; on place les bouteilles sur pointe en ayant soin de les remuer tous les jours de façon à faire tomber dans le goulot le dépôt qui se forme. Une fois ce dépôt rassemblé, on le retire de la bouteille en la dégorgeant, ce qui se fait en prenant la bouteille, l'inclinant et retirant brusquement le bouchon de façon à ce qu'il s'échappe une quantité de liquide aussi faible que possible et qui entraîne le dépôt; on achève de remplir la bouteille avec de la liqueur mise précédemment et légèrement modifiée suivant le goût que l'on désire donner au vin.

Cette liqueur dont chaque fabricant tient la recette soigneusement cachée a une très grande influence sur le goût et l'arome du vin; elle est habituellement composée comme suit :

Sucre candi, 1re qualité. . . . . . . 10 kgr. ;
Cognac blanc . . . . 1 kgr. 500;
Vin blanc . . . . 10 kgr. ;
Sulfate de soude . . . . 5 gr.

On met à peu près 120 gr. de cette liqueur par bouteille.

On emploie également les deux formules suivantes, composées de :

50 kilogr. de sucre candi fondus dans
50 litres de vin blanc
5 — de cognac fin ;
50 grammes de teinture de vanille;
25 grammes de sulfate de soude ;

Dosage de 10 à 25 centilitres par bouteille.

Autre formule :

50 kilogr. sucre, 1re qualité ;
15 litres d'eau ;
58 — de vin de Porto ;
10 — de cognac ;
20 — de bonne eau-de-vie ;
1 — de kirsch ;
1 — d'alcoolat de framboise.

Le dosage dépend beaucoup du goût de la clientèle qui doit consommer le vin. Certaines formules sont bien plus compliquées et chaque fabricant en possède une qui lui est propre.

VINS ORDINAIRES

Les vins sont des boissons obtenues par la fermentation du raisin. Ils contiennent de l'alcool, de l'eau et des matières végétales et minérales.

M. Maumené a traité la question des vins dans toute son étendue ; c'est à son traité qu'il faut recourir lorsque l'on veut étudier cette fabrication.

Vins mousseux artificiels. — Pour éviter les complications qu'entraîne la fabrication des vins mousseux telle qu'on la fait en Champagne, on a recours à des appareils industriels qui ne sont autres que les appareils à eau de Seltz argentés à l'intérieur et disposés spécialement pour cette fabrication.

Fabrication. — Au lieu d'avoir du vin mis en bouteille avant la fin de sa fermentation, on attend que cette fermentation soit complètement terminée, et l'on s'arrange de façon à le clarifier le mieux possible; puis on le sature d'acide carbonique, au moyen d'un appareil à eau de Seltz dans lequel on met du vin à la place d'eau dans le saturateur. Pour cela, il faut avoir soin de bien choisir le vin, qui doit être léger, bien blanc, sans goût de terroir, et le plus clair possible.

On peut, dans certains cas, suivant la nature du vin, y ajouter, par pièce, avant la saturation, une petite fiole de tannin. Tous les vins blancs sans goût de terroir sont bons pour la gazéification; non seulement les vins de France, qui sont incontestablement les meilleurs, mais même les vins blancs de tous les pays. Tels sont les vins blancs en Espagne, qui sont d'une qualité exceptionnelle et qui, traités comme les vins de France, par la saturation d'acide carbonique, donnent des produits sinon supérieurs, au moins égaux. Il en est de même des vins de Suisse, des bords du Rhin, de la Hongrie, de l'Italie et de certains crus de l'Asie Mineure.

L'Algérie, pourra dans peu de temps, il faut l'espérer, donner un vin blanc qui, bien soigné, pourra fournir d'excellents vins champagnisés.

SATURATION DU VIN. — La gazéification s'opère comme pour l'eau. Le vin est amené dans le réservoir d'alimentation d'un appareil continu, puis il est aspiré par la pompe de l'appareil et refoulé en même temps que le gaz dans le saturateur. La marche de l'opération est absolument la même que pour l'eau de Seltz, seulement on monte moins en pression ; 3 ou 4 atmosphères suffisent grandement, d'autant plus que le vin contenant de l'alcool absorbe une plus grande quantité d'acide carbonique que l'eau, à pression égale, comme on a pu le voir plus haut.

Tirage. — Le tirage des bouteilles s'opère au fur et à mesure de la production de l'appareil. Les bouteilles, avant d'être remplies de ce vin, doivent déjà contenir la dose voulue de la liqueur de champagne composée suivant l'une des recettes données plus haut, ou une analogue. L'appareil de tirage que l'on emploie pour ce remplissage, diffère quelque peu de ceux employés pour les bouteilles à limonade ; il est mis deux fois en communication avec le saturateur ; la première fois par le robinet d'admission du liquide avec le robinet de garde du saturateur ; la deuxième par la soupape de retour du gaz avec le haut du saturateur afin d'établir dans la bouteille un équilibre de pression, et d'empêcher la mousse de se former pendant le remplissage.

MANŒUVRE DU TIRAGE A VIN MOUSSEUX
Pl. VI, fig. 4.

Pour remplir la bouteille de vin mousseux, on la pose sur le bloquet du tirage comme les bouteilles de limonade ; l'on introduit un bouchon dans le cône et l'on baisse le levier de façon à amener le bouchon un peu au-dessus des trous d'arrivée du vin et du gaz.

On appuie ensuite sur la gâchette de la soupape S de retour du gaz afin de remplir la bouteille d'acide carbonique ; puis on appuie sur la gâchette de la soupape S' de dégagement. (On peut encore diminuer la pression du pied sur la pédale y.)

Le dégagement se produit et tout l'air qui se trouvait dans la bouteille s'échappe avec le gaz. (Cette manœuvre, qui a pour but de chasser l'air de la bouteille, est extrêmement importante pour la conservation du vin.)

On ouvre alors le robinet d'arrivée du liquide et on active son écoulement dans la bouteille en appuyant sur la soupape S'. Dès que la mousse paraît dans la bouteille, on appuie sur la soupape S et elle disparaît instantanément ; puis on répète cette manœuvre jusqu'à ce que la bouteille soit pleine à un ou deux centimètres près.

Bouchage. — On ferme le robinet de tirage et l'on enfonce le bouchon comme pour les limonades gazeuses, on ficelle, on capsule et l'on étiquette : on conserve les bouteilles couchées. Il faut avoir soin d'employer des bouchons de première qualité, bien sains ; de les ramollir au préalable dans de l'eau tiède ou encore mieux dans du vin ; on peut encore les enfermer dans une toile fine et les exposer à la vapeur d'eau bouillante.

Précautions à prendre. — Dans cette fabrication, tout dépend de la clarification, de la bonne qualité du vin et de l'excellence de la liqueur qu'on ajoute : il faut donc apporter tous les soins à la fabrication de cette liqueur et n'employer que des produits de premier choix. Il est important d'avoir ses appareils de fabrication excessivement propres et d'être toujours certain que l'argenture de tous les organes par lesquels passe le liquide est en parfait état. Pour cette fabrication il faut employer pour la production de l'acide carbonique, le bicarbonate de soude de préférence à la craie, afin d'avoir toutes les chances voulues pour que ce gaz soit excessivement pur et ne donne aucun mauvais goût.

Observation. — Certains vins blancs, saturés d'acide carbonique, forment au bout de très peu de temps, un dépôt qui nuit à leur vente. Dans ce cas, il faudra faire une opération mixte, moitié façon champagne, moitié factice et cela comme il suit :

On fait passer le vin par l'appareil, on le sature à 7 atmosphères et on le met en bouteille sous pression, après avoir introduit préalablement dans ces bouteilles un collage ou un clarifiant quelconque, gélatineux autant que possible, on bouche, on ficelle et on met ces bouteilles sur pointe comme dans la méthode champenoise ; puis au bout d'un mois, on enlève ce premier bouchage en s'arrangeant de façon à ce que le dépôt formé dans la bouteille s'en aille avec le bouchon, en opérant ce dégorgement comme on le fait en Champagne, avec une pince spéciale, et en tenant la bouteille appuyée dans l'arrondi du bras gauche collé au corps. Puis, sans s'occuper du gaz qui s'échappe, on nettoie le goulot et avec un entonnoir en verre, à long bec, on introduit la dose voulue de liqueur.

On fait le bouchage définitif et on pare la bouteille. Ce procédé est un peu plus long que le premier mais il a la propriété de donner des vins excessivement clairs et indécomposables.

CHAPITRE IV

BIÈRE

La bière est une boisson obtenue par la fermentation de l'orge germée et du houblon. Cette boisson est très saine et très nutritive ; quand elle est bien préparée, elle contient par litre dans les conditions ordinaires près de 50 grammes de matières azotées. La consommation de cette boisson tend à augmenter de jour en jour en France, le vin étant dans certains grands centres presque inabordable aux petites bourses, à cause du prix exorbitant de l'octroi. Le seul défaut qu'ait la bière, c'est de se décomposer facilement et de ne pouvoir supporter le transport sans s'altérer sensiblement.

Pour remédier à ces inconvénients on a essayé de faire bouillir la bière afin de tuer les principes fermentescibles, de l'alcooliser, enfin de la sursaturer de gaz acide carbonique et c'est ce dernier moyen qui a donné jusqu'à présent les meilleurs résultats.

PRODUCTION

Angleterre	35.685.000	hectolitres.
Allemagne	22.000.000	—
Autriche.	13.000.000	—
France.	7.381.595	—
Belgique.	8.800.000	—
Russie	9.800.000	—
Hollande	1.400.000	—

FABRICATION

Les matières employées sont : l'orge, le houblon, l'eau, des matières sucrées, la glace (bières spéciales).

Cette fabrication demande quatre opérations distinctes :

1° Préparation du malt ;

2° Le brassage ;

3° Le houblonnage ;

4° La fermentation.

PRÉPARATION DU MALT. — L'orge, dans la fabrication de la bière, est employée sous forme de malt. Pour obtenir ce malt on fait subir à l'orge les opérations suivantes :

1° la germination ; 2° la dessiccation ; 3° l'enlèvemeut des radicelles ; 4° la mouture.

GERMINATION. — Cette opération transforme la fécule du grain d'orge en glucose qui donne, pendant la fermentation, l'alcool et l'acide carbonique. Plus la germination est bonne, plus il y a de glucose. Pour obtenir l'orge germée on lave les grains qui doivent être de bonne qualité, dans de grandes cuves de façon à la ramollir ; employer de préférence des eaux séléniteuses ou dans lesquelles on a ajouté du sulfate de chaux qui évite la putréfaction du grain, puis on l'étend dans des greniers de 10 à 15 centimètres d'épaisseur, dont la température est maintenue constante entre 12 à 18° et 30 à 34°, vers la fin de l'opération qui varie de 8 à 20 jours.

Avec des râteaux on remue les grains de temps en temps de façon à les aérer suffisamment. L'époque du printemps est très favorable à l'éclosion du germe, c'est pourquoi la bière dite de mars est renommée. On arrête la germination lorsque la gemmule atteint une longueur égale aux deux tiers de celle du grain et l'on procède à la deuxième opération.

Dessiccation. — On étend l'orge germée dans un grenier à air libre pendant dix ou douze heures, puis on la met dans de grandes chambres ou étuves superposées appelées *touraïlles*, dont les planches sont en tôle perforée et qui sont chauffées lentement à une température de 55 à 70°. Une fois le malt sec on peut élever cette température jusqu'à 100°. Le malt de bonne qualité ne doit pas renfermer plus de 5 p. 100 d'eau, son acidité pour 100 grammes doit correspondre à 3 centigr. d'alcali normal ; l'extrait doit être au moins de 70 p. 100 et la saccharification doit être complète en trois quarts d'heure au plus.

Séparation des radicelles. — On sépare les radicelles au moyen de brosses et de cribles. Cette opération est très délicate et demande, pour être bien conduite, des ouvriers habitués à la faire.

Mouture. — La mouture est faite grossièrement, c'est plutôt un concassage qu'une mouture proprement dite, la plus ou moins bonne réussite de cette opération n'a aucune influence sur le résultat général. L'orge germée desséchée et moulue constitue le malt. Il existe en Allemagne des fabriques spéciales de malt qui vendent aux brasseurs ce produit tout prêt.

Brassage. — Le malt étant prêt ou acheté tout préparé on le jette dans des cuves en bois, à double fond, percé de trous et on l'arrose d'eau à 60°, on remue le mélange soit à bras, soit mécaniquement suivant les quantités sur lesquelles on opère et l'installation dont on dispose, on laisse reposer, puis on fait arriver à nouveau de l'eau à 90°; on laisse alors écouler le moult qui en résulte.

On épuise ainsi le malt par différents lavages avec de l'eau à 90°, le moult qui en résulte étant de plus en plus faible sert à la fabrication des bières de 2° et 3° qualités. Le moult recueilli est versé dans des chaudières à air libre ou fermées (les chaudières fermées sont généralement adoptées depuis quelques années) et chauffé jusqu'à l'ébullition avec du houblon, ou bien il est chauffé seul, et on ajoute à ce moment une décoction de houblon en proportions de un kilo et demi par hectolitre, pour les bières de garde et de un kilo pour la bonne bière ; naturellement on en met moins pour les bières de qualités inférieures appelées à juste raison, petites bières.

Houblonnage. — On fait écouler le moult contenant le houblon, dans des cuves et l'on soumet à l'ébullition pendant un temps plus ou moins long suivant les produits que l'on veut obtenir.

Le malt est refroidi très rapidement au sortir de la cuve, dans de grands bacs plats en tôle ou en cuivre placés dans des greniers très aérés. Ce temps de refroidissement varie, on emploie souvent les moyens mécaniques décrits, pour refroidir l'air des greniers.

FERMENTATION

Cette fermentation dégage une quantité d'acide carbonique considérable, qui doit pouvoir s'échapper facilement au dehors, sans quoi les ouvriers présents dans le local, pourraient être asphyxiés, ou atteints d'asphyxie partielle.

On aurait tort de croire que l'acide carbonique sortant des cuves est un poison ; il n'est qu'un gaz irrespirable, c'est-à-dire que respiré seul, il ne peut entretenir le fonctionnement normal des poumons, mais il n'est pas délétère.

On l'a confondu souvent avec l'oxyde de carbone, qui lui, est un gaz excessivement délétère; or, comme dans les combustions ordinaires, ces deux gaz se produisent en même temps, on a accusé l'acide carbonique d'être l'auteur seul des accidents survenus.

Il est bon de dire aussi que l'influence exercée sur les poumons d'un homme sain et quelque peu vigoureux n'a lieu qu'après un certain temps et que le sujet qui en ressent les effets a tout le temps de s'en rendre compte et de les éviter, en s'éloignant suffisamment de l'endroit où il se dégage. Il faut avoir soin d'établir, dans les locaux où se trouvent les cuves de fermentation, un courant d'air, tout en maintenant pendant toute la durée de la fermentation, la température entre 20 et 25° environ.

Elle s'effectue par deux procédés :

1° La fermentation haute se faisant de 15 à 30° ;

2° La fermentation basse se faisant de 4 à 5°.

Ces deux méthodes donnent des résultats très différents, il faut employer pour l'une comme pour l'autre :

1° Des caves dont la température soit constante ;

2° De la levure très fraîche, d'une origine connue ,

3° D'une quantité de levure qui doit être d'autant plus grande, que le malt aura été plus tourraillé et que la température de fermentation sera plus basse.

Fermentation haute. — On opère sur de grandes masses de moult ; on le place avec de la levure fraîche provenant de l'opération précédente (environ 1/5). La fermentation commence rapidement, la levure monte à la surface ; la température devient de 5 à 10° de 25 à 30°. Pour les petites bières, la fermentation dure quelques heures ; pour celle de garde, deux ou trois jours.

Dans cette fermentation, il faut éviter le contact prolongé de la levure avec la bière, à laquelle elle donne un mauvais goût, on doit donc faire écouler l'écume au fur et à mesure qu'elle arrive à la surface des cuves ou des barils.

La bière doit d'ailleurs être clarifiée.

Fermentation basse. — Le moult refroidi est dirigé dans des cuves contenant 25 à 30 hectolitres; on y ajoute six à dix kil. de levure fraîche et l'on maintient artificiellement la température de 5 à 6°. La fermentation commence, la levure tombe au fond de la cuve, au bout de huit à dix jours, on retire la partie claire et on la livre à la consommation comme petite bière.

Pour les bières de conserve, la bière obtenue est envoyée dans de grandes cuves placées dans des caves, dont la température est de 1 à 2°, où elle reste de six à douze mois.

L'écume continue à sortir par la bonde qu'on laisse mal fermée; lorsque cette écume devient blanche, fine et serrée, la fermentation est terminée; la bière est obtenue.

Dans certaines contrées, on ajoute à l'orge maltée, servant à la fabrication de la bière, de l'avoine, du blé, etc. Ces mélanges donnent à la bière des goûts spéciaux plus ou moins estimés; somme toute, il ne peut y avoir de bonne bière que celle faite avec de l'orge et du houblon. Toutes les autres bières sont des boissons plus ou moins agréables, flattant quelque peu le goût, quand on a soif ou lorsque le palais a perdu de sa sensibilité naturelle, mais ne constituant plus la véritable bière avec ses propriétés stomachiques, diurétiques.

CONSERVATION DES BIÈRES. — On doit les placer dans des cuves où la température est basse et éviter l'action de l'air sur la bière, qui est néfaste ; au contact de l'oxygène de l'air, il se produit dans la bière, des fermentations spéciales acétiques, lactiques, butyriques, qui la décomposent et la rendent imbuvable. L'acide carbonique, au contraire, empêchant le contact de l'air, rend impossibles ou très difficiles ces fermentations.

Dans la manipulation des bières, il faut, autant que possible éviter au liquide le contact de l'air, aussi, est-il bon, quand on vide lentement un fût, de remplacer le volume du liquide sorti, par un égal volume d'acide carbonique. On peut obtenir ce gaz à l'aide du producteur indépendant du type n° 0 du système Mondollot, qui est très employé pour cet usage (pl. V, fig. 2). Le vide formé par l'écoulement du liquide dans le fût, aspire dans le producteur le gaz nécessaire pour combler ce vide et cela automatiquement au fur et à mesure que le liquide s'écoule.

Composition de quelques brassins.

BRASSIN DE LAMBIC

80 kilos froment 1re qualité.
44 — de malt.
30 — houblon d'Alost.
3 sacs de balle de froment.

FARO

22 hectolitres de froment.
38 — d'orge maltée.
92 kilos de houblon.
4 sacs de balle de froment.

BIÈRE FRANÇAISE

Malt   2,000 kilos.   Eau à 70° 3,500 litres.
Sirop à 33°   200 —   — à 90° 2,500 —
Houblon   60 —   — à 100° 1,200 —
Pour 6,000 litres de bière double.

ALE ANGLAISE

Malt pâle   40 hectolitres.
Houblou de Kent 50 kilos.
Sel marin   1 —
Levure   15 à 20 kilos.

ALE DE LONDRES

Malt pâle   204 hectolitres.
— ambré   29 —
Houblon d'Amérique   238 kilos.

LOUVAIN

Blé moulu   5,500 kilos.
Orge germé séchée à froid   1,400 —
Avoine moulue   100 —
Houblon   65 —

Sursaturation des bières.

La bière contient toujours en dissolution de l'acide carbonique en plus ou moins grande quantité, en y ajoutant une plus grande proportion de gaz, on la sursature, tandis qu'on gazéifie l'eau et les vins.

Sursaturation en bouteilles. — On emploie également pour la sursaturation des bières, les appareils à eau de Seltz ordinaires ; on conduit l'opération de la même façon que pour produire l'eau de Seltz et le vin mousseux, en substituant dans le seau d'alimentation de la pompe à l'eau ou au vin, de la bière bien clarifiée. Une pression de 3 ou 4 atmosphères est suffisante.

Tirage. — Le tirage se fait avec l'un des appareils employés pour les vins mousseux, appareil à double communication avec le saturateur, qui permet d'établir dans la bouteille un équilibre de pression devant empêcher la mousse de se produire, ou, quand elle se produit, de la faire disparaître instantanément. Pour ces opérations, il faut se servir de bière bien clarifiée et ayant complètement terminé sa fermentation.

Sursaturation en tonneaux. — On sursature les bières en tonneaux au moyen d'un récipient portatif spécial, muni d'un manomètre (pl. VIII, fig. 3), chargé seulement de gaz et dont on verse le contenu dans le fût.

Les tonneaux contenant la bière doivent être très résistants et munis de deux bondes-robinets. On sursature en mettant le récipient préalablement chargé d'acide carbonique, en communication avec le robinet B ; on ouvre ensuite le robinet R du récipient ; le gaz traverse la masse du liquide, s'y dissout en partie et vient se placer à la surface.

On ouvre alors pendant quelques secondes seulement le robinet A par lequel une certaine quantité de gaz s'échappe en entraînant l'air qui se trouvait à la surface de la bière. On peut se rendre compte de la quantité de gaz entrée en dissolution dans la bière, par la différence de pression marquée par le manomètre du récipient. Si on la trouve suffisante, on fermera le robinet B du tonneau et le robinet R du récipient portatif; on sépare alors le récipient du tonneau en dévissant le raccord au robinet B.

Saturation directe. — On peut employer directement la sursaturation en employant le saturateur de l'appareil à eau de Seltz, que l'on met en communication avec le robinet B par un tuyau de raccord, partant de l'écrou de prise de gaz qui se trouve à la partie supérieure des saturateurs.

Saturation des bières fortes. — Pour les bières fortes, on peut opérer de la manière suivante :

1° En bouteilles. On ne les remplit de bière qu'aux 3/4 puis on finit de les remplir au tirage de l'appareil à eau de Seltz avec de l'eau bien saturée à 4 atmosphères ;

2° Pour les fûts, on retire 10 litres par 100 litres de bière et on remplit le fût avec une égale quantité d'eau de Seltz saturée à 6 atmosphères. L'introduction de cette eau se fait comme pour le gaz, soit au moyen d'un récipient portatif rempli d'eau de Seltz, soit par le saturateur d'un appareil à eau de Seltz dont on aura mis le robinet de garde en communication avec le robinet de bonde B. La bière ainsi traitée, n'ayant plus de contact avec l'air, peut se conserver très longtemps en gardant une limpidité parfaite. Certaines bières plates prennent même un goût de bière supérieure par la seule présence en quantité voulue, de l'acide carbonique.

Débit de la bière au comptoir. — On se sert ordinairement pour faire monter la bière de la cave aux robinets de débit, de pompes à air. Ces installations se composent de pompes refoulant de l'air dans un récipient à manomètre ; ce récipient est mis en communication avec le fût en vidange. On se sert aussi d'appareils spéciaux pour comprimer l'air par la pression fournie par l'eau de la ville.

Ces appareils ont l'inconvénient de prendre l'air dans les caves, ou bien dans la salle, si le fût est placé sous le comptoir de débit ; dans deux cas, cet air est vicié, soit par des moisissures dans le premier cas, soit par les fumées de tabac, les poussières, etc., qui se trouvent dans les salles de consommation, dans le second. Il introduit donc dans la bière des germes qui peuvent en altérer la qualité. Ces inconvénients disparaissent si l'on emploie l'acide carbonique gazeux ou liquide, comme on tend à le faire de plus en plus actuellement.

Les appareils précédents peuvent être facilement transformés en appareils à acide carbonique par l'addition d'un producteur d'acide carbonique, qui fournit le gaz acide à la pompe à bière au lieu d'air ; cet acide carbonique arrive en contact avec la bière dans le fût, et loin de l'altérer en augmente la qualité.

Tous les producteurs d'acide carbonique peuvent servir dans ce cas; le plus commode est celui de M. Mondollot (pl. V, fig. 2), à cause de sa production automatique.

On se sert également d'acide carbonique liquide renfermé dans des cylindres en fer ou en acier très résistants, qu'on met en communication avec un réservoir muni d'un manomètre. Un robinet de distribution spécial permet d'introduire dans le réservoir la quantité d'acide devant, par son retour à l'état gazeux, fournir la pression voulue. Ces appareils sont construits solidement; mais ceux qui les emploient ne sont jamais sans quelques appréhensions [1] à leur sujet. On a construit des producteurs à pression, dans lesquels on employait le marbre et l'acide chlorhydrique; mais ces appareils, marchant irrégulièrement et étant très dangereux (surtout quand ils sont mal conduits), s'emploient de moins en moins.

---

[1] Ces appréhensions sont d'ailleurs peu justifiées, car ces récipients sont essayés à des pressions de beaucoup supérieures à celles qu'elles supportent.

CHAPITRE V

CIDRE, POIRÉ

Le cidre est la boisson obtenue par la fermentation des pommes acides; le poiré, des poires. On ajoute ordinairement au cidre une certaine quantité de poiré afin d'en assurer la conservation.

Le poiré est fabriqué avec des poires choisies; il est blanc et se conserve très bien gazéifié; il est délicieux et arrive à imiter certains champagnes. La fabrication du cidre est très simple; la qualité dépend toujours de celle des fruits employés, qui sont les pommes désignées sous les noms de douces, acides ou acerbes.

Le cidre fait avec les pommes acides ou acerbes est beaucoup plus fort et se conserve très bien; il est par cela même très estimé.

Fabrication. — Pour récolter les pommes, on se contente de secouer les pommiers ou d'abattre les pommes avec des gaules. Cette opération se fait par un temps sec en septembre, octobre et novembre, généralement.

On met ensuite les fruits en tas en ayant soin d'éliminer les fruits tombés avant leur maturité; on les laisse en tas pendant deux mois environ. Durant ce temps, elles finissent de mûrir et la proportion de sucre qu'elles contiennent augmente considérablement. Cette augmentation rend la fermentation meilleure et la boisson plus alcoolique. Les pommes contiennent, cueillies étant mûres, de 7 à 12 parties de glucose et 84 parties d'eau; de l'acide malique, de l'albumine et des matières azotées.

Broyage. — On écrase les fruits avec des pilons ou avec des rouleaux en bois ou en pierre. Une fois écrasées, on les laisse en tas au contact de l'air pendant 12 ou 24 heures; elles se colorent légèrement en brun et la fermentation commence. On les conduit au pressoir et l'on soumet le marc obtenu par la première pression à un deuxième et même à un troisième pressage, en ayant soin d'y ajouter une certaine quantité d'eau.

Le jus sortant du pressoir est mis dans des cuves où se fait une première fermentation appelée « guillage ». Une fois la fermentation terminée, on met le liquide en barriques où il subit la fermentation insensible, après laquelle le cidre est bon à boire.

Pendant cette opération, on a soin de laisser les bondes des barriques mal bouchées, de façon à permettre au gaz acide carbonique, qui se dégage, de s'échapper librement.

Conservation en barriques. — On peut conserver le cidre en barriques en ayant soin d'introduire au préalable dans ces barriques quelque peu d'alcool, de façon à en imprégner toute la surface intérieure.

CIDRE, POIRÉ

	CIDRE PUR 1877 Rouen	CIDRE PUR 1876 Yvetot	CIDRE VIEUX	CIDRE PUR 1878 Yvetot	CIDRE PUR 1880 Bayeux	CIDRE marchand n° 2	CIDRE 1er choix	GRAND CIDRE 1880 Bayeux
Alcool p. 100 en volume..........	6°	5°2	4°8	4°4	3°0	1°0	3°2	2°5
correspondant en alcool en poids par litre..........	47,40	41,08	37,92	34,76	23,70	7,9	25,3	19,65
Extrait sec à 100..........	54,60	30,90	20,90	61,30	23,20	69,70	81,20	63,80
Extrait dans le vide..........	60,10	37,60	27,00	72,70	60,80	82,00	92,60	75,00
Cendres { Phosphate de potasse... Carbonate de potasse... Sels alcalins..........	3,50	3,50	2,50	3,00	2,60	2,50	2,30	2,80
Sucre réducteur..........	2,00	7,50	4,40	3,70	16,50	36,00	39,00	25,00
Acidité du cidre exprimée en SO⁴Ho..........	3,60	4,07	5,36	4,54	3,23	2,68	»	2,08

En bouteilles. — On peut le conserver en bouteilles en ayant soin de les remplir avant la fin de la fermentation insensible. On obtient ainsi un cidre naturellement mousseux; on se sert pour cette mise en bouteilles de cruchons en grès plus résistants que les bouteilles de verre ordinaire. En mettant d'avance, dans chaque cruchon, un petit verre de bonne eau-de-vie de Cognac, on obtient une boisson délicieuse. Comme boisson de table courante, le cidre ne se boit généralement qu'une fois *paré*, c'est-à-dire quand toute fermentation a disparu, afin d'éviter les inconvénients produits par le cidre neuf, trop jeune, et que tout le monde connaît ; au contraire, comme boisson de luxe, on préfère le cidre doux.

Gazéification. — Pour gazéifier le cidre, il faut absolument le prendre paré, bien clair et le traiter avec des appareils à eau de Seltz ordinaires, de la même façon que le vin ou la bière, sans aucune addition.

Le poiré se fabrique de même, avec cette différence qu'une fois que les poires sont écrasées, on évite le contact de l'air et on les soumet directement à la presse.

CHAPITRE VI

EAUX MINÉRALES ARTIFICIELLES

Les eaux minérales artificielles sont des imitations plus ou moins exactes des eaux minérales naturelles.

Les eaux minérales naturelles, comme on le verra à la fin de cet ouvrage, renferment comme gaz : l'acide carbonique, l'azote, l'oxygène, l'acide sulfhydrique. Comme sels alcalins : le chlorure de sodium, le sulfure de sodium, le sulfate de soude, le bicarbonate de soude, des bromures, des iodures, des sels de chaux, du sulfate de magnésie, des sels de fer (sulfate et bicarbonate de lithine, d'alumine, de zinc, de cuivre, de plomb, d'antimoine), de sels ammoniacaux et des principes organiques.

Divisions. — Soubeyran les rattache aux 7 types suivants :

1° *Eaux acidulées*. — Ce sont des eaux froides contenant une notable proportion d'acide carbonique libre, de 250 à 1000 centimètres cubes par litre.

2° *Eaux chlorurées*. — Contenant des chlorures alcalins, des chlorures de sodium, de potassium, de calcium, de magnésium. Le chlorure de sodium est généralement e plus abondant. Elles sont souvent iodurées, bromurées.

3° *Eaux sulfatées.* — Contenant des sulfates alcalins comme élément prépondérant.

4° *Eaux sulfureuses.* — Contenant du monosulfure de calcium ou de l'acide sulfhydrique.

5° *Eaux ferrugineuses.* — Contenant du fer à l'état de bicarbonate ou de sulfate.

6° *Eaux bromurées et iodurées.* — Contenant des bromures et des iodures alcalins.

Toutes ces eaux contiennent en outre des principes organiques et sont plus ou moins limpides. Plusieurs d'entre elles se dépouillent à la longue de leurs principes minéraux, surtout quand la quantité d'acide carbonique qu'elles contiennent n'est pas très grande; de plus, quelques-unes coûtent très cher. Ces dernières raisons leur font quelquefois préférer les eaux minérales artificielles, surtout si elles doivent être transportées à de grandes distances. La fabrication de la plupart de ces eaux est réservée aux pharmaciens, parce qu'elles sont médicamenteuses.

L'eau de Seltz ordinaire, le soda-water, et l'eau de Seltz contenant un peu de bicarbonate de soude, peuvent être fabriquées par tout le monde.

Fabrication des eaux minérales artificielles. — Pour fabriquer les eaux minérales artificielles, il faut se servir d'une eau d'excellente qualité, et par conséquent ne jamais employer d'eaux séléniteuses. On fait dissoudre les proportions exactes des différents sels dans un peu d'eau distillée, on filtre cette dissolution et on l'introduit dans des bouteilles ou dans des siphons en proportions déterminées et on achève de les remplir avec de l'eau de Seltz parfaitement saturée.

Voici quelques formules d'eaux minérales factices par Soubeyran :

EAU ACIDULE SALINE

	grammes.
Chlorure de calcium.	0,33
— magnésium.	0,27
— sodium.	1,10
Carbonate de soude cristallisé	0,90
Eau gazeuse simple	650

Pour 10 litres, on prend 5 litres d'eau distillée et l'on fait dissoudre dans la première moitié les chlorures; dans la seconde, le sulfate et le carbonate de soude et on les mélange, puis on introduit dans chaque siphon ou bouteille 1/2 litre du mélange et l'on achève de les remplir avec de l'eau de Seltz parfaitement saturée. Cette eau peut remplacer avec avantage les eaux de Seltzer, de Condillac, Renaison, Saint-Galmier, Schevalhein, car elle contient les mêmes principes que ces eaux, et l'on est sûr qu'il n'y a aucune fraude sur la composition.

EAU SALINE PURGATIVE

EAU DE SEDLITZ

	grammes.
Sulfate de magnésie.	30
Eau de Seltz.	650

On fait dissoudre 300 grammes de sulfate de magnésie dans 3 litres d'eau distillée, on filtre et l'on introduit 1/3 de litre de cette dissolution dans les bouteilles ou les siphons et on achève de les remplir d'eau de Seltz.

EAU ALCALINE GAZEUSE

	grammes.
Bicarbonate de soude.	3,12
— potasse.	0,23
Sulfate de magnésie.	0,35
Chlorure de sodium.	0,08
Eau gazeuse.	650,00

EAU FERRÉE GAZEUSE

	grammes.
Tartrate ferrico-potassique sec.	0,15
— eau gazeuse.	650

On peut faire de l'eau gazeuse ferrugineuse en plaçant dans un siphon un fil d'acier enroulé autour du tube ; au bout d'une heure environ, l'eau gazeuse sortant du siphon aura un franc goût de carbonate de fer.

Dans les appareils Briet, on peut se servir des mêmes procédés pour faire soi-même des eaux ferrugineuses qui sont délicieuses et de plus coûtent très bon marché.

EAU AUX SELS DE LITHINE

Les sels de lithine, ayant sur l'acide urique une action dissolvante très prononcée, on s'en sert pour le traitement de la goutte, de la gravelle et du diabète.

Parmi ces sels, le carbonate de lithine est généralement le plus employé. On l'associe à du bicarbonate de potasse ou à du citrate. Le carbonate de lithine, LiO,Co^2, employé est une poudre blanche cristalline, peu soluble dans l'eau ordinaire, beaucoup plus dans l'eau chargée d'acide carbonique ; 1 litre d'eau gazeuse à 5 atmosphères en dissout environ 50 grammes.

Les doses prescrites varient de 5 à 30 centigrammes par jour en dissolution dans de l'eau pure ou mieux dans de l'eau gazeuse. Pour préparer les eaux gazeuses au carbonate de lithine, il n'y a qu'à introduire dans les siphons ou les bouteilles, au moyen de la pompe à sirop ou d'un injecteur, la solution en quantité voulue, puis remplir ensuite d'eau gazeuse.

En particulier, on peut se servir d'un gazogène Briet ; on n'a qu'à mettre dans la carafe du haut, avec l'eau à boire, la dose exacte prescrite par le médecin.

GAZOGÈNE BRIET
Constructeur : MONDOLLOT, s[r] de BRIET, à Paris.

De tous les appareils de ménage, le Gazogène Briet est celui dont la disposition a été la mieux comprise, pour les services qu'on demande à ce genre d'appareil; aussi est-il resté le type classique. Malgré l'ancienneté de son système, c'est encore celui que les médecins et les pharmaciens recommandent de préférence pour faire des eaux gazeuses minérales artificielles, telles que les eaux alcalines (genre Vichy), lithinées, ferrugineuses, etc.

Description. — Cet appareil se compose de deux globes de verre vissés l'un sur l'autre et

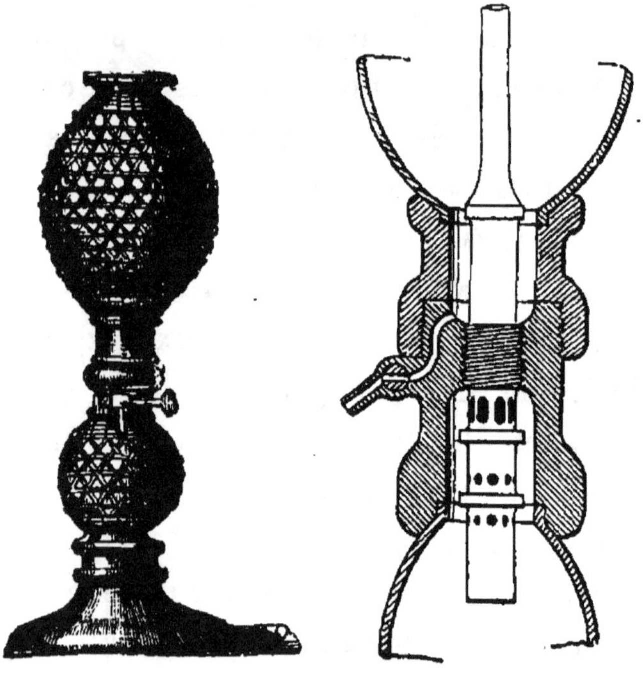

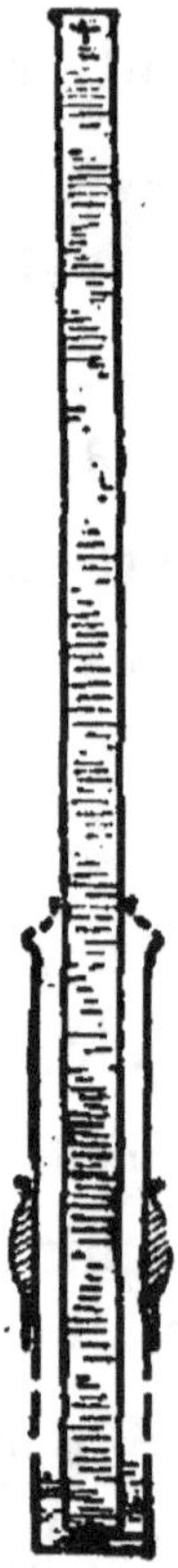

Fig. 2.

recouvert de rotin, dont l'un, le supérieur, s'appelle *carafe*, et l'autre, l'inférieur, qui est muni d'un pied en porcelaine, s'appelle *boule*. Ces deux globes (carafe et boule) se vissent l'une sur l'autre au moyen d'une garniture en étain fin; le robinet de sortie du liquide gazeux se trouve sur la garniture de la boule.

Un tube intérieur fait communiquer les deux globes, permettant au gaz de passer dans la carafe, sans que le liquide de celle-ci descende dans la boule, sauf cependant la quantité strictement nécessaire pour la dissolution des poudres.

Ce tube est l'âme de l'appareil et sa disposition ingénieuse procure au système Briet les avantages suivants :

1° Les poudres sont complètement isolées de la boisson ;

2° La quantité de liquide nécessaire à la réaction des poudres se trouve mesurée exactement et automatiquement ;

3° Enfin, le gaz est obligé, pour entrer dans le liquide de la carafe, de passer à travers les trous capillaires d'un petit filtre en argent et d'arriver ainsi dans la carafe par la partie inférieure, en traversant toute la masse du liquide, en bulles très divisées.

Toutes les pièces de cet appareil sont facilement démontables et rien n'est plus simple que de les réparer ou de les changer.

FONCTIONNEMENT. — Après avoir dévissé l'appareil et retiré le tube de la boule,

1° Remplir *entièrement d'eau* la *carafe* ;

2° A l'aide du petit entonnoir fourni avec l'appareil, verser dans la *boule* les poudres des deux paquets bleu et blanc (le blanc contenant la dose d'acide tartrique, le bleu la dose de bicarbonate de soude) ;

3° Enfoncer solidement le tube dans le goulot de la *boule* ;

4° Visser avec force sur la *carafe* la *boule* armée du tube, de façon à remonter l'appareil sens dessus dessous, c'est-à-dire la *carafe* où est l'eau reposant sur la table ;

5° Fermer le robinet et redresser l'appareil sur son pied.

Ainsi disposé, l'appareil fonctionne seul : au bout de vingt minutes environ, l'eau gazeuse est préparée et l'on peut, à l'aide du robinet, la faire jaillir à volonté.

Après chaque opération, on vide la boule et on la rince ainsi que le tube. Il est bon de bien égoutter la boule avant de remettre des poudres dedans.

Pour obtenir une eau bien gazeuse, très rapidement, il est bon d'agiter l'appareil à plusieurs reprises, en le tenant appuyé sur l'angle du pied et en lui imprimant quelques vives secousses par la partie inférieure. Préparée à l'avance, il est bon d'employer de l'*eau aussi fraîche que possible*.

Préparation du vin mousseux. — On peut préparer du vin mousseux avec ce système d'appareil, en remplaçant l'eau par du vin pur, dans lequel on aura fait dissoudre 30 à 50 grammes de sucre candi pulvérisé et auquel on ajoutera un petit verre de bon cognac.

Préparation des limonades. — On prépare également de la limonade gazeuse en versant l'eau gazeuse dans un verre contenant la quantité de sirop désiré.

Enfin toutes les Eaux gazeuses minéralisées en faisant dissoudre dans l'*eau de la carafe* les sels prescrits par le médecin.

Ces appareils se font de la grandeur :

De 1 bouteille, capacité 0 litre 63 cent.
De 2 bouteilles,   —   1 litre 35 cent.
De 3   —   —   1 litre 90 cent.
De 4   —   —   2 litres 70 cent.
De 6   —   —   3 litres 80 cent.

CHAPITRE VII

FABRICATION DE LA GLACE

Par suite de la consommation de plus en plus considérable de la glace, sa fabrication artificielle prend tous les jours plus d'importance, nous croyons qu'il est bon d'en parler dans cet ouvrage, car les deux fabrications marchent de pair.

Pour produire de la glace ou de l'air froid, les moyens employés actuellement peuvent se diviser en deux catégories.

1° Les moyens chimiques ;
2° Les moyens physiques ou mécaniques.

Moyens chimiques.

Les moyens chimiques ne peuvent être appliqués que dans des limites restreintes. Ils peuvent cependant être très utiles et quelquefois indispensables dans certaines circonstances, ils ont de plus l'avantage d'être très faciles à employer.

Les moyens chimiques comprennent les mélanges réfrigérants.

MÉLANGES RÉFRIGÉRANTS

On appelle mélanges réfrigérants, les mélanges de certaines substances qui produisent par leur contact ou

FABRICATION DE LA GLACE

en se combinant, un abaissement plus ou moins grand de température.

Voici les principaux mélanges réfrigérants.

EAU EN POIDS	COMPOSÉS CHIMIQUES	QUANTITÉS	ABAISSEMENT de TEMPÉRATURE
4 parties.	Azotate d'ammoniaque[1]..	4 parties.	26°
4 —	— — ..	1 —	14
4 —	Chlorhydrate d'ammon..	5 —	22
	— salpêtre..	5 —	
4 —	Chlorhydrate d'ammon..	1 —	15
4 —	Sulfate de potasse.......	1 —	2,9
4 —	Chlorure de potassium..	1 —	11,8
4 —	Sulfate de soude........	1 —	8
4 —	Chlorure de sodium (sel de cuisine)............	1 —	2,1
4 —	Azotate de soude........	1 —	9,4
4 —	Acétate de soude........	1 —	10,6

[1] L'azotate d'ammoniaque peut avoir servi, être évaporé dans un courant d'air sec, et resservir à nouveau.

Par l'emploi de la glace ou de la neige.

NEIGE OU GLACE	COMPOSÉS CHIMIQUES	QUANTITÉS	ABAISSEMENT de témpérat. (température minimum)
100 part.	Sulfate de potasse.......	10 part.	1°90
» —	Carbonate de potasse....	20 —	2
» —	Azotate de potasse......	13 —	2,85
» —	Chlorure de potassium...	30 —	10,90
» —	Chlorhydrate d'ammon...	25 —	15,40
» —	Azotate d'ammoniaque...	45 —	16,75
» —	Azotate de soude	50 —	17,75
» —	Chlorure de sodium (sel)	33 —	21,30
» —	Alcool..................	100 —	17
3 —	Chlorure de calcium....	4 —	51
8 —	Acide sulfurique........	4 —	68
	Alcool..................	4 —	

Par le mélange d'eau, d'acide sulfurique et de sel de Glauber (sulfate de soude) proportions en poids.

EAU	ACIDE sulfurique	SULFATE de soude	REFROIDISSEMENT
22	20	52	de + 10° à — 8°
1	1	2	de + 10° à — 16°
2	2	5	de + 10° à — 14°
5 p. d'ac. chlorhyd. avec 8			de + 10° à — 17°

EAU	CHLORHYD^{te} d'ammoniaque	AZOTATE de potasse	SULFATE de soude	CARBONATE de soude	AZOTATE d'ammoniaque	ABAISSEMENT de température
16	5	5				22°
16	5	5	8			26
5				5	5	29

SULFATE de soude	ACIDE chlorhydrique	ACIDE azotique	CHLORHYD^{te} d'ammoniaque	AZOTATE de potasse	PHOSPHATE de soude	ABAISSEMENT de température
8	5					27°
3		2				29
6		4	4	2		33
»		4			9	39

MODE D'EMPLOI DES MÉLANGES

On emploie les différents mélanges en plaçant dans un seau à parois épaisses un vase mince en étain ou en fer-blanc suivant les matières employées soit une carafe contenant le liquide à solidifier et que l'on entoure des matières en ayant soin de les mélanger aussi intimement que possible. Des vases spéciaux appelés seaux à glace sont construits pour cet usage ; les deux vases sont à couvercle et celui du milieu est muni d'une poignée qui permet de le tourner dans le mélange, ce qui a pour but de mélanger plus intimement les matières et de provoquer une solidification plus rapide du liquide qu'il contient.

Différents appareils domestiques ont été construits sous les noms de glacières des familles, glacières domestiques.

Appareils. — L'un des plus employés, c'est la malle-glacière Taselli, qui consiste dans un vase, dans lequel se place un mélange réfrigérant formé d'azotate d'ammoniaque et d'acide chlorhydrique dans lequel vient se placer une série de 5 tubes doubles de différents diamètres contenant de l'eau, qui produisent des tubes de glace, creux, qui s'emboitent les uns dans les autres et en se soudant forment un bloc de glace parfaitement homogène.

Cet appareil donne 500 gr. de glace en 5 minutes.

GLACIÈRE GOUBAUD

La glacière Goubaud fonctionne au chlorhydrate et à l'azotate d'ammoniaque mélangés en parties égales.

Le vase contenant le liquide est mis en mouvement à l'aide d'une manivelle, ce qui facilite la congélation de l'eau.

GLACIÈRE PENAUT

Cet appareil est très employé; il se compose d'un cylindre métallique fermé hermétiquement par un couvercle doublé de caoutchouc.

On place dans le cylindre un moule à côte, et on l'entoure d'un mélange de sulfate de soude et d'acide chlorhydrique. On place sur le moule une lame de caoutchouc et l'on ferme à l'aide d'un couvercle retenu par une vis de pression. L'appareil est posé sur un chariot-bascule que l'on fait osciller pendant six minutes; on remplace le mélange par de nouvelles matières et l'on fait opérer au chariot une nouvelle série d'oscillations pendant huit minutes. On obtient finalement 800 gr. de glace pour une dépense de 0 fr. 60 environ et une opération demandant au total 20 minutes.

Fabrication industrielle.

Les appareils précédents qui sont excellents pour les usages domestiques, ne peuvent suffire comme quantité ni comme prix de revient pour la production de la glace en certaine quantité ; on a donc cherché un procédé à la fois plus puissant et plus économique que les mélanges, et qui permette de vendre la glace obtenue, dite glace artificielle, au même prix que la glace naturelle.

Différents moyens ont été préposés ; l'un de ceux qui paraissaient le plus économique consistait à comprimer de l'air et à le refroidir, puis de laisser se procréfier, c'est-à-dire occuper un volume qui était 5 fois plus grand que celui qu'il occupait et d'utiliser le froid qui résultait de cette augmentation de volume. C'est sur ce principe que furent construites les machines Giffard. Malheureusement, ce procédé, quoique très simple, n'a pu réussir en pratique, par suite de la faible chaleur spécifique de l'air.

On a alors eu recours aux gaz facilement liquéfiables qui absorbent pour changer d'état une quantité énorme de caloriques, et produisent par suite un froid très considérable. C'est sur ce principe que sont construites les machines Carré, Fixary, Tellier, Vincent, Pictet que nous allons décrire.

Ces appareils peuvent se diviser au point de vue de leur production en 2 groupes : les petits et les grands. Actuellement l'appareil moyen n'a pas encore été construit quoique son besoin se fasse sentir de plus en plus tous les jours. Le premier groupe comprend les machines Carré et Edmond Carré.

APPAREIL E. CARRÉ
Constructeur à Paris.

Cet appareil produit la glace en faisant le vide à l'in-

Fig. 3. — Modèle A.

térieur du récipient. Le froid produit par l'évaporation congèle l'eau qui y est contenue ; les vapeurs d'eau sont absorbées par de l'acide sulfurique. Cet appareil se compose de 2 types : le modèle A, de 1867, et le modèle E, de 1883.

MODÈLE A

Il se compose d'un récipient en plomb antimoiné contenant de l'acide sulfurique et communiquant par une première tubulure avec une ou deux carafes, et par une seconde avec une petite pompe actionnée à la main par un levier sur lequel est placé une tige actionnant un agitateur placé dans l'acide.

Un regard fermé par une plaque de verre existe au milieu du récipient et un vase de vidange qui sert également à introduire l'acide sulfurique est placé sur l'un des fonds.

MODÈLE E

Ce modèle diffère du précédent par l'adjonction d'un second cylindre en plomb superposé au premier et dans lequel l'acide est amené sur des chicanes, ce qui donne une absorption plus rapide des vapeurs d'eau.

Mise en marche. (Elle est la même pour les 2 modèles.) — On lute avec de la cire à bâton le regard c et avec celle en pain la partie mobile D ainsi que le bouchon d du vase de vidange D.

Pour cela on fait un léger bourrelet de cire que l'on pose, sur les bords et l'on place ensuite soit le verre et l'on appuie avec la main.

On verse quelques gouttes d'huile au-dessus des robinets i et dans le réservoir K de façon à recouvrir la tige de ce dernier, puis environ 3 centimètres dans le couvercle de la pompe.

On enlève alors le bouchon d et l'on verse par cet

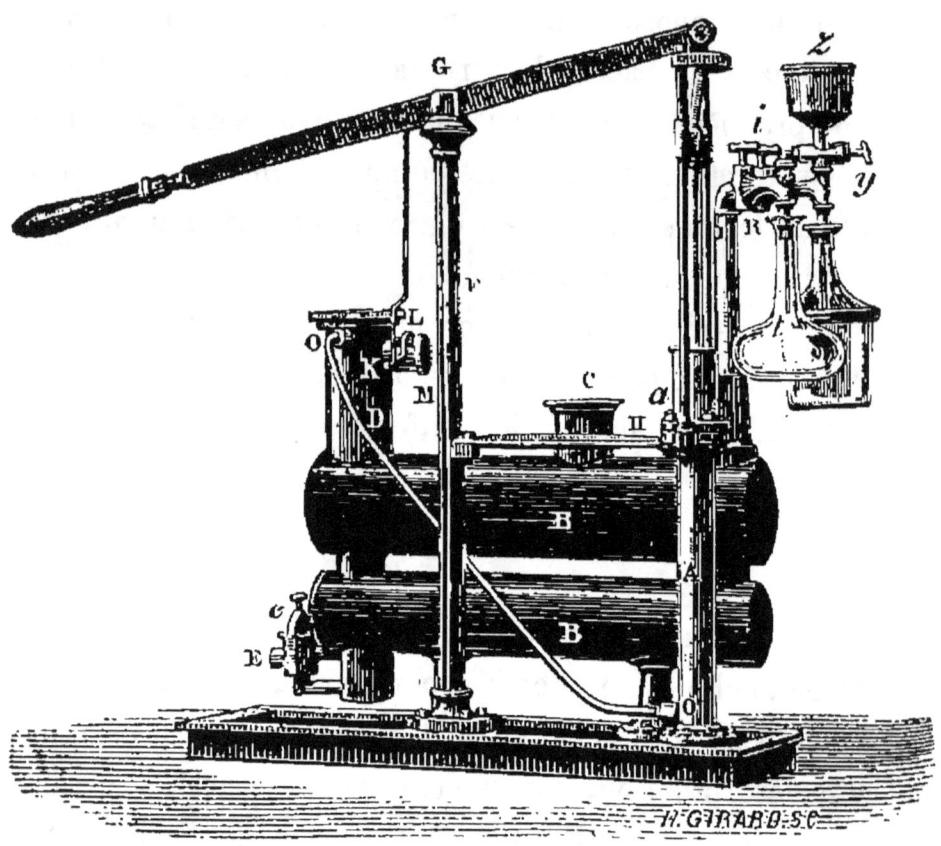

Fig. 4. — Modèle E.

orifice la charge d'acide répondant au numéro de l'appareil; on incline l'appareil de façon à ce qu'il ne sorte pas d'acide dans cette partie que l'on ferme ensuite.

Fonctionnement. — On ferme les robinets i puis on

fait le vide dans l'appareil en pompant 8 à 10 coups, puis on place, la ou les carafes, contenant 400 gr. d'eau environ, sur le bouchon de caoutchouc du robinet i. On ouvre ce robinet et l'on met quelques gouttes d'eau sur le caoutchouc.

Dans le cas où l'on n'emploie qu'une carafe il faut munir le second robinet du goulot métallique et pomper une ou deux secondes en faisant aller le piston à fond de course dans les deux sens.

La glace commence à se former au bout de 2 ou 3 minutes et une carafe est congelée au bout de 30 ou 35 minutes.

Pour enlever la carafe on doit fermer le robinet i.

Remarque. — On doit ouvrir très lentement les robinets lorsque le vide existe dans l'appareil et ne jamais ouvrir le bouchon du vase D sans laisser rentrer l'air dans l'appareil.

RENSEIGNEMENTS GÉNÉRAUX

NUMÉROS	MODÈLES	PRODUCTION en CARAFES	PRODUCTION en KILOG.	CHARGE D'ACIDE		NOMBRE de coups DE PISTON	PRODUCTION consécutives EN CARAFES
				en litre	ou kilog.		
1	A	15 à 20	5 à 6	2 1/2	4,5	30 à 35	2 à 3
2	A	30 à 35	10 à 12	3	5,5	60 à 70	4 à 6
2bis	A	50 à 60	17 à 20	5 1/2	10	90 à 100	6 à 10
5	E	25 à 30	10 à 12				
6	E	60 à 65	20 à 25				

CONGÉLATEUR E. CARRÉ

Pour activer la production, on peut placer sur le robinet un congélateur formé par une petite cuvette avec tube se prolongeant dans la carafe.

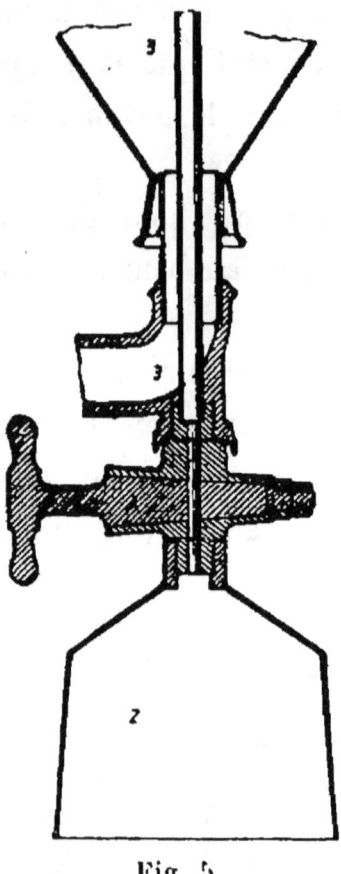

Fig. 5.

Manœuvre. — On ferme les robinets et l'on met de l'eau dans la cuvette du congélateur, on pompera 10 à 15 coups; on adaptera au bec muni d'un congélateur la carafe ou le vase contenant quelques gouttes d'eau; puis on ouvre le robinet i de la machine et l'on fait le vide; en deux ou trois minutes, l'eau de la carafe est congelée; on tourne rapidement d'un demi-tour le robinet du congélateur; une certaine quantité d'eau tombe et se congèle; on répète cette manœuvre toutes les deux minutes.

On obtient en 20 à 30 minutes un kilo de glace; on peut remplir le vase ou bien congeler une crème du café ou un sorbet.

MACHINE A GLACE

Powell, constructeur à Paris.

Cette machine est basée sur le même principe que la machine précédente; elle en diffère par la disposition qui

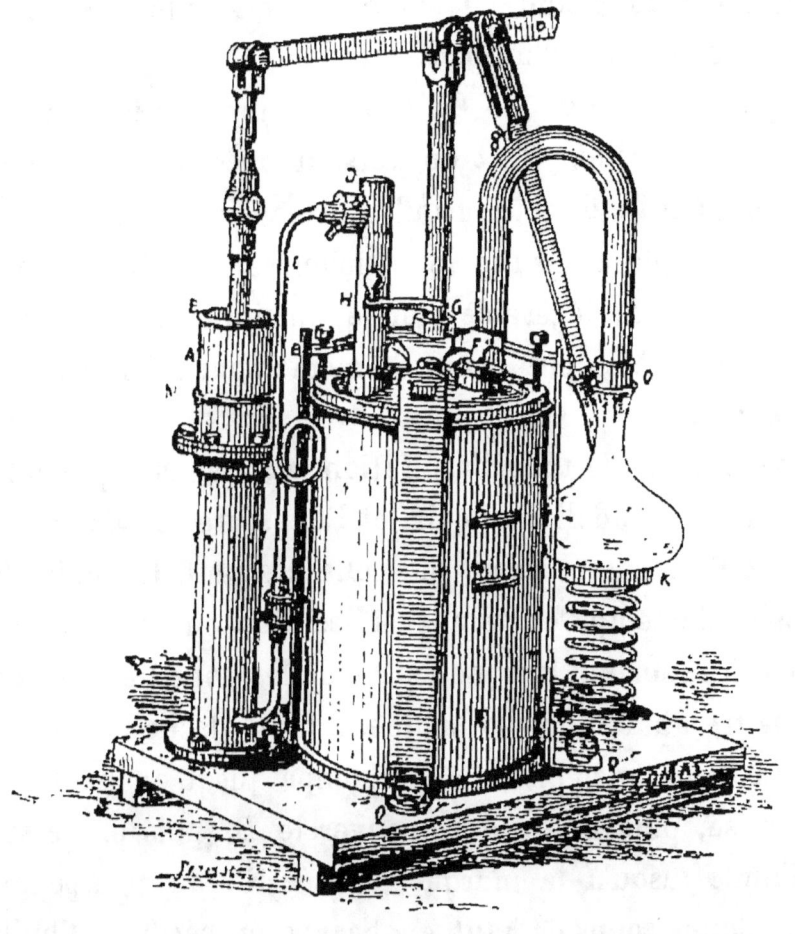

Fig. 6.

est beaucoup moins encombrante et produit un vide très parfait par suite de la disposition de la pompe.

Description. — Elle se compose d'un absorbeur formé par un vase métallique du couvercle duquel partent deux tubes, l'un aboutissant à la pompe et l'autre au-dessus d'un ressort à boudin disposé pour recevoir une carafe ; il est muni intérieurement d'un agitateur actionné par une manivelle à main.

La pompe est formée d'un cylindre vertical dans lequel se meut un piston en cuivre ; l'étanchéité parfaite est assurée à l'aide d'un bain d'huile.

Mise en marche. — On charge l'absorbeur t en enlevant le bouchon F et en versant avec un broc en grès une quantité d'acide jusqu'au niveau inférieur.

On replace ensuite le bouchon après l'avoir enduit d'une couche légère de graisse, ainsi que la gorge qu'on emplit légèrement d'eau ; de même pour la boîte de l'agitateur C.

On ajuste le tube d'aspiration, en graissant préalablement les rondelles de cuir, et l'on serre les vis de jointure D en commençant par celle du haut. On doit s'assurer de temps en temps si les vis sont parfaitement serrées, surtout lorsque les rondelles sont neuves. Pour mettre l'huile dans la pompe, il faut placer la carafe et faire monter le piston de la pompe jusqu'au haut de sa course, puis on lève le couvercle B, puis on verse de l'huile jusqu'à la marque pointée N ; on pompe alors quelques coups de haut en bas et on vérifie si l'huile a conservé son niveau qui doit arriver d'une façon fixe et régulière à la marque N. Il y aura lieu de recommencer cette opération et de mettre de l'huile jusqu'à ce que ce niveau N soit régulièrement atteint.

La charge d'huile est mise une fois pour toutes.

Frappage d'une carafe.

On emplit d'eau jusqu'à moitié environ la carafe et on la place sur le ressort en l'ajustant à l'extrémité du tuyau o; il faut verser un peu d'eau sur le goulot extérieurement, puis on pompe d'un mouvement lent et régulier, en ayant bien soin que le piston de la pompe aille en haut et en bas à l'extrémité de sa course.

Au bout d'une minute environ, l'eau commencera à bouillonner ; on cesse de pomper et l'on fait marcher l'agitateur. Si l'eau cesse de bouillonner avant que la glace soit formée, on recommence à pomper jusqu'à ce que l'eau bouillonne fortement ; on cesse alors et l'on fait marcher l'agitateur. La glace se formera presque instantanément.

Pour enlever la carafe, il faut la pencher en la tirant de côté, de façon à y laisser entrer l'air. On la maintient jusqu'à ce qu'elle se détache, en appuyant sur le ressort K.

Frappage d'un bloc de glace.

L'on mouillera les bords du vase et l'on mettra une légère couche de graisse sur toute la surface du caoutchouc du couvercle afin d'empêcher toute introduction d'air ; puis on adapte l'orifice du couvercle au tube O.

On verse un peu d'eau extérieurement et l'on fait plonger le tube en caoutchouc dans un vase plein d'eau.

On pompe quelques coups et l'on tourne très doucement le robinet pour laisser entrer la quantité d'eau suffisant seulement à couvrir le fond du vase.

On suit alors le même mouvement de pompe et d'agitateur, comme pour la carafe frappée, jusqu'à ce que l'eau soit convertie en glace, puis on fait rentrer une petite couche d'eau et l'on recommence l'opération jusqu'à ce que la glace ait atteint l'épaisseur que l'on désire.

Pour enlever le vase à la fin de l'opération, on retire le tuyau de caoutchouc de l'eau et l'on tourne le robinet pour laisser entrer l'air.

APPAREIL CARRÉ

Rouart frères et Cⁱᵉ, constructeurs, à Paris.

Le fonctionnement des appareils Carré est basé sur l'évaporation et la condensation successive du gaz ammoniac.

L'appareil se compose de deux parties : une chaudière A et un congélateur B, réunies par un tube coudé ; tout l'appareil est en fer forgé.

La chaudière est remplie aux 3/4 par une solution d'ammoniac ayant pour densité 0,88 et contenant 3 p. 100 en poids de gaz ; dans la chaudière plonge un thermomètre indiquant les températures de 130°, 140°, 150°, nécessaires à obtenir pour la marche de l'appareil.

Le congélateur est formé par un vase conique à parois creuses, dans lequel vient se placer un tube rempli ; le congélateur doit être entouré de laine ou de feutre et l'espace entre le tube D, rempli d'alcool.

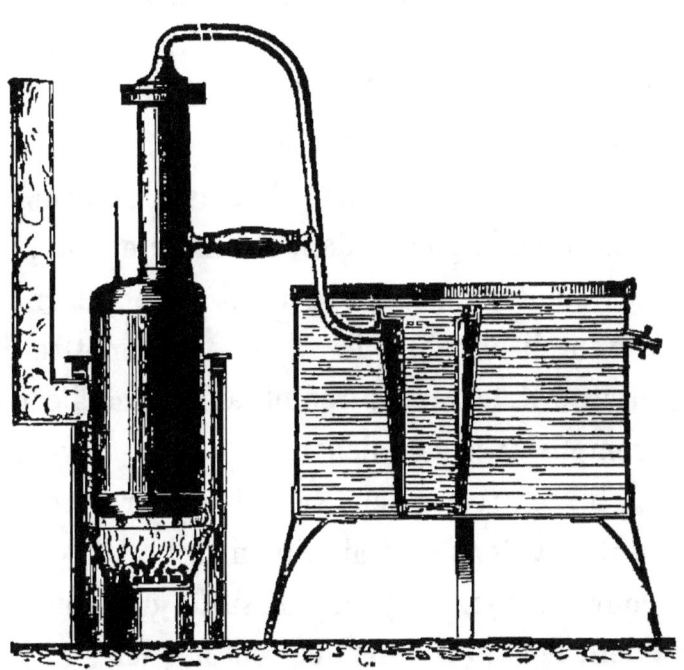

Fig. 7.

Fonctionnement. — 1° Avant chaque opération, coucher l'appareil et le maintenir environ 10 minutes dans la position représentée à la figure I, c'est-à-dire le congélateur au-dessus de la chaudière A.

2° Redresser lentement la chaudière A dans la position verticale, la placer dans le fourneau et le congélateur B dans un baquet C rempli d'eau froide, de manière que le sommet du congélateur soit recouvert de 2 ou 3 centimètres par l'eau ; verser un peu d'huile dans le petit tube qui se trouve à la partie supérieure de la chaudière, et placer un thermomètre dans ce tube ; on doit s'assurer que ce thermomètre baigne bien dans l'huile. Chauffer modérément jusqu'à environ 130° centigrades (température indiquée par la flèche du thermomètre spécial).

3° Enlever la chaudière du feu, laisser couler entièrement l'eau qui se trouve dans le vase interne E, boucher le trou du congélateur, placer la chaudière dans le baquet C après avoir eu soin d'enlever le bouchon T, de manière qu'elle plonge dans l'eau seulement jusqu'au 3/4 de sa hauteur ; mettre dans le vase interne E le vase D rempli aux 3/4 de sa hauteur ; mettre dans le vase interne E le vase D rempli aux 3/4 de l'eau à congeler ; remplir avec de l'alcool ou de l'eau-de-vie l'espace restant libre entre ces deux vases ; entourer le congélateur d'une enveloppe en laine bien sèche.

4° Pour détacher la glace, il suffit de plonger extérieurement le vase D dans l'eau du baquet.

Pour recueillir l'alcool ou l'eau-de-vie, on débouche le trou qui est au fond du congélateur ou on incline l'appareil dans la position indiquée dans la figure I.

RENSEIGNEMENTS GÉNÉRAUX

GLACE produite par opération.	DURÉE DE L'OPÉRATION	
	chauffage.	congélation.
1 kilog.	1 heure.	1 heure.
2 —	1 — 30	1 — 30
25 —	2 —	2 —

DEUXIÈME GROUPE

Ce deuxième groupe comprend tous les appareils réellement industriels et qui sont destinés à produire de grandes quantités de glace.

APPAREIL SYSTÈME CARRÉ
Rouart frères et Cie, constructeurs à Paris.

Les appareils industriels système Carré sont basés sur le même principe que l'appareil domestique du même

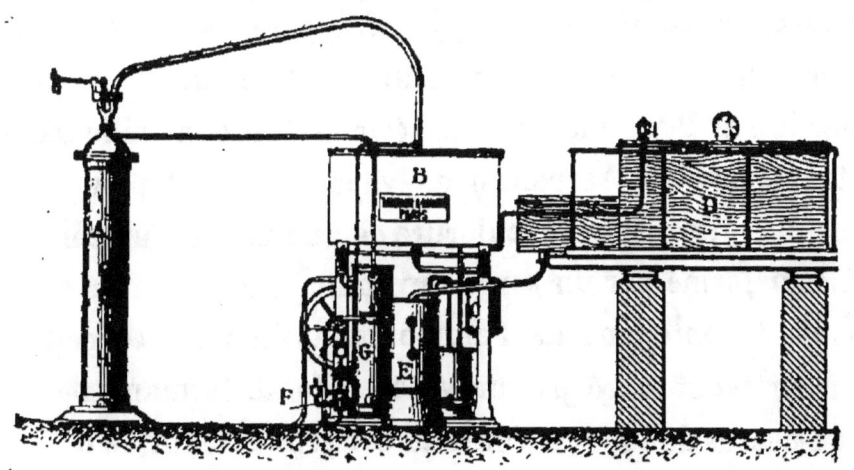

Fig. 8.

inventeur ; ces appareils produisent jusqu'à 2,000 kilogr. de glace à l'heure.

Ils sont nécessairement très compliqués, demandent un grand emplacement et ne peuvent être employés que pour l'industrie.

Leurs productions sont de 30, 60, 120, 240, 350, 550, 1,000 et 2,000 kilogr. à l'heure.

MACHINE A AMMONIAQUE ANHYDRE
Système Fixary.
Constructeur : la Société des constructions mécaniques à Paris.

L'agent producteur du froid est le gaz ammoniaque anhydre liquéfié qui possède la propriété d'absorber par son passage de l'état liquide à l'état gazeux et par sa détente une quantité de chaleur assez considérable pour abaisser jusqu'à 30° la température des corps sur lesquels cette action se produit. L'appareil se compose d'une pompe verticale aspirante et foulante et d'un congélateur B, formé par une série de tubes métalliques entourés par un serpentin de vaporisation et plongés dans une dissolution de chlorure de calcium et d'un condenseur formé par un serpentin communiquant avec un récipient contenant de l'ammoniaque liquide, ce condenseur est entouré par un vase en fonte formant bâti et au-dessus duquel se trouve le congélateur, sur le côté duquel est placée la pompe qui est actionnée par une bielle commandant un volant.

Fonctionnement. — La pompe faisant le vide dans le vase E, l'ammoniaque s'évapore et en se détendant dans le congélateur produit un abaissement de température qui est transmis par le chlorure de calcium à l'eau contenue dans les vases métalliques, le gaz est refoulé par la pompe dans le serpentin du condenseur qu'il refroidit par une certaine quantité d'eau, se liquéfie et retourne

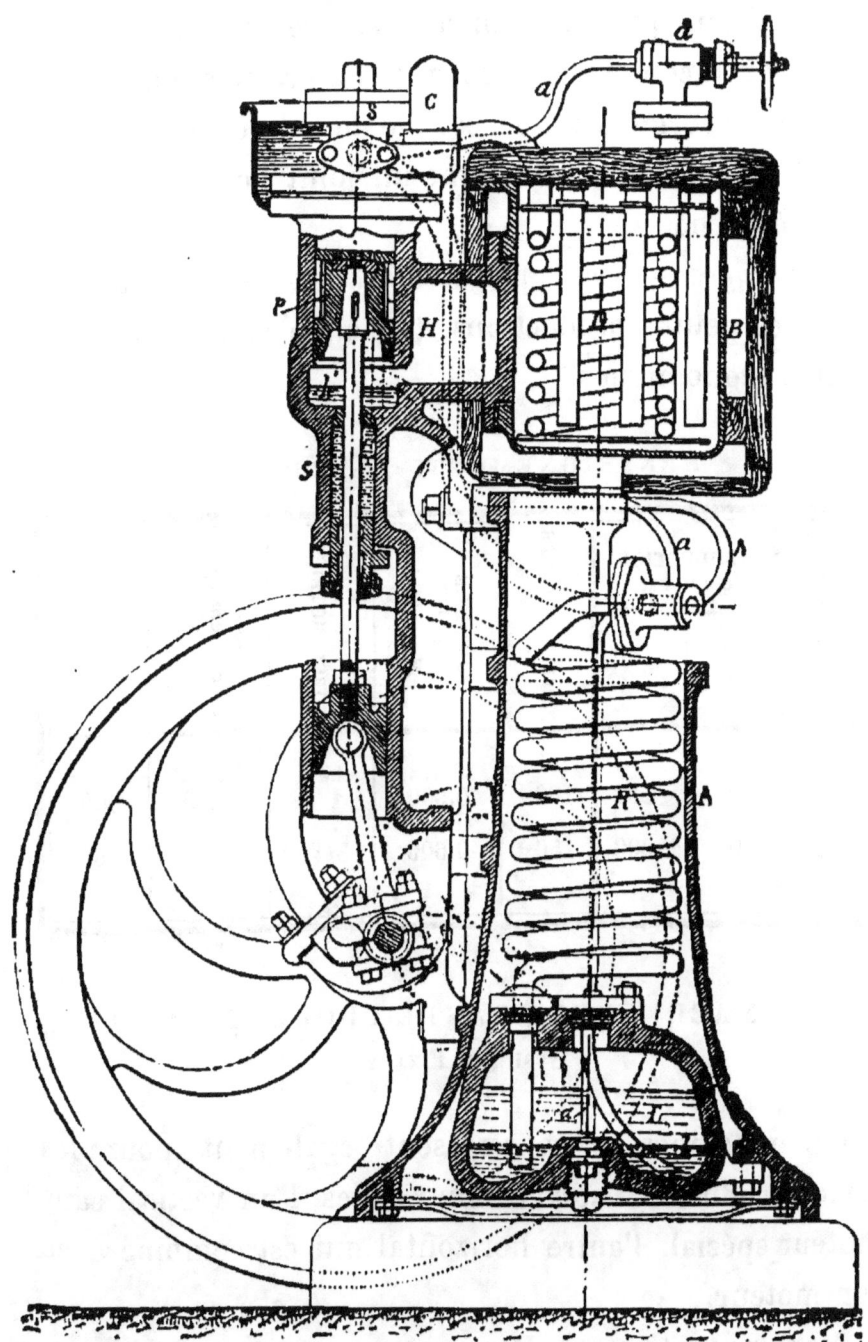

Fig. 9.

dans le vase E. Au-dessus du piston se trouve un vase

rempli d'eau qui est destinée à enlever la chaleur produite par la compression du gaz. Le presse-étoupe de la pompe est formé par une couche de cylindrine n° 0, qui sous l'influence du froid forme un joint liquide parfaitement étanche.

Avantages. — Ces types de machines sont avantageux pour les petites productions, très simples de manœuvre et très économiques.

RENSEIGNEMENTS GÉNÉRAUX

NUMÉROS	PRODUCTION à l'heure		NOMBRE DE TOURS	DIAMÈTRE de la poulie volante.	FORCE MOTRICE	EAU de condensation à 15° par heure.	POIDS
	en kilos.	en calories.					
1	5	500	160	mètres. 0,500	chev. 1	litres. 200	500
2	10	1.000	150	0,600	1 3/4 à 2	400	750

MACHINE DE GRANDE PRODUCTION
Système Fixary.

Ces machines se construisent également pour les fortes productions suivant deux types, l'un vertical sans moteur spécial, l'autre horizontal qui est combiné avec son moteur.

Machine verticale. — Dans ce type la pompe est à 2 pistons; elle est supportée par un bâti sur lequel repose un vase C qui est le réservoir d'ammoniaque et au-dessus duquel est un vase rectangulaire contenant le condenseur.

Le congélateur est indépendant, il est formé par une caisse métallique dans laquelle circulent des tubes détendeurs horizontaux, entourant des caisses rectangulaires contenant l'eau de congélation. Une petite turbine actionnée de l'extérieur met le chlorure de calcium en mouvement à l'intérieur du congélateur.

RENSEIGNEMENTS GÉNÉRAUX

N°s D'ORDRE	PRODUCTEUR DU FROID		FORCE motrice.	EAU de condensation en mètres cubes à l'heure.
	en kilos de glace.	en calories négatives.		
Appareils pour liquide incongelable avec cuve réfrigérante pour la circulation du bain salé.				
1	25 à 30	2.500 à 3.000	3	0,500
2	50 à 65	5.000 à 6.000	4	1,000
3	100 à 125	10.000 à 12.500	6	2,000
4	200 à 241	20.000 à 24.000	10	4,000
5	300 à 350	30.000 a 35.000	15	6,000
6	500 à 600	50.000 à 60.000	25	10,000
7	1.000 à 1.200	100.000 à 120.000	42	20,000
8	1.500 à 1.800	150.000 à 180.000	65	30,000
Appareils pour produire la glace en gros blocs.				
1	25 à 30	2.500 à 3.000	3	0,500
2	50 à 65	5.000 à 6.000	4	1,000
3	100 à 125	10.000 à 12.500	6	2,000
4	200 à 240	20.000 à 24.000	10	4,000
5	200 à 350	30.000 à 35.000	15	6,000
6	400 à 600	50.000 à 60.000	25	10,000
7	10.000 à 1.200	100.000 à 120.000	42	20,000
8	15.000 à 1.800	150.000 à 180.000	65	30,000

MACHINE HORIZONTALE

Dans ce type, la pompe est horizontale ; elle est actionnée directement par le moteur, le condenseur est indépendant et de forme cylindrique ; de même le récipient à ammoniac.

Le congélateur est identique à celui décrit précédemment.

RENSEIGNEMENTS GÉNÉRAUX

Nos D'ORDRE	PRODUCTEUR DU FROID		FORCE motrice.	EAU de condensation en mètres cubes à l'heure.
	en kilos de glace.	en calories négatives.		
Appareils pour liquide incongelable avec cuve réfrigérante pour la circulation du bain salé.				
1	25 à 30	2.000 à 3.000	2,5	0,500
2	50 à 65	5.000 à 6.500	3,5	1,000
3	100 à 125	10.000 à 12.500	5	2,000
4	200 à 240	20.000 à 24.000	8	4,000
5	300 à 350	30.000 à 35.500	12	6,000
6	500 à 600	50.000 à 60.000	20	10,000
7	1.000 à 1.100	100.000 à 120.000	35	20,000
8	1.500 à 1.800	150.000 à 180.000	55	30,000
Appareils pour produire la glace en gros blocs.				
1	25 à 30	2.500 à 3.000	2,5	0,500
2	50 à 65	5.000 à 6.500	3,5	1,000
3	100 à 125	10.000 à 12.500	5	2,000
4	200 à 240	20.000 à 24.000	8	4,000
5	300 à 350	30.000 à 35.500	12	6,000
6	500 à 600	50.000 à 60.000	20	10,000
7	1.000 à 1.200	100.000 à 120.000	35	20,000
8	1.500 à 1.800	150.000 à 180.000	55	30,000

APPAREILS A ÉTHER

Ce genre d'appareils est peu répandu en France, il l'est plus en Angleterre.

Ces appareils reposent sur l'abaissement de température pendant l'évaporation d'un éther ; des tubes ou des caisses métalliques remplies d'eau plongent dans le liquide, dont l'évaporation est produite généralement par un courant d'air ; on obtient avec ce système, un abaissement de température allant jusqu'à 55° ; l'éther employé est l'éther sulfurique.

Les appareils employés ont d'assez nombreux inconnients, l'éther attaque les tubes, puis au bout d'un certain temps, les fuites et par suite les rentrées d'air, sont fréquentes ; le graissage décompose forcément une certaine quantité d'éther ; les chances d'incendie sont très grandes et de plus l'éther employé coûte très cher.

Ces appareils ont été préconisés et installés en France par M. Tellier. Ils étaient destinés à de très grandes productions.

MACHINES A CHLORURE DE MÉTHYLE
Système C. VINCENT
Douane, Jobin et Cie, constructeurs à Paris.

Ces machines sont très pratiques, peu encombrantes et économiques. Elles ont l'avantage d'employer un liquide qui n'attaque ni les tissus, ni les métaux et qui peut être respiré impunément. Il est combustible, mais les produits de la combustion étant de l'acide chlorydrique et de l'acide carbonique, la flamme est peu vive et s'éteint d'elle-même. Il est moins inflammable que l'alcool, le gaz d'éclairage ou tout autre produit employé couramment dans l'industrie et dans les ménages.

Du reste le chlorure de méthyle est enfermé dans des appareils qui réalisent l'étanchéité parfaite, comme nous allons le voir. Nous ajouterons que le chlorure de méthyle lubréfie les pistons.

Les machines utilisant le chlorure de méthyle sont économiques et produisent industriellement la glace dans de très bonnes conditions.

Description. — Cette machine comprend trois parties : 1° Un frigorifère ; 2° un liquéfacteur ; 3° une pompe.

Frigorifère. — Le frigorifère se compose pour les petits appareils d'un corps tubulaire et pour les gros de serpentins en cuivre, contenant le chlorure de méthyle ; ce corps tubulaire ou ces serpentins sont disposés au milieu d'une bâche en tôle dans laquelle sont rangés les moules contenant l'eau à congeler.

Une dissolution incongelable de chlorure de calcium se refroidit à leur contact et se trouve renvoyée au contact des moules par une hélice placée dans la cuve.

Pour les applications de l'appareil frigorifère à la production du froid dans différentes industries, il sert de réservoir distributeur du liquide incongelable qui y re-

FABRICATION DE LA GLACE 237

vient après avoir refroidi les appareils spéciaux où on utilise le froid.

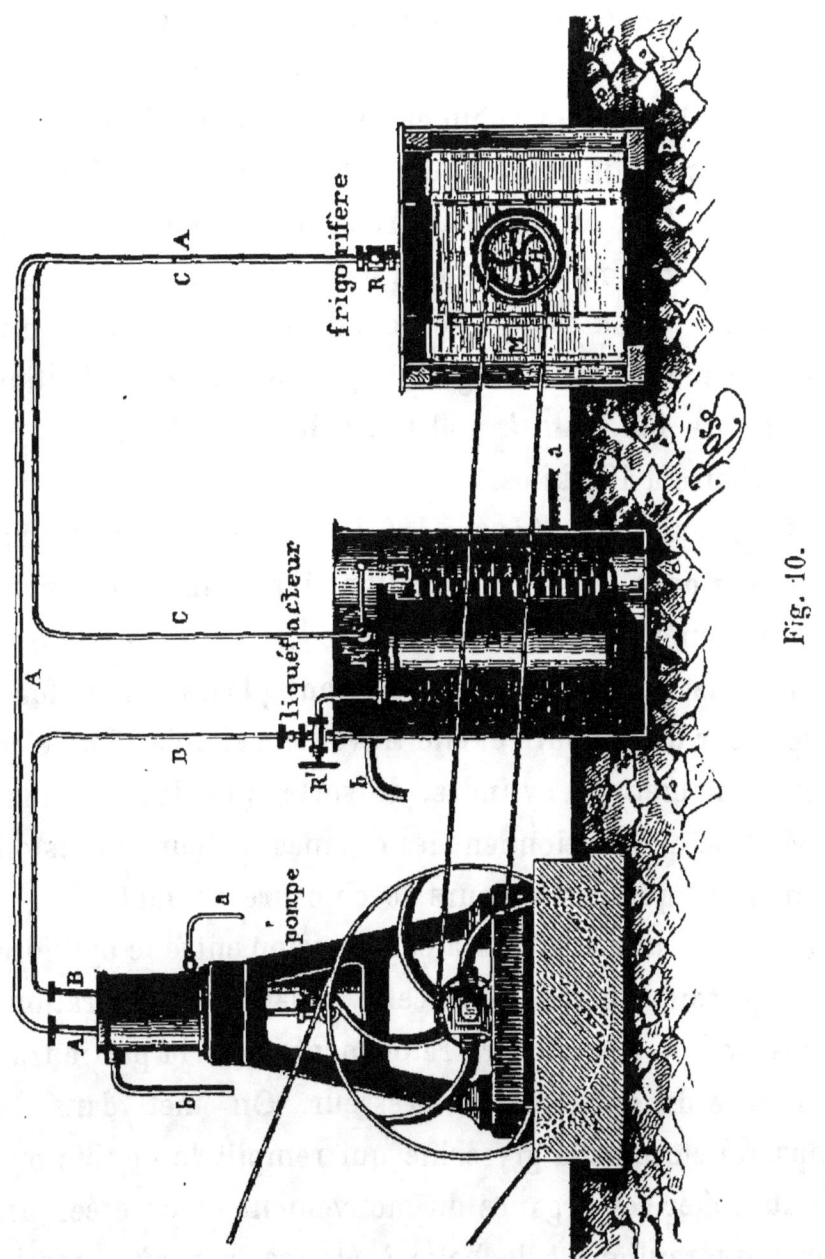

Fig. 10.

Pour refroidir un liquide, il suffit la plupart du temps

14.

de le faire circuler dans cet appareil à la place de la dissolution de chlorure de calcium.

Liquéfacteur. — Le liquéfacteur ou condenseur se compose d'une série de serpentins circulaires concentriques, placés autour d'un cylindre où vient s'accumuler le chlorure de méthyle liquide ; le tout est placé dans un réservoir. Un courant d'eau froide détermine la liquéfaction du gaz comprimé venant de la pompe.

Pompe. — La pompe se construit de deux types différents suivant qu'il s'agit d'appareils d'une production inférieure ou égale à 100 kilos de glace à l'heure ou supérieure à 100 kilos.

Le premier type (*de 1 à 100 kil. à l'heure*) est un seul cylindre dont le piston est actionné par un mouvement complètement enfermé dans une capacité close. Cette pompe est verticale, les clapets sont placés sur le fond supérieur du cylindre et elle travaille à simple effet de ce côté seulement du cylindre, de sorte que dans la capacité close où fonctionnent les organes moteurs du piston il n'arrive que les vapeurs de chlorure de méthyle qui peuvent passer pendant la compression entre le cylindre et le piston. Un tube relie cette capacité à l'aspiration, de sorte que ces vapeurs retournent dans la partie travaillante du cylindre compresseur. On met dans la capacité close de la glycérine qui remplit le double but de lubréfier les organes du mouvement et de créer un jouet hydraulique à la boîte à étoupe, par où passe la commande extérieure de la pompe.

Le second type (de 150 kil. à plusieurs milliers de kilogrammes de glace à l'heure) est à mouvement apparent et à deux corps de pompe, travaillant chacune à simple effet comme le cylindre unique de la pompe que nous venons de décrire. Les mouvements des deux pistons sont opposés, de sorte qu'entre leur face inférieure et les deux presse-étoupe il y a une capacité neutre constante en communication avec l'aspiration, ce qui permet aux vapeurs qui arrivent dans cet espace neutre de rentrer dans le circuit général.

De la glycérine, placée en bas de la capacité neutre, permet de n'avoir qu'à étancher un liquide par les boîtes à étoupe au lieu de vapeurs, ce qui est bien plus facile.

Fonctionnement. — Le chlorure de méthyle à l'état liquide étant dans le frigorifère, la pompe étant en marche et aspirant les vapeurs de chlorure de méthyle, le liquide se met en ébullition en absorbant des calories aux corps environnants qu'il refroidit. Les vapeurs, aspirées et refoulées par la pompe au liquéfacteur, se condensent sous l'influence de la pression et d'un courant d'eau froide circulant autour des serpentins.

Sous la pression atmosphérique, l'ébullition du chlorure de méthyle se produit à 23° au-dessous de zéro; en abaissant cette pression on peut obtenir une température de 70° au-dessous de zéro.

Transport du chlorure de méthyle. — Le chlorure de

méthyle se transporte dans des vases cylindriques en tôle d'acier, de toutes contenances jusqu'à 200 kilos.

PRODUCTION PAR HEURE		EAU A 10° de condensation par heure	FORCE PRISE pour 10 kilog. de glace produite
En glace	En calorie		
1	100	10 litres.	Pour les petits appareils de 3/4 à 1 cheval.
5	500	50 —	
10	1.000	100 —	
20	2.000	200 —	
35	3.500	350 —	Pour les gros appareils de 1/2 à 3/4 de cheval.
50	5.000	500 —	
100	10.000	1 mètre cube.	
150	15.000	1 — 1/2	
200	20.000	2 —	
et au-delà	et au-delà	et au-delà	

MACHINE A AIR DILATÉ

Ces machines, inventées par Windhausen, en 1866 et perfectionnées, en 1871, sont également de fortes productions, elles sont mieux appropriées pour fournir de l'air froid que de la glace et leur rendement est très inférieur à celui des machines à éther et à ammoniaque.

MACHINE A ACIDE SULFUREUX ANHYDRE
Système Pictet

Constructeurs de la Cie Industrielle des procédés R. Pictet, à Paris.

Cette machine est simple, occupe un espace relativement restreint.

Le liquide employé ne se décomposant pas, il est incombustible et dispose du graissage, a l'inconvénient d'être irrespirable ; n'attaque les métaux qu'en présence de l'air humide, auquel cas il se transforme en acide sulfurique.

Ces appareils sont de très bonnes machines industrielles et produisent économiquement la glace.

Description. — Cette machine se compose : 1° d'une pompe de compression A, à double effet, entièrement en fonte, dont le piston est métallique et qui a un mouvement très doux, grâce à la propriété lubrifiante que possède l'acide sulfureux anhydre; elle est actionnée directement ou par transmission; 2° d'un réfrigérant E, où se produit le froid ; 3° d'un condenseur vertical I, dans lequel l'acide sulfureux redevenu gazeux reprend l'état liquide.

Le réfrigérant se compose d'un cylindre tubulaire en cuivre étamé, contenant l'acide à vaporiser, il est placé horizontalement dans une cuve en tôle zinguée dans laquelle sont disposées les bâches qui renferment l'eau à congeler ou les carafes à frapper; cette cuve est remplie d'une solution à 20° Baumé de chlorure de magnésium, laquelle étant incongelable, transmet très bien aux bâches ou aux carafes un froid de 6 à 7° qui est produit et qui se répartit partout fort également, grâce à la présence d'une hélice qui tourne à grande vitesse dans le bain et fait ainsi circuler le liquide dans les tubes du réfrigérant.

Ce réfrigérant communique par un tube en cuivre avec les chambres d'aspiration de la pompe, de même que les chambres de refoulement de cette même pompe sont réunies à la troisième partie de l'appareil, le condenseur, par un second tuyau.

Le condenseur est un cylindre tubulaire identique au réfrigérant; un courant d'eau ordinaire traverse les tubes qu'il renferme pour enlever la chaleur produite par le changement de l'état gazeux à l'état liquide. La pompe, en effet, comprimant le gaz à trois atmosphères, celui-ci reprend sa forme primitive sans autre déperdition.

Par la présence d'un tube muni d'un robinet régulateur placé entre le condenseur et le réfrigérant, quand ce robinet est réglé l'acide peut retourner dans le réfrigérant pour se volatiliser à nouveau et ainsi de suite.

Dans cet appareil, le froid se produit avec une pression ne dépassant pas cinq atmosphères, même avec une température ambiante de 35°.

RENSEIGNEMENTS GÉNÉRAUX

N° des machines	PRODUCTION de glace par heure	FORCE en chevaux	EAU de condensation par heure	ANHYDRE sulfureux	CHLORURE de magnésium
			lit.	kg.	kg.
1	15 à 20	2	500	21	250
2	25 à 30	3	750	24	350
3	50 à 60	4	1.500	34	800
4	100 à 120	6	3.000	76	1.200
5	150 à 180	9	4.500	97	1.800
6	200 à 250	12	6.000	129	2.200
7	250 à 300	15	7.500	172	2.700
8	350 à 400	20	9.000	210	3.700
9	500 à 600	28	15.000	300	6.500
10	1.000 à 1.200	53	30.000	450	9.000

Applications des machines à glace.

On se sert des machines à glace, non seulement pour produire des blocs de glace, mais aussi pour obtenir de l'air froid, à des températures se rapprochant de zéro.

On les emploie utilement dans les brasseries pour maintenir la température des caves très basses, condition indispensable pour la fabrication de la bière et de sa consommation. Dans les établissements de salaisons, on s'en sert pour préparer la viande avant de la saler; on s'en sert encore dans les fabriques de bougies, dans les établissements où l'on s'occupe de la liquéfaction des gaz, surtout de celle de l'acide carbonique devant servir à la sursaturation des bières ou à leur débit et nécessitant un abaissement de température.

CINQUIÈME PARTIE

MOTEURS

MOTEURS A GAZ, A PÉTROLE, A AIR
MACHINES A VAPEUR

Conditions générales. — Tous les appareils continus pour la fabrication des eaux gazeuses peuvent être mus mécaniquement ; il n'y a pour cela qu'à fixer sur le moyeu du volant de l'appareil ou sur le prolongement de l'arbre, quand il existe, un jeu de poulies composé d'une poulie folle et d'une poulie fixe. Le moteur mécanique peut être indifféremment un manège, un moteur à gaz ou à pétrole, à eau ou à vapeur. Les plus commodes pour la fabrication moyenne sont les moteurs à gaz, car ils ont sur les moteurs à vapeur le grand avantage de pouvoir être mis en marche à tout instant, et de s'arrêter immédiatement, tout en n'exigeant pendant leur fonctionnement que peu où pas de surveillance. Dans les villes comme Paris, où une canalisation spéciale et des centres producteurs existent, on peut employer les moteurs à air raréfié ou à air comprimé.

CHAPITRE PREMIER

MOTEURS A GAZ

Les moteurs à gaz utilisent pour leur fonctionnement la force produite par l'explosion d'un mélange d'air atmosphérique et de gaz d'éclairage enflammé à l'intérieur d'un cylindre dans lequel se meut un piston. La forme de la marche d'un moteur à gaz est la même que dans la machine à vapeur ; la puissance motrice agissant de la même façon, la détente étant également employée, le fluide moteur seul diffère, le mélange gazeux étant substitué à l'action de la vapeur. Par suite de cette substitution, le moteur est plus simple de construction et la chaudière se trouve supprimée; de plus, leur rendement est meilleur que celui de la machine à vapeur, certains de ces moteurs donnant un rendement calorifique de 85 p. 100, tandis que la machine à vapeur ne donne que 35 à 36 p. 100 ; néanmoins, l'emploi économique de ces moteurs est limité, le prix du gaz d'éclairage étant de beaucoup plus élevé que celui de la houille.

Les quantités de gaz et d'air introduites dans les moteurs varient suivant la force que le moteur doit produire à un instant déterminé, sa construction et la richesse du gaz. Le volume le plus employé est de 1 volume de gaz pour 8 d'air ; ces volumes se règlent au moyen de poches en caoutchouc ; on peut juger des volumes relatifs par le bruit produit par l'explosion.

D'après les expériences de Davy :

Un mél. de	1 vol. de gaz et	2 vol.	d'air	brûle sans détonation.
—	1 —	3	—	—
—	1 —	4	—	—
—	1 —	6	—	légère détonation.
—	1 —	7	—	détonation plus forte.
—	1 —	8	—	— croissante.
—	1 —	9 à 10	—	— décroissante.
—	1 —	15	—	ne s'enflamme plus.

Le mélange qui détone le plus est celui composé de 1 volume de gaz et de 8 volumes d'air ; le tout bien entendu étant sujet à la richesse plus ou moins grande du gaz en hydrogène et à la pureté de l'air.

FABRICATION DU GAZ

Le gaz d'éclairage est produit par la distillation de la houille. 100 kilos de houille de bonne qualité peuvent donner par la distillation dans les cornues à gaz environ :

   30 mètres cubes de gaz.
   72 kilos. de coke.
   6 — d'eau ammoniacale.
   5 — de goudron.

La distribution du gaz pour l'éclairage ou la force motrice est mesurée par des compteurs enregistrant la consommation. Ces compteurs doivent être de grandeur suffisante et proportionnée au débit, de façon à obtenir une pression qui ne doit pas être inférieure à 10 millimètres; il est même préférable d'avoir la pression moyenne de 20 millimètres.

Tableau des dimensions de tuyaux pour une installation.

FORCE en chevaux.	COMPTEUR	DIAMÈTRE INTÉRIEUR en millimètres.
1/2	5 becs.	20
1	10 —	27
2	20 —	33
4	30 —	40
6-8	60 —	50

MOTEURS EMPLOYÉS

Pour étudier les moteurs à gaz les plus employés, nous les diviserons en deux catégories : une première comprenant les moteurs simples qui doivent être préférés à tout autre pour les petites forces par suite de leur faible prix d'achat et de leur facilité de fonctionnement; une seconde comprenant les moteurs perfectionnés plus chers d'achat, mais plus économiques comme fonctionnement pour les puissances de plusieurs chevaux.

PREMIER GROUPE

Dans cette catégorie nous mettrons les moteurs Bisschop et Forest.

MOTEUR BISSCHOP

Rouart frères et Cie, constructeurs à Paris.

Le moteur Bisschop, qui a été l'un des premiers en date, est resté l'un des plus simples comme construction et comme fonctionnement. Ce moteur est vertical ; l'ascension du piston a lieu sous l'action motrice gazeuse, et sa descente, en vertu de son propre poids.

Il se compose d'un cylindre creux à aillettes reposant sur une plaque de fonte formant bâtis et constituant le cylindre du moteur, lequel est surmonté d'une colonne creuse servant de guide à la tige du piston et supportant les deux paliers du volant. Au sommet de la tige du piston vient s'attacher une bielle agissant sur la manivelle d'une poulie-volant transformant les mouvements verticaux du piston en un mouvement circulaire. Le distributeur est placé à la base du cylindre; il est formé d'une partie en fonte ayant trois orifices : un L d'arrivée d'air, un autre L' d'échappement des produits de la combustion, et d'un autre J d'arrivée du gaz et munis intérieurement d'un piston en bronze actionné par un excentrique placé sur l'arbre du volant.

Ce piston par sa disposition spéciale règle l'entrée d'air et de gaz et sert en même temps à l'échappement. L'introduction du gaz se fait par un orifice I muni d'une petite soupape en caoutchouc, sur lequel vient se brancher le

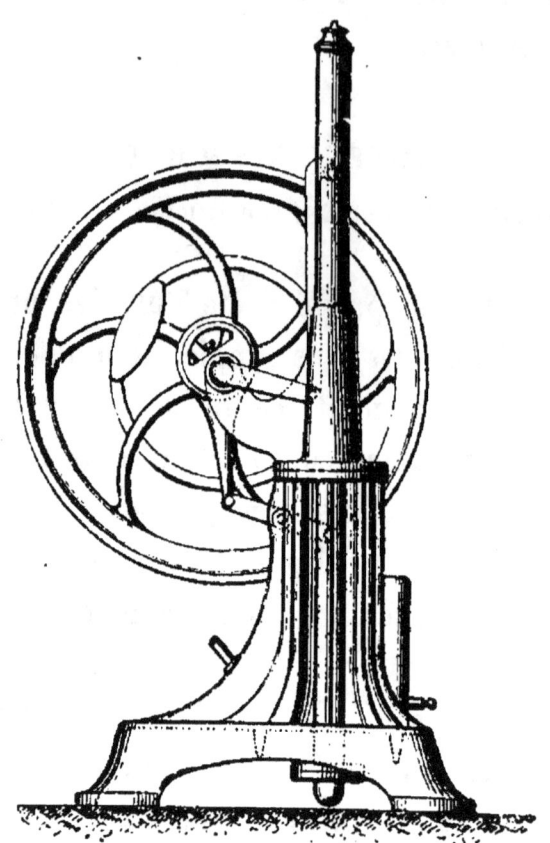

Fig. 11

tube d'arrivée de gaz muni de 2 poches emmagasinant le gaz et en réglant le débit par l'intermédiaire de brides doubles B b.

L'inflammation du gaz est produite par deux becs placés en face l'entrée du mélange gazeux : l'un, servant à allumer le mélange, est placé vis-à-vis d'une petite soupape s'ouvrant de dehors en dedans, et le second sert à maintenir le premier bec allumé. A la partie inférieure se trouve un bec allumé et un bec spécial servant à chauffer le moteur, lors de sa mise en marche.

Fonctionnement. — Lorsque le piston s'élève, le gaz et l'air pénètrent à l'intérieur du cylindre, dans la proportion de cinq parties de gaz pour neuf parties d'air. Alors que le piston est au tiers de sa course, un peu au-dessus du bec supérieur, la pression à l'intérieur du cylindre est un peu plus faible que la pression atmosphérique, la soupape placée devant le bec s'ouvre, le jet de gaz se projette dans le cylindre et enflamme le mélange. L'explosion a lieu, le piston s'élève jusqu'en haut de sa course ; à ce moment, le distributeur est en communication avec l'extérieur ; les gaz brûlés s'échappent en grande partie et le piston retombe. Une petite quantité de gaz brûlés reste dans le cylindre et se comprime, de la sorte elle maintient fermés les orifices d'admission.

Mise en marche. — On allume le bec de chauffage I, et on le maintient allumé jusqu'à ce que les gouttelettes d'eau qui se déposent à l'extérieur du cylindre disparaissent ; on éteint ce bec, on allume les becs d'inflammation S et V, et l'on fait reculer à la main deux ou trois tours au volant.

Il ne reste plus, une fois le moteur en marche, qu'à agir sur les brides de réglage, jusqu'à ce que le moteur marche régulièrement et sans explosions bruyantes.

Observations sur la marche. — Le piston et le tiroir ne se graissent pas, la tige et les organes de transmission doivent seuls être graissés ; si le moteur doit marcher pendant plusieurs heures consécutives, il est bon d'employer des huiles minérales à cylindres appelées cylindrines qui sont indécomposables par la chaleur. Pour une marche d'une heure ou deux, on peut employer les huiles minérales russes de qualité courante.

Quelquefois la petite soupape du bec d'allumage ne fonctionne pas ; il suffit, pour en rétablir le fonctionnement, de la pousser vers l'intérieur avec une petite tige en bois.

RENSEIGNEMENTS GÉNÉRAUX

FORCE des moteurs	DIMENSIONS DES MOTEURS				POIDS du moteur emballé	GAZ consommé à l'heure	NOMBRE de tours à la minute
	hauteur	largeur	longueur	diamètre du volant			
kilog.	mètres	mètres	mètres	mètres	kilog.	litres	
3 [1]	0,95	0,44	0,61	0,48	130	250	150 à 180
6	1,25	0,55	0,66	0,60	290	350	100 à 120
9	1,25	0,55	0,66	0,60	300	450	100 à 120
12	1,25	0,55	0,75	0,75	320	500	80 à 100
25	1,90	0,73	1	1,16	790	800	60 à 70
75 [2]	2,22	0,85	1,15	1.30	1.000	1.850	70 à 80

[1] Force moyenne d'un homme travaillant toute une journée.
[2] Cheval-vapeur.

MOTEURS A GAZ 253

MOTEUR FOREST

C. Dupont, constructeur à Paris.

Ce moteur a une grande analogie avec le précédent,

Fig. 12.

mais, au lieu d'être vertical, il est disposé, horizontalement. Il se compose d'un cylindre à ailettes, posé sur deux supports boulonnés sur un bâti en fonte ouvert à l'une de ses extrémités et fermé à l'autre par une plaque portant deux paliers destinés à supporter l'arbre moteur; sur le côté se trouve un dispositif constituant le tiroir.

A l'intérieur du cylindre se trouve un piston à fourreau dont la tige porte, à son extrémité, une bielle en retour actionnant l'arbre moteur à l'aide d'une manivelle. Cette bielle ainsi que la tige du piston est guidée par un cadre en fonte articulé sur le bâti.

Tiroir. — Le tiroir est formé par une plaque creuse munie d'une série de trois fentes verticales sur l'un de ses côtés et deux séries de trois fentes sur l'autre glissant contre une portée du cylindre, laquelle est munie de fentes et d'un contre-tiroir également muni de fentes verticales sur lequel repose une contre-plaque en fonte. Le tiroir est constamment maintenu appliqué à l'aide d'un ressort contre une came porté sur l'arbre moteur; il est muni d'une cheminée de dégagement de gaz, des becs d'arrivée et d'inflammation du gaz.

Fonctionnement. — *Mise en marche*. — On allume le bec veilleur, et l'on fait faire à bras un ou deux tours au volant; le gaz pénètre dans le contre-tiroir, et se rend en jets très divisés dans le tiroir dans lequel l'air arrive en même temps, par la deuxième série de fentes, qui se trouvent à ce moment placées vis-à-vis de celles du contre-tiroir, le mélange qui se fait passe dans le cylindre, et lorsque le piston est au quart de sa course, il s'enflamme; le piston avance par la puissance de l'explosion jusqu'à moitié environ de sa course; arrivés en ce point, les gaz se détendent et le piston termine sa course.

Vers ce moment, le tiroir constamment appliqué contre la came s'est déplacé et est venu masquer les orifices du contre-tiroir et découvrir ceux de la portée ; les gaz produits s'échappent alors par la petite cheminée qui le surmonte.

Règlement. — On règle l'exploseur comme dans le moteur précédent, en agissant sur le robinet placé après la poche pour le gaz et en déplaçant très légèrement la contre-plaque pour l'air.

Installation. — Ce moteur peut être installé partout ; il suffit de raccorder la tubulure C à une conduite de gaz par un tuyau de caoutchouc.

Graissage. — Le graissage de ce moteur demande également l'emploi d'huiles minérales « genre cylindrines » ; on emploie des graisseurs à gouttes ; ou l'on verse à la burette dans les orifices placés aux articulations.

Pour le tiroir, il suffit en mettant en marche d'enduire la partie extérieure d'un peu de cylindrine.

RENSEIGNEMENTS GÉNÉRAUX

FORCE en kilogr^{res}	HAUTEUR du moteur	SURFACE du socle	POIDS total	CONSOMMATION du gaz	NOMBRE de tours
			kilog.	lit. à l'heure	
4	0,50	380 sur 220	81	250	160
9	0,65	500 sur 650	175	400	120
15	0,80	640 sur 820	296	500	110
25	0,95	710 sur 1050	400	800	100
75	1,30	820 sur 1270	800	1.400	90

MOTEUR BÉNIER

Constructeur : La Cie Parisienne d'éclairage par l'électricité
à Paris.

Ce moteur se compose d'un cylindre vertical supporté par un bâti creux de forme quadrangulaire à l'intérieur, à sa partie supérieure se trouve placé un balancier actionné par la tige du piston et portant en son milieu une bielle actionnant un arbre coudé portant le volant, la poulie motrice et deux cames.

Sur le côté et à la partie supérieure du bâti se trouve le tiroir; sur l'autre, l'échappement, qui se prolonge par un tuyau.

Tiroir. — Le tiroir se compose d'une plaque glissante avec contre-plaque maintenue par quatre écrous à mollettes. Cette plaque est creuse et porte plusieurs ouvertures que le mouvement de va-et-vient découvre alternativement. L'une sur la face postérieure sert à l'entrée de l'air, une autre sur la face opposée sert à l'entrée du gaz.

Le mélange d'air et de gaz se fait à l'intérieur de cette plaque. L'une des extrémités de cette plaque porte un galet qui vient butter contre l'une des cames sur laquelle il est constamment appuyé à l'aide de deux ressorts à boudins fixés à son autre extrémité.

Echappement. — De l'autre côté du cylindre se trouvent le tuyau et la soupape d'échappement, laquelle est actionnée par la seconde came qui est placée près du volant.

Fig. 13.

Arrivée de gaz, allumage. — L'arrivée du gaz se fait par un tuyau de caoutchouc placé en A et muni d'une poche régulatrice; une vis *b* permet de régler la quantité de gaz et par suite la marche du moteur.

L'allumage a lieu par deux becs perpendiculaires, auxquels le gaz arrive par deux tuyaux de caoutchouc aboutissant au-dessous de la poche régulatrice.

Mise en marche. — 1° S'assurer que le moteur est bien graissé ; 2° allumer le bec témoin ; 3° ouvrir le robinet de gaz du tiroir ; 4° tourner le volant de façon à amener le tiroir le plus en arrière possible et le maintenir jusqu'à ce que le tiroir du bec soit allumé.

Dans cette position la vis F étant serrée jusqu'au fond, on ouvre le robinet S d'introduction du gaz de la poche ; puis on fait tourner le volant d'un ou deux tours et le moteur se met en marche.

On ouvre alors la vis H et on la place de façon à ce que le moteur marche à une allure normale.

Graissage. — Pour graisser le tiroir, on le retire en décrochant les ressorts ; on l'essuie et on enduit ses quatre faces à l'aide d'un pinceau, d'une couche de cylindrine, et on le replace.

Piston. — On place le piston au bas de sa course et on l'enduit avec un pinceau de cylindrine.

Godets. — Les godets et articulations ainsi que les cames se graissent à l'huile minérale ordinaire.

Refroidissement. — On emploie soit un courant d'eau, soit un réservoir ; on règle de façon qu'après une demi-heure de marche la température de l'eau soit aussi élevée que possible sans cependant qu'il y ait émission de vapeur.

RENSEIGNEMENTS GÉNÉRAUX

FORCE	EMPLACEMENT			NOMBRE de tours par minute	DÉPENSE de gaz	CAPACITÉ du réservoir d'eau	POIDS	COMPTEUR	DIAMÈTRE du tuyau
	long.	larg.	haut.						
	mètres	mètres	mètres		litres		kilog.	becs	millim.
1/4	1,00	0,60	1,15	130	600	200	400	5	12
1/2	1,20	0,70	1,35	120	800	300	600	10	15
1	1,50	0,80	1,60	110	1400	500	850	10	18
2	1,65	0,90	1,80	100	2600	900	1200	20	22
3	1,75	1,00	1,90	95	3800	1200	1400	30	25
4	1,80	1,10	1,90	90	5000	1500	1600	40	30

PETITS MOTEURS, Système BENIER.

Ces moteurs se construisent avec une simplification dans le bâti, pour les forces de $\frac{1}{8}$, $\frac{1}{5}$, $\frac{1}{3}$ de chargement, soit 8, 15 et 25 kilogrammètres ; le refroidissement se fait par l'air.

FORCE	EMPLACEMENTS			NOMBRE de tours par minute	DÉPENSE de gaz
	longueur	largeur	hauteur		
	mètre	mètre	mètre		
$\frac{1}{8}$	0,65	0,48	0,90	140	400
$\frac{1}{5}$	0,80	0,55	1,00	130	500
$\frac{1}{3}$	1,00	0,60	1,20	120	750

MOTEUR LAVIORNEREY

Le moteur Laviornerey est vertical et à cylindre refroidi par l'eau ; il se compose d'un cylindre creux dans lequel se meut un piston. Ce premier cylindre est fondu avec un second qui l'entoure ; ils portent sur l'un des côtés une partie verticale et ils reposent sur une plaque horizontale constituant le bâti de l'appareil. Sur la partie verticale vient reposer un arbre horizontal, portant à l'une de ses extrémités une manivelle reliée à la tige du piston, et à l'autre, un volant ; il porte de plus quatre engrenages actionnant un petit régulateur à boules.

Tiroir. — Le tiroir est placé à la base du cylindre, il est cylindrique et muni de larges ouvertures ; il fonctionne dans un cylindre vertical, portant perpendiculairement au moteur une sorte de boîte dont le fond est percé de trous et qui est destiné à l'entrée de l'air ; sur l'un des côtés arrive le tuyau d'arrivée de gaz, lequel est muni, indépendamment de la poche de caoutchouc, d'une soupape ; sur l'autre se trouve un tuyau d'échappement. Ce tiroir est actionné par un excentrique circulaire, calé sur l'arbre du volant. L'inflammation du mélange a lieu à l'intérieur du cylindre par deux becs pénétrant dans la paroi. L'arrivée du gaz est réglée par le régulateur qui agit par pression à l'aide d'une petite manivelle sur le tuyau de caoutchouc.

Mise en marche. — Il suffit pour l'actionner d'allumer les brûleurs et de faire exécuter un tour à la main au volant.

Avantages. — Ce moteur est, comme les précédents, très simple ; sa marche est silencieuse et ne demande en plus qu'une quantité d'eau destinée à refroidir le cylindre ; cette eau servant constamment, il n'est pas nécessaire d'avoir une installation spéciale : un bac de 300 litres de capacité suffit.

Renseignements généraux. — Ce moteur se construit dans les forces de 1/2, 1 et 2 chevaux. Un type un peu différent à piston en haut avec tiroir horizontal en dessus, et arbre moteur à la partie inférieure donne la force de 1/6 de cheval. Ces moteurs peuvent être graissés à l'huile russe, ou mieux avec des cylindrines très fluides (n°s 0 et 2.)

MOTEUR FRANÇOIS ET MOTEUR RAVEL

Ces moteurs sont aujourd'hui complètement abandonnés par leur constructeur ; leur description n'aurait aucun intérêt.

DEUXIÈME GROUPE

Ce deuxième groupe comprend les moteurs plus perfectionnés qui ont pour base la compression du mélange gazeux et sont par suite plus économiques comme fonctionnement, ils ne sont construits qu'à partir d'un demi-cheval. Nous rangerons dans ce groupe les moteurs Otto, Lenoir, Koerking-Lieckfeld.

MOTEUR OTTO

Ce moteur est horizontal et à tiroir ; le cylindre est placé en porte à faux sur un bâti en fonte creux, sup-

Fig. 14.

portant les différents organes de transmission. Le mouvement du piston est guidé par une portion du bâti formant glissière.

Tiroir. — Le tiroir se compose d'une plaque métallique munie d'orifices et glissant contre le fond du cylindre ; elle est actionnée par une petite bielle recevant

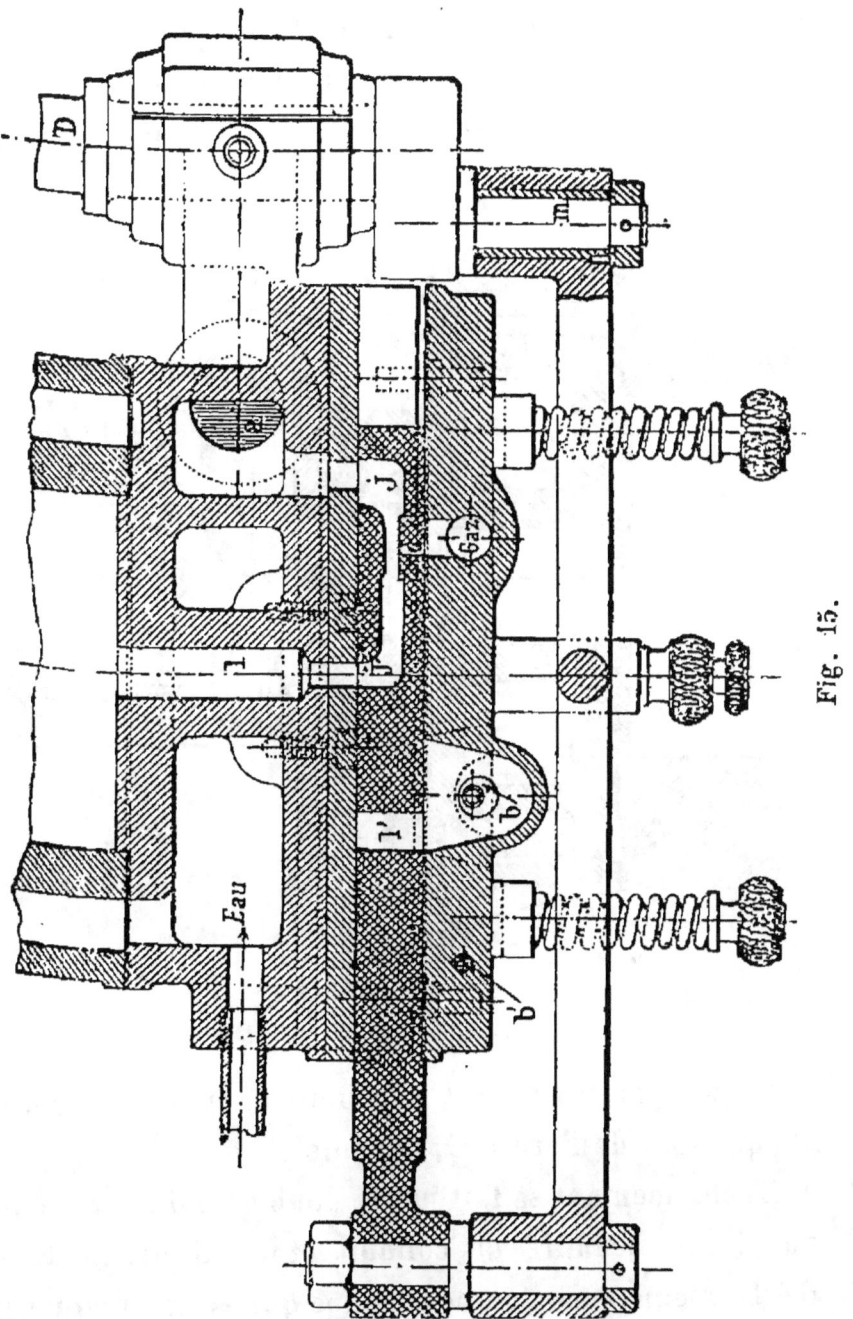

Fig. 15.

son mouvement de l'arbre G, lequel le reçoit lui-même

de l'arbre moteur, et a pour mission de régler la distribution. Le gaz arrive dans le tiroir par le tuyau M, lequel est muni d'une poche en caoutchouc, en passant par une soupape d'introduction qui est maintenue sur

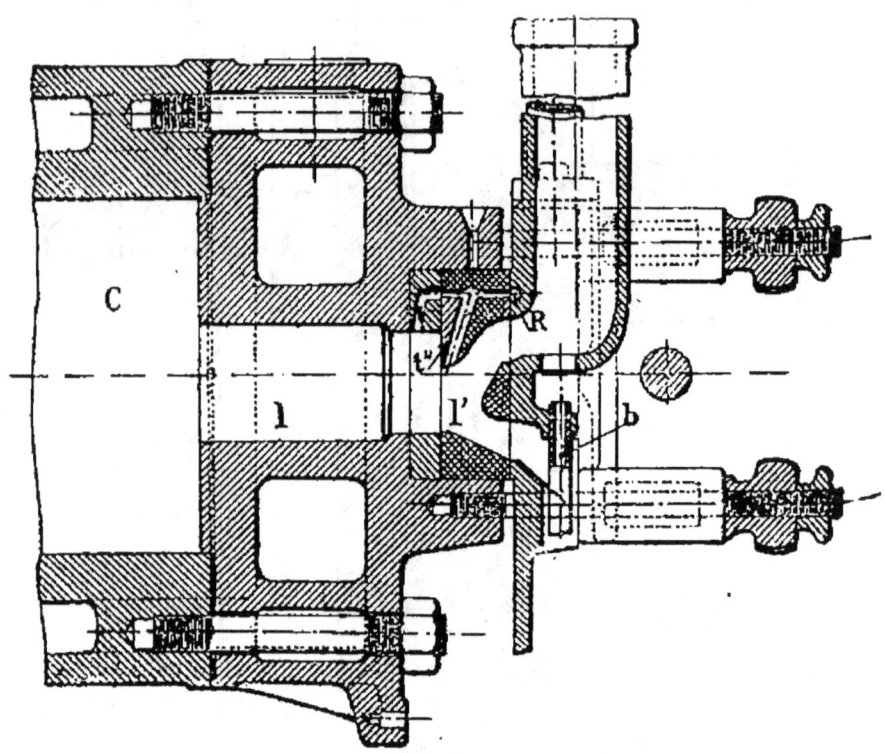

Fig. 16.

son siège par un ressort à boudin et en est détachée à chaque tour de l'arbre G, par une came.

L'échappement se fait par le double fond du cylindre, par l'intermédiaire du conduit et du tiroir. Le tuyau d'échappement porte une soupape qui est maintenue sur son siège par un ressort à boudin et qui est soulevée

MOTEURS A GAZ 265

d'une façon intermittente par le manchon porté par l'arbre G.

Inflammation. — L'inflammation du mélange gazeux est faite à l'aide des deux becs : le premier amène une certaine quantité de gaz dans une cavité du tiroir, où elle s'enflamme en passant devant le brûleur permanent,

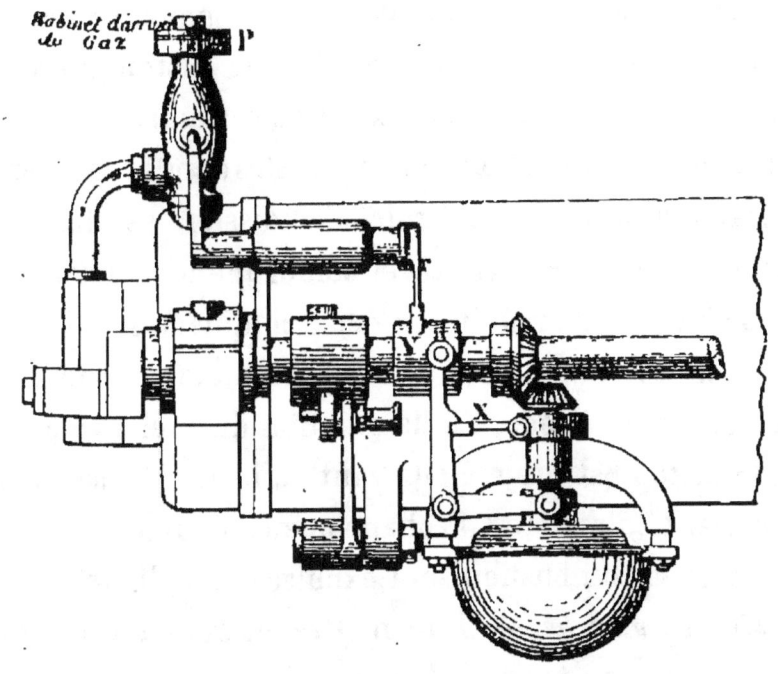

Fig. 17.

communiquant à ce moment avec le gaz enfermé dans le cylindre ; le gaz acquiert la même pression, la communication avec le fond du cylindre s'ouvrant complètement, l'inflammation du mélange gazeux qu'il contient a lieu.

Régulateur. — Ce moteur porte un régulateur à boule

qui est enfermé dans une demi-sphère, il est actionné par l'intermédiaire d'une paire de roues d'angles commandées par l'arbre G ; il agit par l'intermédiaire d'un levier en déplaçant la came qui commande le levier d'admission du gaz, de façon que, si la machine accélère sa marche, l'admission se trouve fermée.

Fonctionnement. — La marche de ce moteur comprend quatre périodes. Dans la première, le piston marchant en avant, le mélange gazeux est aspiré ainsi que les produits de la combustion qui sont restés dans la chambre l'.

Dans la seconde, le tiroir d'admission est fermé, le piston revient en arrière et comprime le mélange dans la cavité l', et le réduit aux deux cinquièmes du volume qu'il occupait précédemment. A ce moment commence la troisième période, l'inflammation du mélange à l'air, et le piston est projeté en avant ; à la fin de sa course, il revient en arrière : l'échappement s'ouvre et les produits de la combustion sont expulsés du cylindre.

Mise en marche. — Pour mettre en marche, on place le marteau qui termine le levier d'admission du gaz r, sur la petite came V, le gaz peut arriver dans le cylindre par le robinet P. On a soin de placer le levier X horizontalement, comme le montre la figure, puis en tournant le volant à la main, on amène le marteau du levier r à quelques millimètres en avant du coin de la came V placée sur le manchon du régulateur ; si alors on continue à donner une impulsion au volant, la came fait jouer le levier qui ouvre l'admission du gaz et la machine se met en mouvement dès la première explosion produite dans le cylindre.

Graissage. — Le graissage a lieu automatiquement pour le piston, à l'aide d'une roue à augets qui prend l'huile dans un réservoir q et la projette dans deux tuyaux communiquant avec le cylindre ; les autres organes portent des graisseurs en verre, dont le débit est réglé par une tige conique.

On doit prendre pour ce moteur des huiles minérales très fluides, genre cylindrine 0 et 2 ; éviter l'emploi des autres huiles, qui, dites spéciales, coûtent très chers sans avantages spéciaux, ou bien ont des tendances à se décomposer.

Refroidissement. — Le refroidissement du cylindre peut se faire par un réservoir, ou mieux par un courant d'eau ; la dépense est de 50 litres par cheval et par heure.

RENSEIGNEMENTS GÉNÉRAUX

FORCE	CAPACITÉ du réservoir d'eau.	POIDS		EMPLACEMENT		
		moteur.	socle.	longueur.	largeur.	hauteur
cheval.						
1/2	220	640		1,900	0,80	1,50
1	425	550	345	2,100	0,90	1,50
2	750	850	410	2,460	1,02	1,60
4	1.450	1.250	475	2,940	1,20	1,70
6	2.900	1.600	665	3,180	1,30	1,80
8	3.000	1.900	665	3,420	1,44	1,80

Dépense de gaz. — La dépense de gaz doit être comptée de 1^{m3} par cheval et par heure.

MOTEUR VERTICAL

(Système Otto.)

Ce moteur a les mêmes organes que le moteur pré-

Fig. 18.

cédent, mais placés verticalement ; sa conduite est la même que celle du moteur horizontal.

RENSEIGNEMENTS GÉNÉRAUX

FORCE en chevaux.	DIMENSIONS			NOMBRE de tours.	POIDS	LARGEUR de la courroie.
	longueur.	largeur.	hauteur.			
	mètres.	mètres.	mètres.		kilos.	millim.
1	1,350	0,950	1,880	200	570	0,070
2	1,500	1,070	2,070	180	800	0,080
3	1,600	1,190	2,180	180	1.000	0,100
4	1,650	1,290	2,310	160	1.250	0,120
6	1,825	1,450	2,580	160	1.750	0,135

MOTEUR LENOIR

Constructeurs : la Cie Parisienne du gaz et ROUART frères et Cie à Paris.

Description. — Ce moteur est analogue, comme forme et comme disposition, au moteur Otto ; il en diffère par la suppression du tiroir, le régulateur et l'inflammation du mélange.

Fonctionnement. — Le fonctionnement de ce moteur est basé sur la compression préalable du mélange gazeux et comprend quatre périodes comme l'Otto et tous les moteurs analogues.

Admission de gaz et d'air. — L'admission et le mélange d'air se font dans une boîte à soupapes ; le gaz arrive par l'intermédiaire d'un tuyau métallique muni d'une poche à gaz ; la soupape est ouverte par une tige levée ou abaissée par le régulateur et qui est mue à l'aide d'un long levier actionné par une excentrique placée sur un arbre intermédiaire, recevant son mouvement de l'arbre moteur, à l'aide d'engrenages.

On règle l'arrivée du gaz au moyen d'un robinet muni d'une aiguille indicatrice parcourant un cadran à divisions numérotées et qui est placé au-dessus de la poche à gaz; ce robinet ne doit jamais être complètement ouvert; pour indiquer ce réglage, on a placé à côté un avertisseur électrique; si la sonnerie est continue, on doit fermer le robinet jusqu'à ce qu'elle ne fonctionne que par intermittence; si elle s'arrête, il faut ouvrir très modérément jusqu'à ce qu'elle fonctionne.

L'arrivée d'eau a lieu par un tuyau sur lequel est placé un robinet de réglage avec cadran indicateur. Il est pris dans un réservoir d'aspiration qui est placé à l'intérieur du bâti.

Inflammation. — L'inflammation du mélange se fait par une étincelle électrique. Les piles sont deux piles au bichromate de potasse placées avec une bobine d'induction dans l'intérieur du bâti. Une came placée sur l'arbre moteur ferme le circuit d'une façon intermittente.

Échappement. — L'échappement se fait par une soupape placée sur le côté dans les moteurs de la Compagnie Parisienne, et sur le fond dans ceux construits par Rouart frères et Cie. Elle est actionnée par un levier mû par une came placée sur l'arbre intermédiaire.

Les gaz brûlés se rendent dans un deuxième réservoir

et de là dans l'atmosphère, par un tuyau d'échappement aboutissant sur le faîte de la construction.

Régulateur. — Le régulateur est à boules, il est placé sur le cylindre et actionné par une corde en cuir placée sur l'arbre moteur. Il lève plus ou moins la tige actionnant la soupape et par suite la fait toucher ou échapper cette dernière, suivant sa position.

Refroidissement. — Le refroidissement a lieu par un courant d'eau ou par un réservoir qu'il est bon de placer le plus haut possible. La capacité des réservoirs doit être de 90 litres par cheval. Pour éviter la congélation, on vide le tuyau et le cylindre par le robinet inférieur o.

Mise en marche. — On opère de la façon suivante :

1° On vérifie le graissage ;

2° On ouvre le robinet du compteur et les robinets A et F de la poche à gaz afin de la remplir aux trois quarts ;

3° On ferme le robinet F et l'on ouvre le robinet R ; puis on établit le courant électrique en abaissant le commutateur de la bobine. On donne alors une vive impulsion au volant. Aussitôt que la première inflammation a lieu, le moteur est en marche.

On ouvre alors le robinet F de la poche (ce robinet ne doit jamais être ouvert complètement, ainsi qu'il a été dit plus haut). L'avertisseur indique le point d'ouverture convenable.

Pour lancer le volant, on se place derrière le moteur et on appuie de haut en bas sur les bras et sur la jante du volant.

Plus l'impulsion sera vive, plus rapide sera la marche. Pour que cette impulsion vive soit obtenue, il faut que la machine n'ait aucune transmission à entraîner et, pour cela, que toutes les courroies soient sur leurs poulies folles.

Pour éviter la résistance produite par la compression, on ouvre le robinet R placé sur le cylindre et on place la touche T, placée sur l'arbre intermédiaire, de façon à ce qu'elle soit en avant de la came; une fois en marche, on ferme le robinet R et l'on ramène la touche à gauche.

Graissage. — Les graisseurs sont à gouttes; on doit employer des huiles très fluides, soit des huiles de pied de bœuf, des russes ou des combinaisons. La première a l'inconvénient d'être très chère; aussi doit-on recommander les dernières.

Entretien. — Il est bon de nettoyer tous les mois le cylindre et le piston avec de l'essence de térébenthine ou du pétrole.

Pour cela on retire le piston de sa bielle, on les lave à l'essence, on les essuie, puis on les graisse abondamment et on les replace.

Les soupapes doivent être visitées assez souvent, de même les extrémités des inflammateurs.

MOTEURS A GAZ

RENSEIGNEMENTS GÉNÉRAUX

Dépense de gaz. — *700 litres par cheval et par heure.*

FORCE en chevaux.	DIMENSIONS			NOMBRE de tours par minute.	CAPACITÉ du réservoir	POIDS	CAPACITÉ des compteurs.
	longueur.	largeur.	hauteur.				
	mètres.	mètres.	mètres.			kilos	becs.
1 1/3	1,80	0,94	1,45	220		1.000	5
2	2,47	0,94	1,55	180		1.200	10
4	2,93	1,07	1,70	160		2.000	20
6	3,45	1,23	1,90	160		2.800	30
8	3,55	1,23	1,90	160		3.000	40

Le moteur de 1 cheval 1/3 est un type beaucoup plus réduit que ceux des autres forces. La glissière à fourreau est supprimée, la bielle agit directement; de même les différentes cames. Le refroidissement du cylindre se fait par des ailettes; l'échappement se fait par la partie inférieure du cylindre au lieu d'être par le fond.

MOTEUR SIMPLEX

Constructeur : POWELL, Paris-Rouen.

Ce moteur rappelle le moteur Otto par sa forme et la disposition de son tiroir; il est un peu simplifié comme construction et possède un régulateur isochrone, formé par un pendule dont la durée de l'oscillation peut être variée et qui, en agissant sur la soupape d'admission, n'ouvre cette soupape que lorsque le moteur marche à l'allure normale.

La lubréfication des organes se fait à la graisse par des graisseurs Stauffer.

MOTEUR KOERTING-LIECKFELD

Boulet et Cie, constructeurs à Paris.

Ce moteur a un fonctionnement identique aux deux moteurs précédemment décrits ; il en diffère par sa disposition qui est verticale, et par le mode de réglage de son allure.

Dans les moteurs précédents, on réglait la vitesse en agissant sur l'admission et par suite en diminuant le nombre des explosions ; ici, au contraire, le nombre des explosions est constant, mais l'admission du mélange gazeux et la fermeture de l'échappement sont réglées automatiquement, suivant la vitesse du moteur, par l'intermédiaire d'un régulateur placé sur un axe horizontal, de façon à produire des explosions régulières, mais dont la force, et par suite la dépense de gaz, varie suivant la puissance à fournir.

Ce moteur se compose d'un cylindre vertical à doubles parois, dans lequel se meut un piston à fourreau. Ce cylindre extérieur forme bâtis et supporte un arbre coudé actionné par le piston et qui porte le volant et la poulie motrice d'un côté et le régulateur de l'autre, ainsi qu'un engrenage qui transmet le mouvement à un second arbre muni de deux cames actionnant deux tiges, réglant

Fig. 19.

l'une la soupape d'échappement, l'autre le bec d'allumage.

Admission. — Le gaz et l'air arrivent au cylindre par l'intermédiaire de deux soupapes S et T, qui permettent de donner des sections de passages proportionnées à l'air et au gaz; on règle ce rapport, une fois pour toute, généralement à raison de 1 litre de gaz pour 10 litres d'air.

Échappement. — L'échappement se fait par la soupape L; il est réglé, comme nous l'avons dit précédemment, à l'aide de la tringle P et du levier O', lequel est actionné par le régulateur; les gaz se rendent dans un réservoir, et de là dans l'atmosphère.

Régularisation. — On peut modifier la vitesse en agissant sur le ressort placé au-dessus du régulateur; en serrant le ressort, on diminue la vitesse; en le desserrant, on l'augmente.

RENSEIGNEMENTS GÉNÉRAUX

FORCE en chevaux.	DIMENSIONS					NOMBRE DE TOURS par minute.	POIDS du moteur.
	profondeur.	largeur.	hauteur jusqu'à l'axe du volant.	diamètre de la poulie.	largeur de la poulie.		
	millim.	millim.	millim.	millim.	millim.		kilos
1/2	0,800	0,550	0,670	0,250	0,120	200	185
1	1,000	0,650	0,790	0,400	0,155	180	370
2	1,200	0,770	0,930	0,450	0,190	180	515
3	1,400	0,900	1,150	0,500	0,235	180	700
4	1,400	0,900	1,150	0,500	0,235	180	780
5	1,500	1,000	1,260	0,600	0,300	160	900
6	1,500	1,000	1,260	0,700	0,300	160	950
8	1,800	1,000	1,405	0,900	0,300	160	1.100

CHAPITRE II

MOTEURS A AIR CARBURÉ

Deux types existent : le moteur Lenoir et le moteur Otto.

MOTEUR A AIR CARBURÉ
Système Lenoir.
Constructeurs : Rouart frères et Cie, à Paris.

Ce moteur est analogue, comme forme et comme disposition, au moteur à gaz du même système ; il en diffère seulement par l'adjonction d'un carburateur rotatif contenant une essence appelée la gazoline et dans lequel passe l'air aspiré par le moteur.

Carburateur. — Le carburateur est un cylindre en tôle, mince, à fond bombé, placé horizontalement sur deux tourillons ; chaque fond est muni d'un tourillon creux dans lequel passe un tube fixe.

Ce cylindre est mis en mouvement à l'aide d'une petite courroie et d'une vis sans fin ; il porte une ouverture avec bouchon à vis destiné à l'introduction de l'essence, et un niveau sur un de ces fonds.

Intérieurement il est garni de 24 augets en tôle placés

longitudinalement, qui portent l'essence au sommet du cylindre et la laissent retomber en pluie.

L'air se charge de vapeurs et descend dans le cylindre par l'intermédiaire d'une boîte régulatrice en tôle, placée verticalement et dont la hauteur est occupée

Fig. 20.

par plusieurs toiles métalliques, afin d'éviter que l'inflammation ne se communique accidentellement au carburateur.

Robinet d'arrivée de gaz. — Ce robinet sert à régler la quantité d'air carburé à l'aide d'une aiguille parcourant un cadran, et à introduire l'air carburé pour le second coup de piston.

Fonctionnement. — Le fonctionnement, la régularisation, le refroidissement, l'allumage sont identiques à ceux décrits pour le moteur à gaz du même système.

Mise en marche. — Il suffit d'ouvrir le robinet A placé devant le carburateur et de donner à bras un tour de volant.

RENSEIGNEMENTS GÉNÉRAUX

FORCE	DIMENSIONS			Diamètre du volant	Diamètre de la poulie.	Nombre de tours.	POIDS	Consommation de gazoline à l'heure.	COUTANT	
	Longueur.	Largeur.	Hauteur.						Paris.	Province.
2	Mèt. 2,47	Mèt. 0,94	Mèt. 1,55	Mètres 1,50	Mètres 0,45	180	Kilogr 1.250	Kilogr 0.800	Fr. 0,80	0,65
4	2,93	1,07	1,70	1,65	0,60	160	2.100	1.600	1,65	1,30
6	3,45	1,23	1,90	1,80	0,80	160	3.000	2.400	2,50	1,90
8	3,55	1,23	1,90	1,80	0,80	160	3.300	3.200	3,25	2,55

MOTEUR A PÉTROLE
Système Otto.

Ce moteur est identique au moteur à gaz Otto; il en diffère en ce que le socle contient le carburateur.

Sa marche et sa conduite sont analogues à celles du moteur ci-dessus.

RENSEIGNEMENTS GÉNÉRAUX

FORCE	DIMENSIONS			NOMBRE de tours	POIDS	CAPACITÉ du réservoir en litres	eau sous pression quant. p heure en litres
	longueur	largeur	haut				
1 ch.	1m800	0m930	1m330	180	560	500	40
2	2, 500	1, 070	1, 650	180	950	850	70
4	2, 920	1, 300	1, 740	160	1,450	1,600	120
6	3, 320	1, 500	1, 860	160	2,300	2,800	180
8	3, 320	1, 540	1, 860	160	2,600	3,500	240

INSTALLATION GÉNÉRALE DES MOTEURS A GAZ

Les moteurs de la première catégorie se posent sans fondations sur n'importe quel sol ; ceux de la seconde demandent une fondation, à moins qu'ils ne reposent sur parquet ou sur bitume ; dans ce cas, il est bon de placer en dessous une forte épaisseur de feutre qui évite la transmission des vibrations avec les étages voisins. La fondation doit être faite en béton, de 25 à 30 centimètres de hauteur et débordant le socle de 15 centimètres environ. Si le socle est en pierre, il doit descendre de 10 centimètres dans le sol ; le socle métallique se pose à niveau.

Le moteur doit être placé parfaitement horizontal, car certains axes et certaines pièces peuvent se fausser et détériorer le moteur si cette condition n'est pas remplie.

CHAPITRE III

MOTEUR A AIR CHAUD
Système Benier
Constructeur : Compagnie parisienne des moteurs
à air chaud (Paris).

Ce moteur se compose d'un cylindre vertical à deux diamètres supportés par un bâti en fonte. Le diamètre inférieur constitue le foyer et celui supérieur constitue le cylindre proprement dit et porte intérieurement un piston à fourreau. La tige de ce piston est articulée à un balancier horizontal porté par une colonne creuse, à l'intérieur de laquelle se trouve le régulateur à boules. L'autre extrémité de ce balancier agit par l'intermédiaire d'une bielle sur un arbre coudé horizontal, muni d'un volant et d'une poulie motrice. Sur la partie coudée de cet arbre vient se rattacher une bielle actionnant un balancier vertical, lequel porte en son milieu, une tige actionnant une pompe à air, placée à l'intérieur du bâti.

Sur l'un des côtés du cylindre se trouve un tiroir d'admission actionné par deux ressorts et un levier coudé, mené par une came placée sur l'arbre moteur; sur l'autre côté se trouve une soupape d'échappement, actionnée de la même façon.

Sur l'avant du cylindre, se trouve un tiroir d'admission et un distributeur automatique de coke.

Fonctionnement. — Le foyer étant allumé, l'air aspiré

Fig. 21.

par la pompe est comprimé par elle pendant la moitié de la course et envoyée à l'aide d'un tiroir dans le foyer en dessous et en dessus, au moyen d'un vide annulaire existant entre le piston et le cylindre; cet air s'échauffe, se dilate et soulève le piston, celui-ci en descendant chasse cet air dilaté et une nouvelle quantité d'air vient actionner de nouveau le piston.

Réglage de la vitesse. — Un levier vertical commandé par le régulateur, agit par deux autres leviers sur un papillon qui ouvre ou ferme le conduit inférieur d'arrivée d'air.

Ce mode de réglage est très sensible.

Alimentation. — Le moteur ne brûle que du coke ; ce coke est placé dans une trémie dans laquelle il est pris par un distributeur rotatif qui le laisse tomber morceau par morceau dans le tiroir de distribution qui reçoit le coke dans une cavité qui le conduit jusqu'à l'ouverture du foyer dans laquelle il tombe.

Refroidissement du cylindre. — On refroidit le cylindre soit par un courant d'eau, soit par un réservoir.

Mise en marche. — On allume préalablement un petit fourneau de charbon de bois (fourneau livré avec le moteur).

Pendant qu'il s'allume, on nettoie la grille et on graisse le moteur, puis on ouvre le tiroir d'alimentation en faisant tourner les boulons autour de leur charnière et en retirant la plaque et la contre-plaque, on verse le contenu du petit fourneau, on referme le foyer et l'on donne à bras un ou deux tours au volant.

Arrêt. — Pour arrêter, il suffit de soulever la tige, actionnée par le régulateur, le papillon se ferme et le moteur s'arrête.

Graissage. — On graisse le cylindre lorsqu'il est en

haut de sa course, en le frottant avec un pinceau trempé dans la cylindrine, de même pour les tiroirs et les cames.

Les autres organes se graissent à l'huile russe.

RENSEIGNEMENTS GÉNÉRAUX

FORCE	DIMENSIONS			NOMBRE de poids	POIDS	DÉPENSE DE coke par heure
	longueur	largeur	hauteur			
1	1m70	0m90	1m60	140	1,600	1k600
2	2,10	1,05	1,90	130	2,200	3,000
4	2,60	1,20	2,10	120	2,700	6,000
6	2,90	1,30	2,30	110	3,400	8,100
9	3,20	1,40	2,50	105	4,200	9,990
12	3,30	1,50	2,70	100	5,000	12,000
15	3,40	1,60	2,80	95	5,400	15,000
20	3,60	1,70	3,00	90	6,500	16 à 18 k. 000

Nota. — Ce moteur est plus économique que les moteurs a gaz ou les machines à vapeur ; sa marche est parfaitement régulière et silencieuse, son seul inconvénient est de demander un assez grand espace ; il ne demande pas de fondations spéciales. Son prix d'achat est un peu supérieur à celui des moteurs à gaz.

CHAPITRE IV

MOTEURS DOMESTIQUES A VAPEUR

Ces moteurs sont destinés à remplacer les moteurs à gaz dans les endroits où le gaz ne peut arriver économiquement ; ils luttent donc avec les moteurs à pétrole. Les avantages de l'un sur l'autre dépendent surtout des conditions dans lesquelles on se trouve placé au point de vue de l'achat et du transport du combustible ou du pétrole.

MOTEUR DAVEY
Constructeur : M. Albaret à Liancourt (Oise).

Ce moteur est débarrassé des inconvénients de la machine à vapeur. Sa conduite peut être faite par n'importe quelle personne, il marche sous la pression atmosphérique, on n'a donc pas à redouter les explosions, coups de feu, ou accidents analogues qui forcent à observer attentivement la marche des moteurs à vapeur.

Description. — Ce moteur se compose d'une chaudière verticale en fonte formant bâti et supportant une petite machine pilon. Cette chaudière est munie d'une enveloppe intérieure qui contient le foyer et la cheminée. L'eau est contenue entre les deux.

Le piston est placé à la partie supérieure et à l'intérieur de la chaudière ; sa tige guidée par un fourreau venu de fonte avec la chaudière, actionne un arbre horizontal portant d'un côté le volant et de l'autre la bielle de transmission de la pompe à air.

Le condenseur est formé de deux boîtes en fonte, reliées par dix tubes verticaux entourés par une caisse en tôle contenant l'eau réfrigérante.

La boîte supérieure est en communication avec l'échappement du cylindre et celle inférieure avec le clapet d'aspiration de la pompe.

Une soupape appuyée sur son siège par la pression atmosphérique, est placée à la partie supérieure.

Tiroir. — Le tiroir est à coquille, il est placé à l'intérieur de la chaudière et actionné par une excentrique placée sur l'arbre.

Régulateur. — Un régulateur horizontal à force centrifuge est placé horizontalement sur un axe au-dessus de l'enveloppe du cylindre ; il reçoit son mouvement de l'arbre moteur par une courroie et il agit sur un piston-soupape placé dans la boîte à vapeur.

Pompe à air. — Sur le côté du moteur se trouve la pompe qui est à simple effet et est formée par un piston à fourreau communiquant avec la base du condenseur par un tuyau sur le trajet duquel se trouve placée une soupape.

Alimentation. — L'alimentation se fait automatiquement par l'intermédiaire d'une boîte en fonte, placée sur le côté de la chaudière, munie d'une glace et contenant un flotteur.

L'eau d'alimentation est prise à la partie supérieure du réfrigérant.

En cas d'arrêt du flotteur un tube horizontal muni d'un robinet fait communiquer directement la chaudière et le réfrigérant.

Fonctionnement. — On voit d'après cette description que le fonctionnement est identique à celui de la machine à vapeur ordinaire, la pression seule diffère.

La vapeur agit alternativement sur les deux faces du piston par l'intermédiaire d'un tiroir et elle est aspirée dans un condenseur par une pompe à air.

Mise en marche. — Il faut remplir le foyer de charbon de terre ou mieux de coke et l'allumer.

Lorsque la soupape se soulève, ce qui se produit généralement au bout de 20 ou 25 minutes, on fait faire deux ou trois tours au volant et la machine se met en marche.

Installation. — Ce moteur se pose partout sans aucune installation particulière. Il ne demande que d'être relié à une conduite d'eau ou d'être muni d'un réservoir destiné à alimenter le réfrigérant par 2 tuyaux, l'un inférieur et l'autre supérieur. La différence de température de l'eau à l'intérieur du réfrigérant assure une circulation suffisamment active.

La quantité d'eau demandée est de 400 litres par

cheval et par heure. L'eau de condensation peut servir à nouveau ou être envoyée au dehors.

Graissage. — Ces moteurs ne demandent pas de graisseur pour le cylindre ; les autres organes se lubrifient soit à la cylindrine n° 2, soit à l'huile russe.

RENSEIGNEMENTS GÉNÉRAUX

FORCE		DIMENSIONS	HAUTEUR
kilog[res]	chevaux		
65	13,15	0m610 sur 0m915	1m334
116	1,5	0m710 sur 1m140	1m840
260	3,5	0m880 sur 1m280	2m205

CHAPITRE V

MACHINES A VAPEUR

Pour l'industrie des boissons gazeuses, on n'a généralement recours qu'aux moteurs produisant des forces variant entre 1/2 et 2 chevaux; dans ces conditions les moteurs ci-dessus sont à préférer. Cependant quand un fabricant d'eaux gazeuses joint à son industrie la distillerie, il doit préférer un moteur à vapeur, dont la chaudière lui fournira la vapeur qui lui est nécessaire.

Sans entrer dans la question des machines à vapeur, traitée dans des ouvrages spéciaux, il est bon d'indiquer que de toutes les machines de moyenne force, ce sont les machines verticales qui sont les plus commodes et les moins coûteuses. Nous donnons planche X, le type d'une machine verticale du système Bréval, et qui se construit depuis la force de 1/2 cheval jusqu'à celle de 20 chevaux.

C'est d'après ce type qu'ont été construites toutes les

machines verticales, qui n'en diffèrent que par des dispositions de détail.

L'achat d'un moteur à vapeur est une opération très délicate ; il est nécessaire de s'entourer de renseignements ou mieux de s'adresser à une maison de construction sérieuse ou de prendre comme conseil, un ingénieur mécanicien ; ce dernier cas est absolument nécessaire si l'on veut acheter un moteur d'occasion, car il est très facile de donner à une machine hors de services, l'aspect d'une machine en bon état, et si certaines maisons vendant le vieux matériel, tiennent à ne livrer que des machines en parfait état, d'autres sont bien loin d'avoir ce souci.

On doit de préférence prendre des machines de construction française, car ces machines sont beaucoup plus soignées et plus solidement construites que les machines étrangères, par suite, moins sujettes aux accidents, tout en fournissant un service beaucoup plus long. Il est toujours prudent de faire signer un traité au vendeur analogue à celui que nous donnons en note. De plus, ces machines étant soumises à un règlement que nous donnons en note, il est bon de s'assurer si l'on peut installer une machine chez soi sans inconvénient, car un moteur à gaz ne demande pas de permission spéciale ; mais il n'en est pas de même pour la machine à vapeur ; de plus, il est bon d'étudier son bail et de s'entendre avec son propriétaire qui peut s'opposer à son installation.

Entretien. — La machine à vapeur est beaucoup moins délicate que le moteur à gaz ; elle doit cependant, pour être dans de bonnes conditions de marche, être parfaitement entretenue, avoir ses organes soigneusement graissés et ses coussinets réglés de telle façon qu'il n'y ait aucun ballottement des arbres ou des manivelles.

Ces machines peuvent être graissées soit avec des huiles animales, soit avec des huiles minérales ; ces dernières sont de beaucoup supérieures à toutes les autres, car elles ne se décomposent pas et ne forment pas de cambouis ; les huiles genre cylindrine sont celles dont l'emploi est le plus économique.

Une façon plus économique encore et demandant moins d'entretien est l'emploi des graisses minérales. Ce genre de graissage tend à s'imposer de plus en plus, quoique le nombre des engins graisseurs à graisse soit limité. La lubrification automatique du cylindre et du tiroir est à recommander, nous signalons particulièrement pour cet usage le graisseur système Carrière qui est le plus économique d'achat, tout en donnant un fonctionnement absolument régulier.

COURROIES

Toutes les courroies sont bonnes à employer : cuir — coton — caoutchouc.

Les courroies en cuir ont l'inconvénient, surtout dans

les qualités et forces courantes, de s'allonger très fréquemment, inconvénient que n'ont pas les courrroies en coton.

Eviter ici également les produits étrangers dont plusieurs sont défectueux.

NOTE I

SUR LA CORRECTION DES EAUX

Les procédés de correction ou de purification des eaux, s'emploient surtout pour les eaux employées aux usages industriels, pour les eaux destinées à l'alimentation ; on évite en général ces procédés en faisant venir des eaux pures de très grandes distances ; il est cependant beaucoup de cas où ce dernier procédé ne peut être employé.

Je ne reviendrai pas sur les procédés de purification par filtres, précédemment décrits, qui s'appliquent à toutes les eaux, j'étudierai seulement les procédés qui doivent être employés pour débarrasser les eaux des calcaires qu'elles contiennent.

1° *Eaux bicarbonatées calcaires.*

Le meilleur procédé est l'emploi d'un lait de chaux ; on ne doit jamais employer les acides pour les eaux alimentaires.

Ce procédé consiste à faire un lait de chaux contenant 500 grammes de chaux par litre et que l'on mélange très intimement en quantité variable suivant les eaux à traiter ; on laisse déposer une vingtaine d'heures et l'on fait écouler l'eau qui peut être livrée à la consommation. On peut remplacer le lait de chaux par de l'eau de chaux.

2° *Eaux sulfatées.*

On peut purifier ces eaux par le chlorure de baryum ; on

analyse l'eau et l'on ajoute le chlorure en quantité correspondante.

3° *Eaux contenant des bicarbonates et des sulfates.*

On peut employer simultanément les deux procédés ci-dessus, ou bien l'eau de chaux et la soude; on ajoute ces corps en quantité suffisante et l'on clarifie le liquide en y ajoutant un sel de fer et d'alumine, soit les sulfates de fer ou d'alumine, soit le perchlorure de fer; le fer peut être mis en quantité plus considérable qu'il n'est nécesaire sans danger, mais il faut alors filtrer les eaux par suite de la coloration brune qu'elles acquièrent.

4° *Eaux magnésiennes.*

L'emploi du carbonate et du silicate de soude en ajoutant 3 grammes de carbonate et 3 grammes 40 de silicate par chaque gramme de magnésie contenue dans l'eau.

5° *Matières organiques.*

Indépendamment des procédés mécaniques de filtration qui nécessitent des appareils qu'on peut ne pas pouvoir confectionner, on peut employer un procédé chimique consistant à traiter l'eau par de l'alun à la dose de 50 centigrammes par litre. Ce procédé n'a aucun inconvénient, les sulfates produits étant solubles.

On peut également employer le procédé Gunning, consistant à traiter les eaux par le perchlorure de fer; ce procédé qui donne de très bons résultats, a l'inconvénient de nécessiter l'emploi de la soude en quantité de 85 milligrammes de carbonate de soude par 32 milligrammes de perchlorure de fer employé.

NOTE II

ANALYSE QUALITATIVE DES EAUX

J'ai indiqué précédemment l'analyse quantitative rapide je renverrai au traité de chimie pour l'analyse complète, car cette analyse ne peut être faite que par un chimiste.

La qualitative, au contraire, peut être faite par toute personne ayant quelques notions de chimie.

MATIÈRES CONTENUES

Bases : potasse, soude, chaux, magnésie, ammoniaque, protoxyde de fer.

Acides : carbonique, sulfurique, silicique, phosphorique, azotique, azoteux, chlore.

Matières en suspension : argile et matières organiques.

FORMATION DU PRÉCIPITÉ

On fait bouillir 2 litres d'eau et on évapore jusqu'à formation complète d'un précipité que l'on recueille sur un filtre

1° *Examen du précipité.*

On le dissout dans quelques gouttes d'acide chlorhydrique étendu ; il y a généralement dégagement d'acide carbonique.

Fer. — On traite : 1° par le sulfocyanure de potassium (coloration rouge), ou le ferrocyanure de potassium (coloration bleue), indique le fer.

Chaux et magnésie. — 2° En faisant bouillir en présence de l'ammoniaque, on filtre et on traite la liqueur filtrée par l'oxalate d'ammoniaque — précipité blanc — oxalate de chaux; on filtre à nouveau et l'on ajoute de l'ammoniaque et du phosphate de soude; on agite et on laisse déposer 12 heures — précipité blanc cristallin — phosphate ammoniaco-magnésien.

Acide sulfurique. — On traite la dissolution chlorhydrique par le chlorure de baryum, on laisse déposer — précipité blanc de sulfate de baryte.

Acide phosphorique. — On évapore à siccité en présence de l'acide azotique; on reprend le précipité par l'acide azotique, puis par l'acide molybdique — précipité jaune — soluble dans l'ammoniaque, traité par le sel magnésien, donne un précipité blanc cristallin.

LIQUIDE FILTRÉ

On emploie les mêmes procédés que ci-dessus pour les corps indiqués.

Chlore. — Précipité blanc par l'azotate d'argent, soluble dans l'ammoniaque, insoluble dans l'acide azotique.

Acide azotique. — On évapore à siccité à peu près complète par l'acide sulfurique et le protosulfate de fer (coloration rouge ou rose), par le cuivre et l'acide sulfurique (vapeurs rutilantes).

Potasse. — *Soude*. — 1° *Potasse*. — On évapore, puis on calcine au rouge, on reprend par l'eau distillée, on traite la première moitié du liquide par quelques gouttes d'acide chlorydrique et le bichlorure de platine; on évapore, on traite le résidu par l'eau et l'alcool, — poudre jaune rougeâtre de chlorure double de platine et de potassium.

2° *Soude*. — La deuxième partie par l'antimoniate de potasse, — précipité blanc; long à se former (12 heures).

Ammoniaque. — On fait bouillir l'eau avec de la chaux et de la magnésie, on reconnaît les caractères de l'ammoniaque.

Silice. — On évapore à siccité une certaine quantité d'eau légèrement acidulée par de l'acide chlorhydrique; on obtient un résidu, on l'étend d'eau, on le filtre et on le calcine; on obtient une poudre blanche qui est de la silice.

Acide carbonique et bicarbonates. — On traite par de l'eau de chaux; si le précipité obtenu disparaît par l'addition de l'eau de chaux, on a l'acide; dans le cas contraire, on a un bicarbonate.

Matières organiques. — On évapore sur bain-marie l'eau placée dans un ballon en verre et l'on calcine au rouge sombre; on doit obtenir un résidu charbonneux.

Eaux contenant des infiltrations de fosse d'aisance. — On agite l'eau avec la moitié de son volume d'éther; en ajoutant d'abord la moitié de l'éther, agitant; puis l'autre moitié, on décante et on évapore l'éther; on obtient un résidu donnant une odeur de matière fécale très prononcée.

NOTE III

MODÈLE DE TRAITÉ D'ACHAT D'UN MOTEUR

Entre les soussignés :

M ***, fabricant d'eaux gazeuses à ***, d'une part;
et M ***, constructeur à ***, d'autre part;

Il a été convenu ce qui suit :

M ***, constructeur, s'engage à fournir à M ***, qui accepte une machine[1], système[2] ***, type[3] ***, de la force de *** chevaux-vapeur, moyennant la somme de   francs; dans ce prix seront compris le transport, la mise en place, le montage et la mise en marche de la machine.

Cette machine sera garantie de tous vices de construction pendant *** ans; elle sera munie de tous les organes accessoires (régulateurs, graisseurs, boulons et clés), nécessaires à sa marche et à son bon fonctionnement.

Elle devra développer au frein la force de *** chevaux-vapeur (de 75 kgs.), à la vitesse de *** tours par minute, sous une pression de *** atmosphères et en consommant [4]

---

[1] A vapeur ou moteur à gaz — à pétrole. (Pour machine à vapeur, indiquer si elle est avec ou sans chaudière; et pour moteur à gaz, avec ou sans socle.)

[2] Nom de l'inventeur.

[3] Vertical ou horizontal.

[4] Kilos de charbon ou mètres cubes de gaz.

de ***. Elle devra être posée et prête à fonctionner, dans un délai de *** jours, à partir du jour du présent contrat. M. ***, constructeur, s'engage à payer à M.⁵ ***, *** francs par jour de retard.

Les frais de voyage du monteur (en seconde classe) et sa nourriture, seront à la charge de l'acquéreur, ainsi que les aides qu'il devra fournir au monteur, de même les frais de douane ou d'octroi.

Les payements se feront :

Un tiers à la signature;

Un tiers à la réception;

Un tiers à la réception définitive, qui aura lieu• *** mois après la première réception.

   Fait double à le

    Signatures de l'acquéreur et du vendeu

⁵ Nom de l'acquéreur.
• 3 ou 6.

TABLE DES MATIÈRES

INTRODUCTION

Historique de la fabrication des eaux gazeuses. I
Importance de la fabrication des eaux gazeuses. IV

PREMIÈRE PARTIE

ÉTUDE DES PROPRIÉTÉS PHYSIQUES ET CHIMIQUES DES MATIÈRES EMPLOYÉES DANS LA FABRICATION DES EAUX GAZEUSES

CHAPITRE PREMIER

EAU

CARACTÈRES ET PROPRIÉTÉS. — Propriétés physiques. — État solide. — État liquide. 1
Tableau de la solubilité des gaz dans l'eau. 3
CLASSIFICATION DES EAUX. — Eaux douces. — Eaux dures. — Caractères distinctifs d'une eau potable et d'une eau non potable 3
ÉTUDE DES DIFFÉRENTES EAUX. — Eau de fleuve ou de rivière. 5
Tableau de la composition des eaux de la Seine et de la Marne distribuées à Paris 6
Eaux de sources. — Eaux de sources artificielles . . . 7
Procédé Bouley pour établir une source artificielle. . . 8
Eaux de puits. — Eau de mer. 9
Tableau de la composition de l'eau de mer 10

Eau de pluie.	11
Tableau de la composition des eaux de pluie	12
Eau de citerne. — Eau de mare	12
MATIÈRES POUVANT ÊTRE INTRODUITES DANS L'EAU PAR LES APPAREILS	13
Eaux à employer.	14
Analyse rapide des eaux. — Hydrotimètre.	15

CHAPITRE II

ACIDE CARBONIQUE	18
Précautions à prendre.	19
Préparation de l'acide carbonique. — Régénération du bicarbonate de soude. — Ancien procédé. Procédé actuel. — Application de l'acide carbonique.	20
Tableau de la solubilité du gaz acide carbonique dans l'eau depuis 0° jusqu'à 30° sous la pression atmosphérique.	25
Tableau de la solubilité de l'acide carbonique dans l'alcool depuis 0° jusqu'à 30°	26

CHAPITRE III

CARBONATE DE CHAUX. — CRAIE. — MARBRE.	27

CHAPITRE IV

ACIDE SULFURIQUE	29
Brûlures par l'acide sulfurique. — Essais de l'acide sulfurique	30
Densité des mélanges d'acide sulfurique et d'eau	32

CHAPITRE V

ACIDES TARTRIQUE ET CITRIQUE. — HYPOSULFITE DE SOUDE

Acide tartrique.	33
Acide citrique.	34
Hyposulfite de soude	36
Protoxyde d'azote.	36
Azote.	37
Oxygène.	37

DEUXIÈME PARTIE

ÉTUDE DES APPAREILS FABRIQUANT INDUSTRIELLEMENT
L'EAU DE SELTZ

CHAPITRE PREMIER

Appareils à pressions chimiques. — Appareils Vernaut et Barruel. 40
Appareil de Savaresse. — Laveurs. — Satureurs. — Fonctionnement 42
Appareil Greffier 45
Appareil François. — Fonctionnement 55
Production du gaz. — Tableau. — Emploi 47

CHAPITRE II

APPAREILS SEMI-CONTINUS. — CARACTÈRES

Appareil d'Ozouf. — Producteur. — Saturateur. — Fonctionnement. — Remarques importantes. — Usage. — Emploi. 50
Appareil Guéret. — Emploi. 56

CHAPITRE III

APPAREILS CONTINUS. 58
Appareil de Bramah. — Fonctionnement 61
Appareil Boulet et Cie. — Producteur. — Laveurs. — Gazomètre. — Marche du gaz dans les laveurs. — Saturateur. — Fonctionnement 63
Appareils Cazaubon. — Charge des appareils 69
Appareils Durafort. — Fonctionnement 70
Appareils Guéret frères. — Fonctionnement. — Remplissage des siphons. — Charge des appareils Guéret 72
Appareils à producteur de gaz dit à faible pression . . . 74
Appareils François. — Fonctionnement. — Tableau de production. 75

CHAPITRE IV

Appareils Mondollot. — Type n° 0. — Producteur. — Saturateur. — Laveurs. — Pompe. — Chargement de l'appareil. — Manœuvre de l'appareil. — Fin de l'opération. — Changement des matières. 77
Type n° 0, ancien modèle. — Fonctionnement. 83
Types n°s 1 et 2. — Laveurs. — Vase de sûreté. — Pompe. — Charge et mise en marche de l'appareil. — Production. 86
Type n° 3. — Saturateur. — Laveur. — Vase de sûreté. — Pompe. — Charge et mise en marche. — Purge d'air du producteur. — Mise en marche des producteurs. — Observation importante 91

CHAPITRE V

APPAREILS ACCESSOIRES DE FABRICATION

Appareils de tirage. 99
Manœuvre du robinet à boisseau des tirages à siphons . . . 100
Manœuvre du robinet à deux soupapes avec levier oscillant . 102
Robinet de tirage à une seule soupape avec dégagement automatique 103
Robinet à vis avec soupape de dégagement. 104
Tirages à bouteilles. — Fonctionnement. — Ficelage des bouteilles. — Précautions à prendre. — Bouchage des fuites. 104
Tirage double 108
Tirage à siphons et à bouteilles, avec doseur injecteur automatique, système Mondollot 109
Tirage à bouteille avec doseur injecteur. — Amorçage de l'appareil 109
Tirage à siphons avec injecteur à sirop. — Réservoir à sirop. — Remplissage des siphons 111
Pompes à sirop. — Entretien 113
Doseur Monroy. 114
Tirage horizontal Codd pour bouteilles à billes en verre. — Remplissage des bouteilles. — Débouchage 115
Tirage à billes. — Système Prudon et Dubost. — Fonctionnement. — Avantages de cet appareil. 117

CHAPITRE VI

RÉCIPIENTS CONTENANT LES EAUX GAZEUSES

Le siphon. — Système à grand levier.	118
Système à petit levier	121
Comparaison des deux systèmes	122
Systèmes divers. — Considérations générales	123
Bouteille Codd	123
Réparations des siphons. — Outils. — Réparation d'un siphon à grand levier. — Remontage des siphons. — Presse à siphons. — Réparation des siphons à petit levier. — Remplaçage des tubes.	124
Nettoyage des siphons. — Nettoyage des têtes	128

CHAPITRE VII

RÉCIPIENTS PORTATIFS ET ROBINETS DE DÉBIT. — REMPLISSAGE . . 131

CHAPITRE VIII

ACCESSOIRES DE FABRICATION

Vide-tourie. — Amorçage du siphon	134
Pompes. — Pompes centrifuges. — Pompes à piston. — Pompe spéciale. — Mise en marche.	135
Filtres. — Filtre David. — Mise en marche. — Nettoyage. — Renseignements généraux.	138
Filtre Bourgeoise. — Filtre à aspiration. — Nettoyage. — Renseignements généraux	139
Filtre purificateur. — Renseignements généraux	140
Filtre à pression. — Fonctionnement. — Nettoyage. — Renseignements généraux	141
Filtre Chamberland	142
Filtre Mallié.	143

TROISIÈME PARTIE

CHAPITRE I

Observations très importantes concernant la fabrication de l'eau de seltz 145
Air. — Fuites. — Moyen de trouver les fuites 146
Production du gaz. — Goût de graisse 149
Vitesse. — Entretien 151

CHAPITRE II

ACCIDENTS DE FABRICATION

Gelée. — Orages. — Incendie. — Accidents produits par la rupture des siphons. 153

CHAPITRE III

ACHAT DES APPAREILS

Démarches à faire pour l'établissement d'une fabrique d'eaux gazeuses. — Commission d'hygiène. — Local . . 157

QUATRIÈME PARTIE

ÉTUDE DE LA FABRICATION DES DIFFÉRENTES BOISSONS DANS LESQUELLES ENTRE L'ACIDE CARBONIQUE

CHAPITRE I

Sirop 161
Préparation du sirop. — Cuite à la vapeur. — Filtrage. — Degré de concentration et moyen de le reconnaître. — Perle. — Pellicule. — Petit filet. — Cassé 162

Aromatisation. — Accidents résultant d'une fabrication défectueuse 166
Préparation des alcoolats. — Alcoolat de citron. — Limonine. — Alcoolat d'orange 221

CHAPITRE II

EAU DE PROTOXYDE D'AZOTE. — EAU AZOTÉE. — EAU OXYGÉNÉE

Eau de protoxyde d'azote. — Préparation 169
Eau azotée 170
Eau oxygénée 170

CHAPITRE III

DES VINS

Vins ordinaires. — Vins de champagne. — Vins champanisés. 173
Tableau de la composition moyenne des vins français (vins rouges) 174
Vins blancs et étrangers (Tableau) 174
Densité de certains vins 175
Alcool 175
Tableau de contraction 176
Collage des vins. — Coloration 177
Ethers 178
Vins mousseux 178
Vins ordinaires. — Vins mousseux artificiels. — Fabrication. 180
Saturation du vin. — Tirage. — Manœuvre du tirage à mumousseux. — Bouchage. — Précaution à prendre. — Observation 181

CHAPITRE IV

Bière 186
Production. — Fabrication. — Préparation du malt. — Germination. — Dessication. — Séparation des radicelles. — Mouture. — Brassage. — Houblonnage 187
Fermentation. — Fermentation haute. — Fermentation basse. Conservation des bières 190

Composition de quelques brassins. 193
Sursaturation des bières. — Sursaturation en bouteilles. —
  Tirage. — Sursaturation en tonneaux. — Saturation directe.
  — Saturation des bières fortes 194
Débit de la bière au comptoir 197

CHAPITRE V

CIDRE ET POIRÉ

Fabrication. — Broyage. — Conservation en barriques. —
  En bouteilles. 199
Tableau des analyses des différents cidres 201
Gazéification. 202

CHAPITRE VI

GAZ

EAUX MINÉRALES ARTIFICIELLES. 203
Divisions. — Eaux acidulées. — Eaux chlorurées. — Eaux
  sulfatées. — Eaux sulfureuses. — Eaux ferrugineuses. —
  Eaux bromurées et iodurées. — Fabrication des eaux mi-
  nérales artificielles 203
Formules d'eaux minérales factices. 204
Eau de sedlitz 206
Eau alcaline gazeuse 206
Eau ferrée gazeuse 206
Eaux aux sels de Lithine 207
Gazogène Briet. — Description. — Fonctionnement . . . 207

CHAPITRE VII

GLACE

Fabrication de la glace. — Moyens chimiques. — Mélanges
  réfrigérants. 212
Tableau des principaux mélanges réfrigérants 213
Mode d'emploi des mélanges. — Appareils 215
Glacière Goubaud 216
Glacière Penaut 216

TABLE DES MATIÈRES

Fabrication industrielle.	216
Appareil Carré. — Modèle A. — Modèle G. — Fonctionnement. — Renseignements généraux.	218
Congélateur E. Carré. — Manœuvre	222
Machine à glace (Powel). — Description. — Mise en marche.	223
Frappage d'une carafe. — D'un bloc de glace	225
Appareil Carré. — Congélateur. — Fonctionnement. — Renseignements généraux.	226
Deuxième groupe. — Appareil Carré	229
Machine à ammoniaque anhydre. — Fonctionnement. — Avantages. — Renseignements généraux.	230
Machine de grande production, système Fexary. — Machine verticale. — Renseignement généraux.	232
Appareil à éther.	235
Machine à chlorure de méthyle. — Description. — Frigorifère. — Liquéfacteur. — Pompe. — Fonctionnement. — Transport du chlorure de méthyle. — Renseignements généraux	235
Machine à air dilaté	240
Machine à acide sulfureux anhydre. — Système Pictet. — Description. — Application des machines à glace . . .	240

CINQUIÈME PARTIE

MOTEURS

MOTEURS A GAZ, A PÉTROLE, A AIR, MACHINES A VAPEUR
CONSIDÉRATIONS GÉNÉRALES

CHAPITRE I

MOTEURS A GAZ. — Fabrication du gaz. — Moteurs employés.	246
PREMIER GROUPE. — Moteur Bisschop. — Fonctionnement. — Mise en marche. — Observations sur la marche. — Renseignements généraux.	249
Moteur Forest. — Tiroir. — Fonctionnement. — Mise en marche. — Règlement. — Installation. — Graissage. — Renseignements généraux.	253

Moteur Benier. — Tiroir. — Échappement. — Arrivée du gaz. Allumage. — mise en marche. — Graissage. — Piston. — Godets. — Refroidissement. — Renseignements généraux. 256
Petits moteurs Bénier. — Renseignements généraux . . . 259
Moteur Laviornerey. — Tiroir. — Mise en marche. — Avantages. — Renseignements généraux. 260
Moteur François. 261
DEUXIÈME GROUPE. — Moteur Otto. — Tiroir. — Inflammation. Régulateur. — Fonctionnement. — Mise en marche. — Graissage. — Refroidissement. — Renseignements généraux. — Dépense de gaz. — Moteur vertical. — Renseignements généraux 261
Moteur Lenoir. — Description. — Fonctionnement. — Admission de gaz et d'air. — Inflammation. — Échappement. — Régulateur. — Refroidissement. — Mise en marche. — Graissage. — Entretien. — Renseignements généraux. . 269
Moteur Simplex. 273
Moteur Kœrting. — Lieckfeld. — Admission. — Échappement. Régularisation. — Renseignements généraux. 274

CHAPITRE II

MOTEURS A AIR CARBURÉ

Moteur à air carburé. — Système Lenoir. — Carburateur. — Fonctionnement. — Mise en marche. — Renseignements généraux 277
Moteur à pétrole. — Système Otto. — Renseignements généraux 279
Installation générale. 280

CHAPITRE III

MOTEUR A AIR CHAUD

Système Bénier. — Fonctionnement. — Réglage de la vitesse. — Alimentation. — Refroidissement du cylindre. — Mise en marche. — Arrêt. — Graissage. — Renseignements généraux 281

CHAPITRE IV

MOTEURS DOMESTIQUES A VAPEUR 285
Moteur Davey. — Description. — Tiroir. — Régulateur. — Pompe à air. — Alimentation. — Fonctionnement. — Mise en marche. — Installation. — Graissage. — Renseignements généraux 285

CHAPITRE V

MACHINES A VAPEUR. — Entretien. — Courroies 289

NOTES

NOTE I. — Sur la correction des eaux. 293
NOTE II. — Analyse qualitative des eaux. 295
NOTE III. — Modèle de traité d'achat d'un moteur. 297

ÉVREUX, IMPRIMERIE DE CHARLES HÉRISSEY

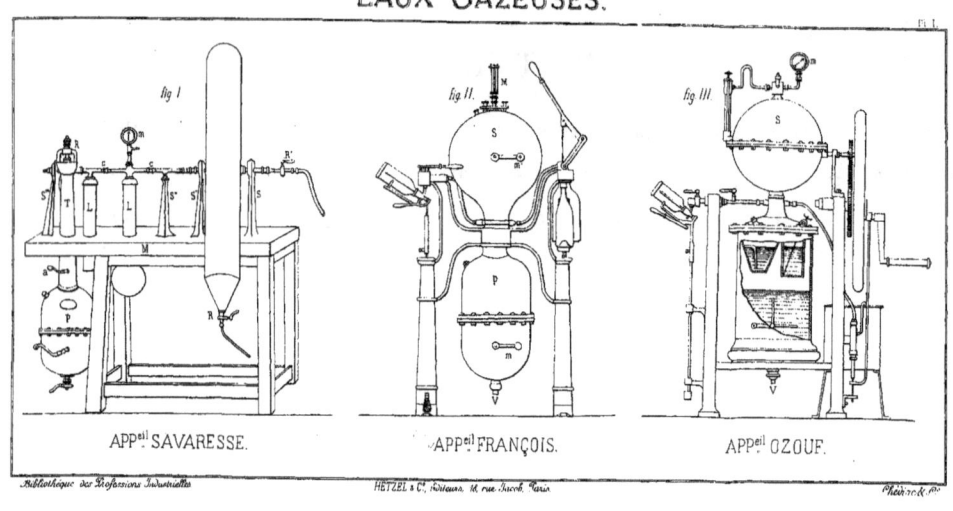

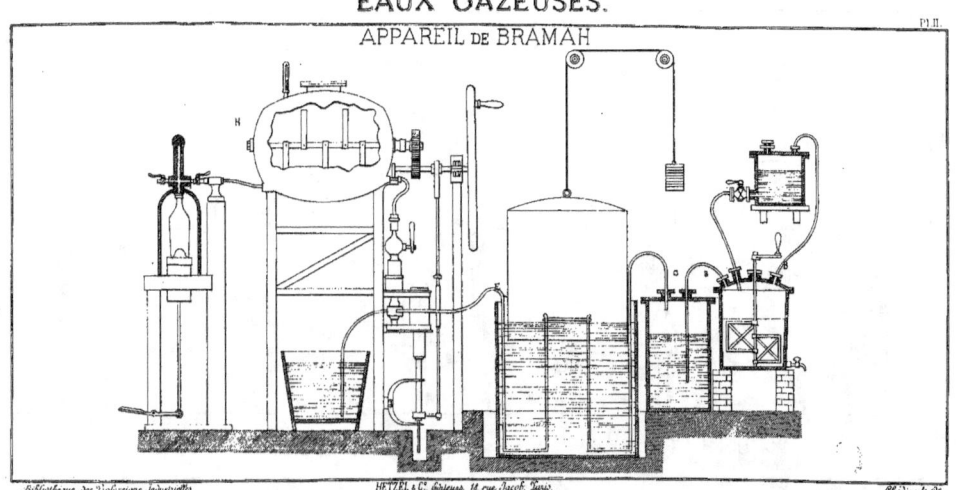

EAUX GAZEUSES.
APPAREIL DE BRAMAH

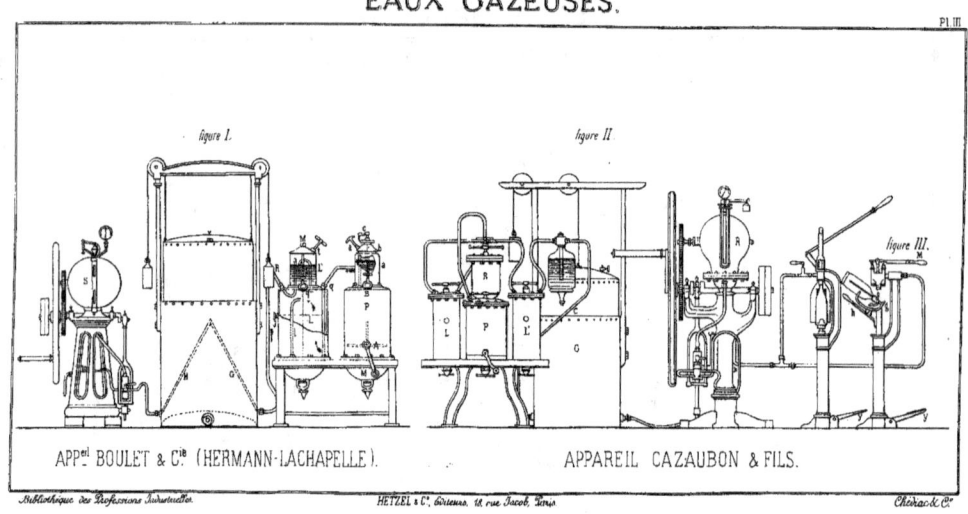

EAUX GAZEUSES.

figure I. — App.eil BOULET & C.ie (HERMANN-LACHAPELLE).

figure II. — APPAREIL CAZAUBON & FILS.

figure III.

EAUX GAZEUSES.

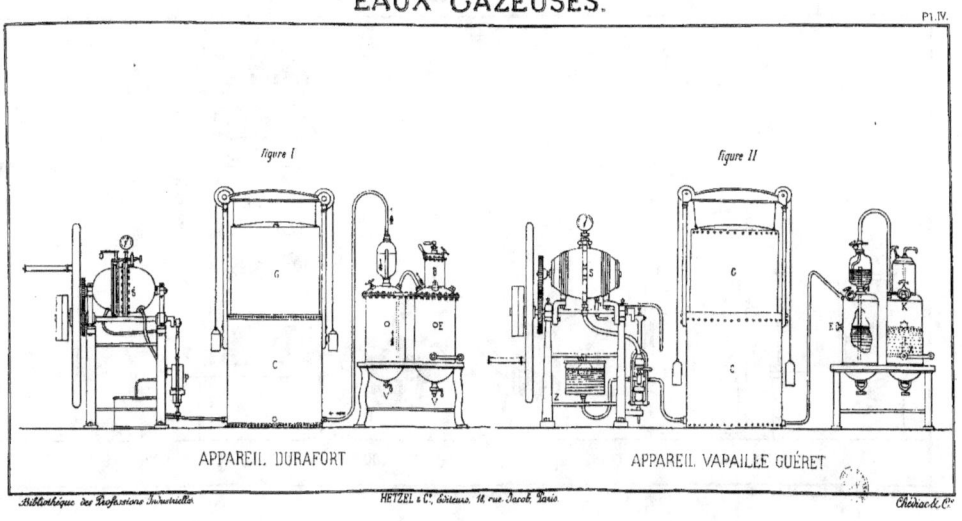

figure I — APPAREIL DURAFORT

figure II — APPAREIL VAPAILLE GUÉRET

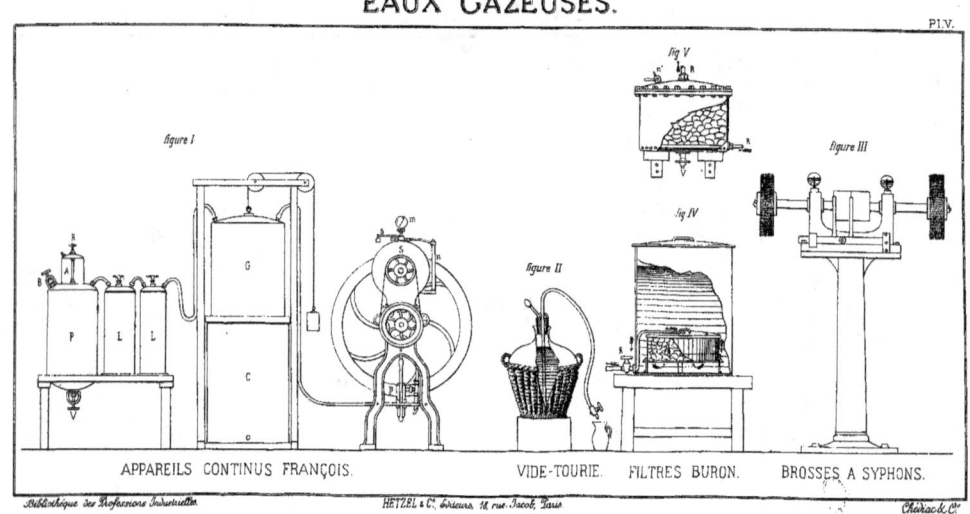

EAUX GAZEUSES.

APPAREILS CONTINUS FRANÇOIS. — VIDE-TOURIE. — FILTRES BURON. — BROSSES A SYPHONS.

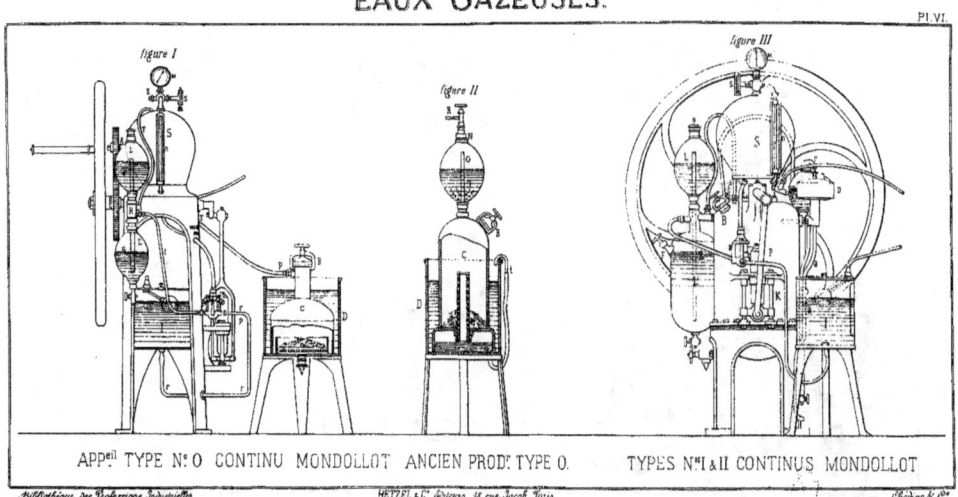

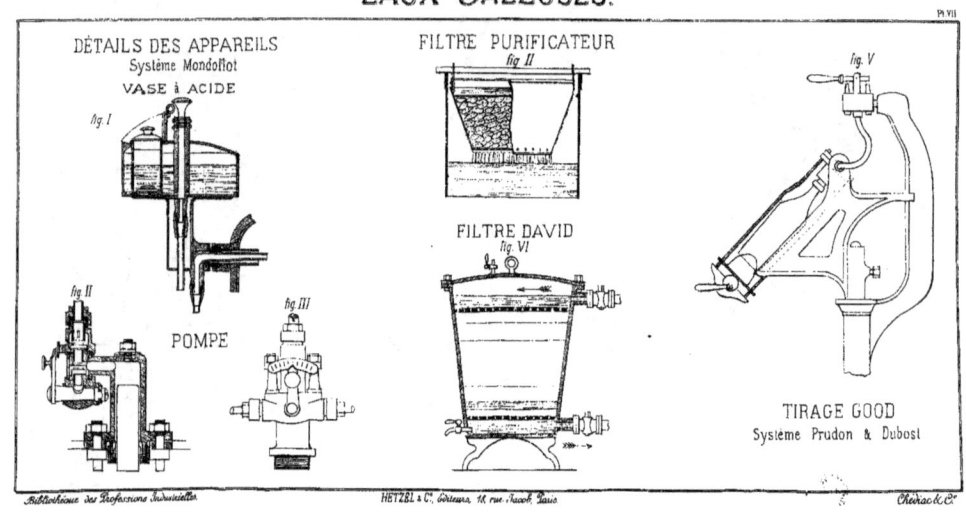

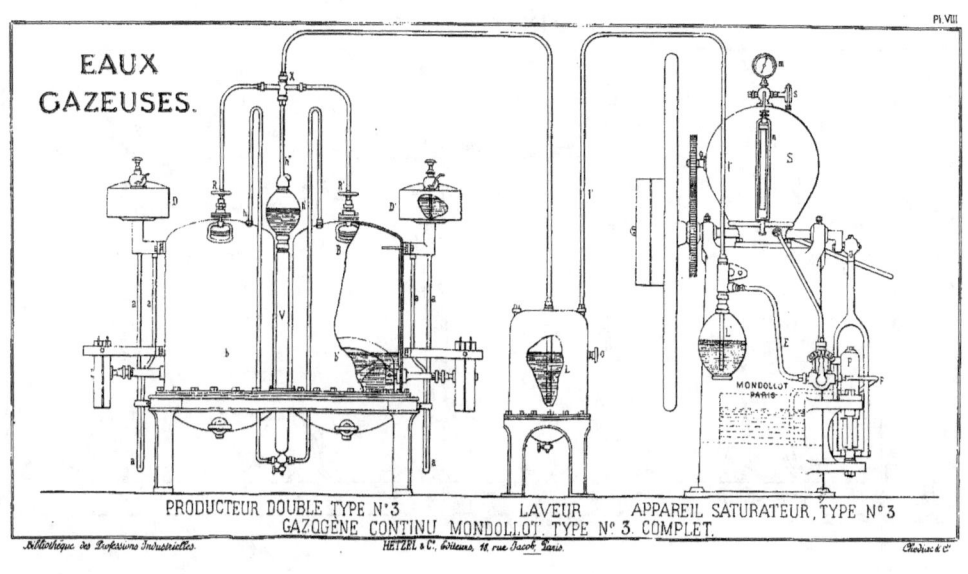

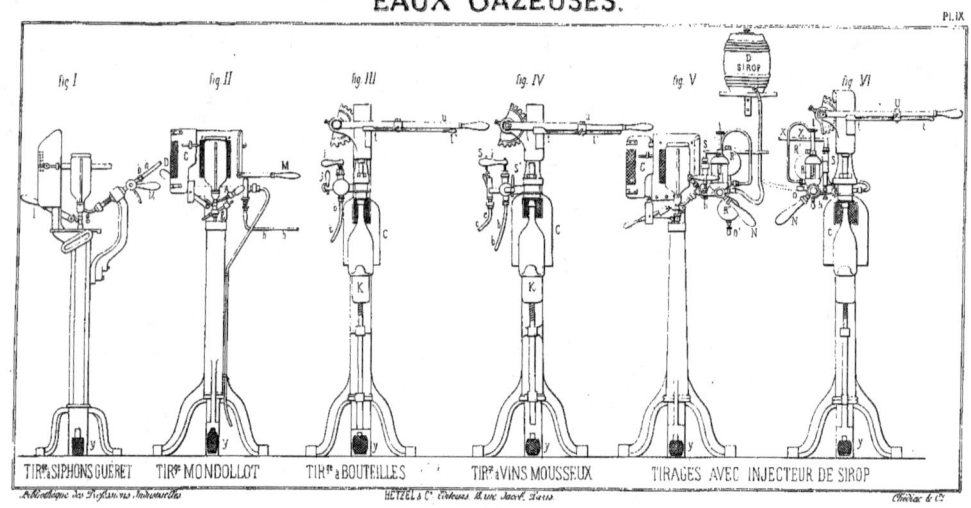

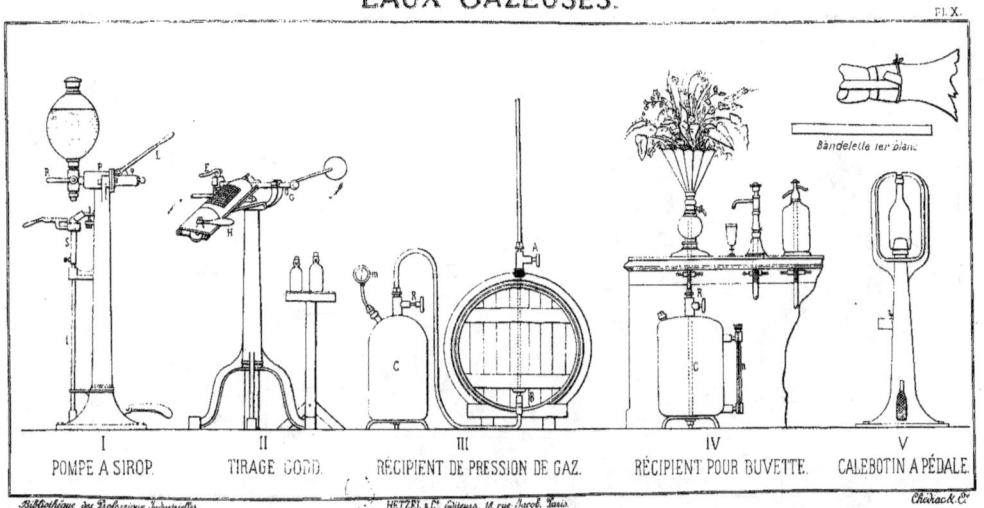

EAUX GAZEUSES.

I. POMPE A SIROP. — II. TIRAGE GODD. — III. RÉCIPIENT DE PRESSION DE GAZ. — IV. RÉCIPIENT POUR BUVETTE. — V. CALEBOTIN A PÉDALE.

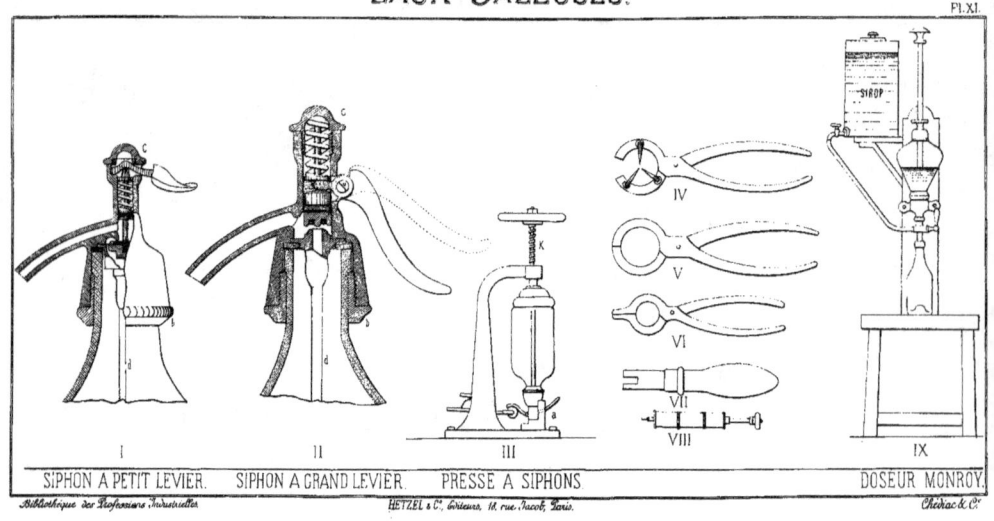

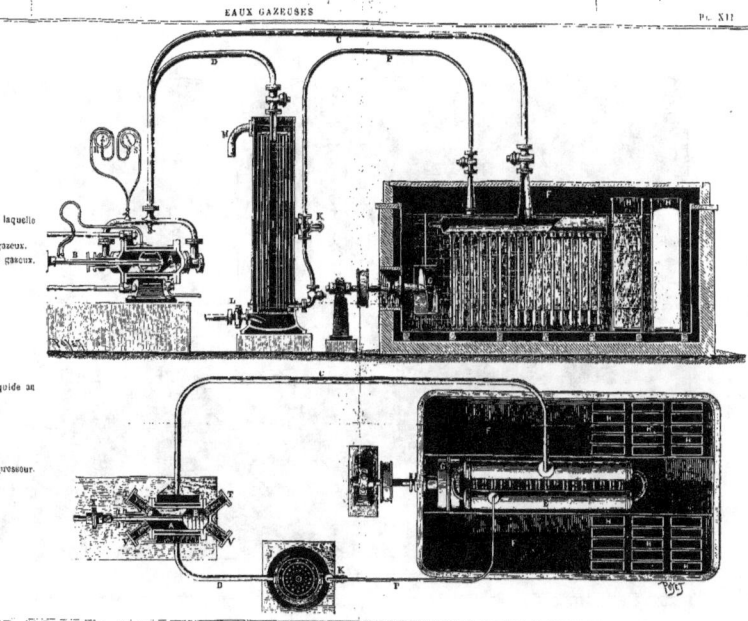

EAUX GAZEUSES

MACHINE A GLACE
SYSTÈME RAOUL PICTET

A. Pompe de compression.
B. Piston compresseur avec tige creuse dans laquelle circule un courant d'eau.
C. Tuyau d'aspiration de l'anhydride sulfureux gazeux.
D. Tuyau de refoulement de l'anhydride sulfureux gazeux.
E. Réfrigérant incongelable nouveau système.
F. Cuve de congélation.
G. Hélice pour agiter le bain incongelable.
H. Moules à glace.
I. Condenseur vertical nouveau système.
K. Robinet de réglage.
L. Robinet d'arrivée de l'eau de condensation.
M. Sortie de l'arrivée de l'eau de condensation.
P. Tuyau de retour de l'anhydride sulfureux liquide au réfrigérant.
R. Manomètre d'aspiration.
S. Manomètre de compression.
T. Soupapes d'aspiration.
V. Soupapes de compression.
X. Jonction du piston moteur avec le piston compresseur.

FABRICATION DE LA GLACE

INSTALLATION GÉNÉRALE DU PROCÉDÉ RAOUL PICTET

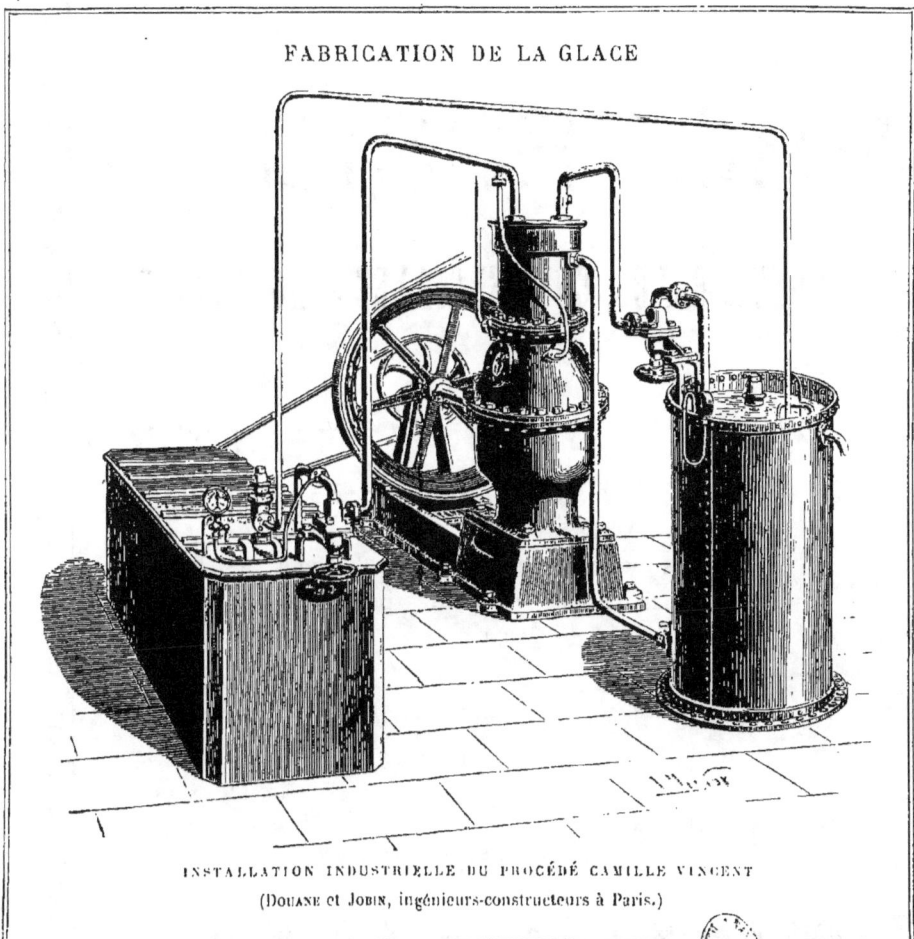

FABRICATION DE LA GLACE

INSTALLATION INDUSTRIELLE DU PROCÉDÉ CAMILLE VINCENT
(Douane et Jobin, ingénieurs-constructeurs à Paris.)

ENSEIGNEMENT PROFESSIONNEL

BIBLIOTHÈQUE
DES
PROFESSIONS
INDUSTRIELLES, COMMERCIALES et AGRICOLES

	PAGES
Avertissements.	2-3
Liste des ouvrages par ordre de série	7
Table des matières par ordre alphabétique.	13
Table des noms d'auteurs par ordre alphabétique.	64

PARIS

J. HETZEL ET Cie, ÉDITEURS

18, RUE JACOB, 18

CATALOGUE E. F.

Bibliothèque des Professions industrielles, commerciales et agricoles

Le premier mérite des volumes qui composent cette ENCYCLOPÉDIE c'est d'être accessibles par la forme, par le fond et par le prix, aux personnes qui ont le plus souvent besoin d'indications pratiques sur la profession dont elles font l'apprentissage, ou dans laquelle elles veulent devenir plus intelligemment habiles.

A ces personnes, dont le nombre est très grand, il faut des *guides pratiques exacts*, d'un format commode, d'un prix modéré, rédigés avec clarté et méthode, comme est clair et méthodique l'enseignement direct du professeur à l'élève ou celui du maître à l'apprenti. Telle a été la pensée qui a présidé à la publication de la *Bibliothèque des professions industrielles, commerciales et agricoles*.

Elle se compose de *onze séries*, qui se subdivisent comme suit :

A. Sciences exactes. — B. Sciences d'observation. — C. Art de l'Ingénieur. — D. Mines et Métallurgie. — E. Professions commerciales. — F. Professions militaires et maritimes. — G. Arts et métiers, Professions industrielles. — H. Agriculture, Jardinage, etc. — I. Economie domestique, Comptabilité, Législation, Mélanges. — J. Fonctions politiques et administratives, Emplois de l'Etat, Départementaux et Communaux, Services publics. — K. Beaux-arts, Décoration, Arts graphiques.

Les volumes de cette collection sont publiés dans le format grand in-18, la plupart d'entre eux sont illustrés de gravures qui viennent mieux faire comprendre le texte ; des atlas renferment les dessins qui exigent d'être représentés à grandes échelles et avec plus de détails.

L'ENVOI est fait franco pour toute demande dépassant 15 francs et accompagnée de son montant en billets de banque, timbres-poste, mandats-poste, chèques ou mandats à vue sur Paris, coupons de valeur (déduction faite de l'impôt de 3 0/0).

Le prix du port est de 30 centimes pour les volumes de 3 francs et au-dessous ; 40 centimes pour les volumes de 4 francs ; 50 centimes pour les volumes de 5 et 6 francs ; — 60 centimes pour les volumes au-dessus de ce prix.

NOTA. — Les ouvrages marqués d'un ✱ ont été choisis par le ministère de l'Instruction publique pour faire partie des catalogues des bibliothèques publiques scolaires. Le deuxième ', plus petit, désigne les ouvrages choisis pour être distribués en prix.

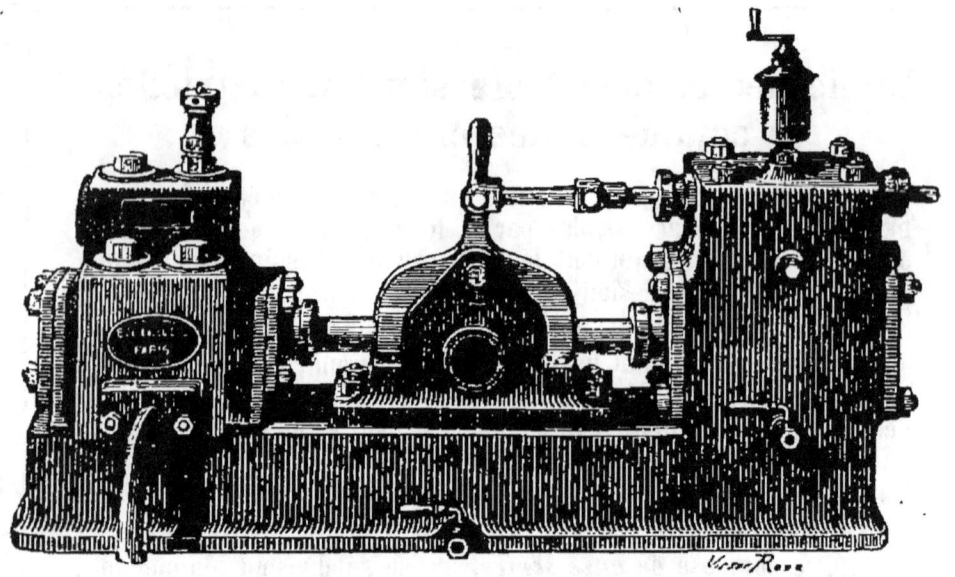

Figure spécimen du *Guide pratique de l'ouvrier mécanicien.* (Voir page 44.)

BIBLIOTHÈQUE DES PROFESSIONS

industrielles, commerciales et agricoles

Parmi les bibliothèques spéciales, techniques plutôt, qui tiennent ou commencent à tenir une si grande place dans la librairie contemporaine, il faut citer au premier rang la *Bibliothèque des Professions industrielles, commerciales et agricoles*, mise en vente par la librairie Hetzel, et qui comprend déjà 121 ouvrages formant 128 volumes. Le champ est vaste de toutes les connaissances exigées, ou qui devraient l'être, par ceux, — et le nombre en est de plus en plus considérable, — qui se destinent à l'industrie, au commerce ou à l'agriculture. Autrefois, il n'y a pas longtemps encore, la seule science à peu près reconnue était la routine. En tout, partout, dans les grandes comme dans les petites exploitations, on tenait à ne pas s'éloigner des habitudes et des traditions transmises. Cela faisait, en quelque sorte, partie de l'héritage.

Depuis quelques années, nous commençons, en France, à nous affranchir de ces méthodes arriérées. C'était bon de s'enfermer dans sa coquille quand les communications étaient difficiles, quand on se suffisait, pour ainsi dire, chacun chez soi, et quand on n'avait qu'un médiocre intérêt à suivre les progrès de l'industrie, par exemple, puisque la production répondait à la consommation. Aujourd'hui, ce n'est plus tout à fait cela ; c'est à qui fera le mieux, et, en même temps, fera le plus vite. La rapidité des transports, la rapidité des demandes qui peuvent être transmises, le même jour, d'un bout du monde à l'autre, ont provoqué une concurrence presque sans limites, et c'est tant pis pour ceux qui, s'en tenant aux vieux moyens, n'ont à leur service qu'un outillage inférieur. N'en pourrait-on dire autant pour l'agriculture, si complètement transformée depuis quelques années ? et même pour le commerce, dont les relations, au lieu d'être limitées, confinées dans un certain rayon, sont aujourd'hui universelles ?

Quoi de plus naturel que d'étudier les conditions nouvelles auxquelles sont soumises les industries diverses, les transactions commerciales, les exploitations agricoles ? Et en même temps, quoi de plus curieux, pour cette partie du public éclairé et qui aime d'autant plus à s'instruire, que l'étude rendue claire et facile, de ces trois choses qui sont les bases mêmes de la fortune d'un pays ? Les spécialistes n'ont qu'à choisir, dans les rayons de cette bibliothèque, pour trouver aussitôt ce qui les concerne et les intéresse. Autant de branches de la science, autant de traités particuliers, composés et écrits par les savants les plus autorisés et les professeurs les plus compétents.

La collection comprend onze séries consacrées à des ouvrages spéciaux, mais réunis tous, cependant, par un lien commun. Ainsi, il y a une série pour les sciences exactes, une autre pour les sciences d'observation. Dans la troisième, se trouve traité, sous ses différents aspects, l'art de l'ingénieur ; la quatrième s'occupe des mines et de la métallurgie. Ici sont étudiées les machines motrices ; là les professions militaires et maritimes. Plus loin, sous la rubrique Arts et Métiers, sont passées en revue les professions industrielles ; puis enfin l'agriculture, le jardinage et tout ce qui s'y rattache, l'étude des eaux, des bois et forêts, et enfin l'économie domestique. On voit tout ce qui peut tenir de traités particuliers dans cette nomenclature générale. Chacun a son volume, accompagné de dessins explicatifs et de figures, quand il est nécessaire, pour les mieux mettre à la portée du public.

Il est aisé de comprendre qu'une telle collection ne peut pas être exactement limitée, par la raison bien simple qu'elle doit se tenir à la hauteur du mouvement, c'est-à-dire du progrès, et tenir compte des inventions nouvelles qui, sans bouleverser de fond en comble les systèmes adoptés, les transforment en partie, ou tout au moins les modifient. Telle qu'elle est, on peut la considérer déjà comme supérieure à tout ce qui existe dans le même ordre d'idées. Le cadre général est plus vaste et peut s'élargir encore ; quant aux traités particuliers, comment n'offriraient-ils pas toutes les garanties désirables, grâce aux noms des spécialistes qui les ont rédigés? La physique, la chimie, les sciences naturelles, d'un côté, la géométrie, l'algèbre, de l'autre, sont enseignées de la façon la plus claire, et, ce qu'il ne faut pas oublier, par des moyens mis à la portée des gens du monde désireux d'acquérir des connaissances au moins superficielles sur toutes choses.

Ce qui caractérise notre époque est un immense besoin de savoir. On veut au moins des notions sur toutes choses. Comment les propriétaires, par exemple, pourraient-ils se rendre compte des engagements imposés à leurs fermiers, s'ils n'étaient, eux-mêmes, au fait des exigences de l'agriculture? Et il en est partout ainsi.

Cette bibliothèque répond donc à un besoin réel, à un moment où la machine remplace de plus en plus les bras et où le mécanicien fait des progrès constants. Rien de plus clair et de plus complet n'a été fait jusqu'à ce jour, ni de plus réellement utile. C'est l'encyclopédie du dix-neuvième siècle, qui se recommande aussi bien par la variété des sujets que par la valeur propre de chacun d'eux, où l'on trouve, en même temps que les vues d'ensemble, les guides pratiques de toutes les industries en exploitation et de toutes les professions et métiers. Nous ne saurions trop la recommander aux gens du monde curieux de notions générales, ainsi qu'aux personnes désireuses d'apprendre ou d'approfondir une spécialité.

Gravure spécimen du *Manuel pratique de Jardinage*. (Voir page 40.)

LISTE DES OUVRAGES

PAR ORDRE DE SÉRIE

SÉRIE A

SCIENCES EXACTES

1.	P. **Leprince**. Principes d'algèbre. 1 vol.	4 »
2.	**Lenoir**. Calculs et comptes faits.	4 »
3-4.	Ch. **Rozan**. Leçons de géométrie. 1 vol., 4 fr., et un atlas, 2 fr. — L'ouvrage complet.	6 »
5-6.	**Ortolan** et **Mesta**. Dessin linéaire. 1 vol., 4 fr., et un atlas, 2 fr. — L'ouvrage complet.	6 »

SÉRIE B

SCIENCES D'OBSERVATION

CHIMIE — PHYSIQUE — ÉLECTRICITÉ

1.	Dr **Sacc**. Chimie minérale. 1 vol.	3 »
2.	———— Chimie organique. 1 vol	3 »
3-4.	**Hetet**. Chimie générale élémentaire. 2 vol.	10 »
5.	**Chevalier**. L'étudiant photographe. 1 vol.	3 »
6.	**Gaudry**. Essais des matières industrielles. 1 vol. . . .	4 »
7.	B. **Miège**. Télégraphie électrique. 1 vol.	2 »
8.	**Du Temple**. Introduction à l'étude de la physique. 1 vol.	4 »
9.	**Flammarion (C.)**. Manuel pratique de l'astronome (*en préparation*).	» »
10.	**Frésenius** et **Will**. Potasses, soudes. 1 vol..	2 »
11.	**Liebig**. Introduction à l'étude de la chimie. 1 vol. . .	3 »
12.	J. **Brun**. Fraudes et maladies du vin. 1 vol.	3 »

13. Dr **Lunel**. Les falsifications. 1 vol.	4	»
14-15. **Noguès**. Minéralogie appliquée. 2 volumes à 4 fr.	8	»
16. **Du Temple**. Transmission de la pensée et de la voix. 1 vol.	4	»
17. **Snow-Harris**. Leçons d'électricité. 1 vol.	3	»
18. **Laffineur**. Hydraulique et hydrologie. 1 vol.	3	50
19-20. **R. Clausius**. Théorie mécanique de la chaleur. 2 volumes à 4 fr.	8	»

SÉRIE C

ART DE L'INGÉNIEUR

PONTS ET CHAUSSÉES — CHEMINS DE FER — CONSTRUCTIONS CIVILES

1. **Guy**. Guide du géomètre arpenteur. 1 vol.	4	»
2-3. **Birot**. Guide du conducteur des Ponts et Chaussées et de l'agent voyer.		
Première partie. Ponts. 1 vol.	4	»
Deuxième partie. Routes. 1 vol.	4	»
4. **G. Cornet**. Album des chemins de fer. 1 vol.	10	»
5. **Viollet-le-Duc**. Comment on construit une maison. 1 vol.	4	»
6. **Viollet-le-Duc**. Introduction à l'étude de l'architecture (*en préparation*)	»	»
7. **Pernot**. Guide du constructeur. 1 vol.	4	»
8. **Frochot**. Cubage et estimation des bois. 1 vol.	4	»
10. **Demanet**. Maçonnerie. 1 vol. (*épuisé*)	»	»
11. **Laffineur**. Roues hydrauliques. 1 vol.	3	50
12. **Dinée**. Engrenages. 1 vol.	3	50
13. Dynamite et agents explosifs (*en préparation*)	»	»
19-20. **Bouniceau**. Constructions à la mer. 1 vol. et 1 atlas.	18	»
21. **Emion**. Exploitation des chemins de fer. Voyageurs et Bagages. 1 vol.	4	»
22. **Emion**. Exploitation des chemins de fer. Marchandises. 1 vol.	4	»

SÉRIE D

MINES ET MÉTALLURGIE

GÉOLOGIE — HISTOIRE NATURELLE

1. **Dana**. Manuel du Géologue. 1 vol.	4	»
3. **D.-L**. Métallurgie pratique. 1 vol.	4	»

4.	**Fairbairn.** Le fer. 1 vol............	4	»
5.	**L.-B.-J. Dessoye.** Emploi de l'acier. 1 vol......	4	»
6.	**Landrin.** Traité de l'acier. 1 vol..........	4	»
7.	**Agassiz** et **Gould.** Manuel du Naturaliste — Zoologie — (*en préparation*)............	»	»
11.	**C.** et **A. Tissier.** Aluminium et métaux alcalins. 1 vol.	3	»
12.	**Guettier.** Alliages métalliques. 1 vol.........	3	»
13.	**Drapiez.** Minéralogie usuelle. 1 vol.........	3	»

SÉRIE E

PROFESSIONS COMMERCIALES

1.	Manuel des Entreprises commerciales (*en préparation*).	»	»
2.	**Bourdain.** Manuel du Commerce des Tissus. 1 vol. .	3	»
3.	Manuel du Caissier (*en préparation*).........	»	»
4.	**Emion.** La liberté et le courtage des marchandises (*épuisé*)...................	»	»

SÉRIE F

PROFESSIONS MILITAIRES ET MARITIMES

1.	**Doneaud.** Droit maritime. 1 vol...........	3	»
2.	**Bousquet.** Architecture navale. 1 vol.........	2	»
3.	**Tartara.** Code des bris et naufrages. 1 vol......	4	»
4.	**Steerk.** Poudres et salpêtres. 1 vol.........	4	»
5.	**Juven.** Comment on devient officier. 1 vol......	4	»

SÉRIE G

ARTS ET MÉTIERS

PROFESSIONS INDUSTRIELLES

1.	**Basset.** Culture et alcoolisation de la betterave. 1 vol.	3	»
2.	**Rouland.** Nouveaux barèmes de serrurerie. 1 vol. . .	4	»
3.	**Dubief.** Guide du Féculier et de l'Amidonnier. 1 vol.	4	»
4.	**Souviron.** Dictionnaire des termes techniques. 1 vol. .	6	»

5. **Dromart.** Carbonisation des bois. 1 vol.. . . . . 4 »
6. **Gaisberg** et **Baye.** Manuel de montage des appareils d'éclairage électrique. 1 vol. . . . . 2 »
7. **Jaunez.** Manuel du chauffeur. 1 vol. . . . . 2 »
8. **Violette.** Fabrication des vernis. 1 vol. . . . . . . 6 »
9. **Th. Chateau.** Corps gras industriels. 1 vol. . . . . 4 »
10. **Mulder.** Guide du brasseur. 1 vol. . . . . 4 »
11. **Dubief.** Traité de la fabrication des liqueurs. 1 vol. . . 4 »
12. **Houzé.** Le livre des métiers manuels. 1 vol. . . . . 4 »
13. **J.-F. Merly.** Livre du charpentier. 1 vol. . . . . . 4 »
14. **Fol.** Guide du teinturier. 1 vol. . . . . 4 »
15. **Barbot.** Guide du joaillier. 1 vol. . . . . 4 »
16. **Leroux.** Filature de la laine. 1 vol. . . . . 15 »
17. **De Courten.** Collodion sec au tanin. 1 vol.. . . . . 4 »
18. **Prouteaux.** Fabrication du papier et du carton. . . . 4 »
19. **Berthoud.** La charcuterie pratique . . . . 4 »
20. **Lunel.** Guide du parfumeur. 1 vol. . . . . 4 »
21. **H. de Graffigny.** L'ingénieur électricien. 1 vol. . . 4 »
22. Guide pratique de l'ouvrier électricien (*en préparation*) » »
23. **L. Moreau.** Guide du bijoutier. 1 vol. . . . . 2 »
    Ortolan. Guide de l'ouvrier mécanicien.
24. *Mécanique élémentaire. 1 vol. . . . . 4 »
25. **Mécanique de l'atelier. 1 vol.. . . . . 4 »
26. ***Principes et pratique de la machine à vapeur . . . 4 »
44. **Lunel.** Guide de l'épicerie. 1 vol. . . . . 3 »
48. **Monier.** Essai et analyse des sucres. 1 vol. . . . . 3 »
51. **Dubief.** Vinification. 1 vol. . . . . 4 »

SÉRIE H

AGRICULTURE

JARDINAGE. — HORTICULTURE. — EAUX ET FORÊTS.
CULTURES INDUSTRIELLES. — ANIMAUX DOMESTIQUES. — APICULTURE.
PISCICULTURE.

1. **Gobin.** Agriculture générale (*en réimpression*). . . . » »
2. **Grimard.** Manuel de l'herboriseur. 1 vol. . . . . . 4 »
3. **Laffineur.** Guide de l'ingénieur agricole. 1 vol. . . 3 »
4. **Gayot.** Habitations des animaux. Écuries et Étables. 1 vol. . . . . 3 »
5. — Habitations des animaux. Porcheries, Bergeries. 1 vol. . . . . 3 »
6-7. **Pouriau.** Sciences physiques appliquées à l'agriculture. 2 vol. 14 »
8. **Kielmann.** Drainage. 1 vol. . . . . 2 »

9.	**H. Gobin**. Entomologie agricole. 1 vol.	4 »
10.	**Sérigne**. La Vigne et ses maladies. 1 vol.	3 »
11.	**Gossin**. Conférences agricoles. 1 vol.	1 »
12.	**Sourdeval**. Elevage et dressage du cheval (*en préparation*)	» »
13.	**Bourgoin d'Orly**. Cultures exotiques. 1 vol.	4 »
14.	**Dubos**. Choix de la vache laitière. 1 vol.	2 50
15.	**Dubief**. Le Trésor des vignerons et marchands de vin. 1 vol.	3 »
16.	**Canu et Larbalétrier**. Météorologie agricole. 1 vol.	2 »
17.	**Mariot-Didieux**. L'éducateur de lapins. 1 vol.	2 50
18.	— Education lucrative des poules. 1 vol.	4 »
19.	— — des oies et canards. 1 vol.	2 50
20.	**Larbalétrier**. Guide de Pisciculture et d'Aquiculture fluviales. 1 vol.	4 »
21.	**Mariot-Didieux**. Le chasseur médecin. 1 vol.	2 »
23.	**Courtois-Gérard**. Culture maraîchère. 1 vol.	4 »
32-33.	**Gobin**. Culture des plantes fourragères. Prairies naturelles. Prairies artificielles. 1 volume.	4 »
40.	**Fleury-Lacoste**. Le Vigneron. 1 vol.	3 »
41.	**Courtois-Gérard**. Manuel pratique du jardinage. 1 vol.	4 »
42.	**Koltz**. Culture du saule et du roseau. 1 vol.	2 »
43.	**Sicard**. Culture du cotonnier. 1 vol.	2 »
48.	**Lunel**. Acclimatation des animaux domestiques. 1 vol.	3 »
52.	**F. Fraiche**. Guide de l'ostréiculteur. 1 vol.	3 »
53.	**Touchet**. Vidange agricole. 1 vol.	1 »
55.	**Pouriau**. Chimiste agriculteur. 1 vol.	6 »
56.	**Lerolle**. Botanique appliquée. 1 vol.	4 »

SÉRIE I

ÉCONOMIE DOMESTIQUE

COMPTABILITÉ. — LÉGISLATION. — MÉLANGES

1.	**Dubief**. Fabrication des vins factices. 1 vol.	2 »
2.	**Lunel**. Economie domestique. 1 vol.	2 »
3.	**I.-A. Rey**. Ferments et fermentation. 1 vol.	4 »
4.	**Dubief**. Le Liquoriste des dames. 1 vol.	3 »
5.	**Hirtz**. Coupe et confection des vêtements de femmes ou d'enfants. 1 vol.	3 »
6.	**Dufréné**. Droits des inventeurs. 1 vol.	3 »
8.	**Baude**. Calligraphie. 1 vol.	4 »
9.	**Lescure**. Traité de géographie. 1 vol.	3 »
10.	**Block (M.)**. Principes de législation pratique appliquée au Commerce, à l'Industrie et à l'Agriculture. 1 vol.	4 »

12 BIBLIOTHÈQUE DES PROFESSIONS INDUST^{lles}, COMMERCIALES ET AGRICOLES

12.	Emion. Manuel des expropriés. 1 vol.	1 »
14.	Lunel. Hygiène et médecine usuelle. 1 vol.	2 »
16.	J. d'Omalius d'Halloy. Manuel d'Ethnographie. 1 vol.	4 »

SÉRIE J

FONCTIONS POLITIQUES & ADMINISTRATIVES

EMPLOIS DE L'ÉTAT, DÉPARTEMENTAUX, COMMUNAUX
SERVICES PUBLICS

	Mortimer d'Ocagne. Les grandes Écoles de France.	
1.	Services de l'État. 1 vol.	4 »
2.	Carrières civiles. 1 vol.	4 »
3.	J. Albiot (*Code départemental*). Manuel des Conseillers généraux. 1 vol.	4 »
4.	Manuel des Conseillers communaux. 1 vol. (*en préparation*)	» »
5.	Mortimer d'Ocagne. Choix d'une carrière (*en préparation*)	» »
6.	Lelay (E.). Lois et règlements sur la Douane. 1 vol.	4 »
7.	Laffolay. Nouveau manuel des octrois. 1 vol.	4 »

SÉRIE K

BEAUX-ARTS — DÉCORATIONS
ARTS GRAPHIQUES

1.	Carteron. Introduction à l'étude des Beaux-Arts (*en préparation*)	» »
2.	Viollet-le-Duc. Comment on devient dessinateur. 1 vol.	4 »
3.	Pellegrin. Perspective. 1 vol.	2 »

Le cartonnage toile de chaque volume se paye 0,50 c. en plus des prix indiqués.

TABLE DES MATIÈRES

TRAITÉES DANS LA

BIBLIOTHÈQUE DES PROFESSIONS

INDUSTRIELLES, COMMERCIALES ET AGRICOLES

Collection de volumes grand in-18

BIBLIOGRAPHIE RAISONNÉE

A

ACCLIMATATION DES ANIMAUX DOMESTIQUES (*Guide pratique de l'*), étude des animaux destinés à l'acclimatation, la naturalisation et la domestication : Animaux domestiques, méthodes de perfectionnement, mammifères, oiseaux, poissons, insectes, précédée de considérations sur les climats et de l'Exposé des classifications d'histoire naturelle, etc., par le docteur LUNEL, 1 volume avec figures dans le texte. . . . . 3 fr.

M. le docteur Lunel a résumé les notions concernant l'acclimatation disséminées dans un grand nombre d'ouvrages volumineux. Ce livre sera consulté avec fruit par toutes les personnes qu'intéresse la grande question de l'acclimatation. Il peut être considéré comme un guide sûr dans les jardins d'acclimatation où sont réunies toutes les races d'animaux indigènes et étrangères, et il donne d'une manière concise et substantielle les notions usuelles nécessaires pour l'étude des animaux destinés à l'acclimatation, la naturalisation et la domestication.

ACIDES (Voir Chimie, page 24, et Potasses, page 54).

ACIER (*Guide pratique de l'emploi de l'*), ses propriétés, avec une introduction et des notes de Ed. GRATEAU, ingénieur civil des mines, par J.-B.-J. DESSOYE, ancien manufacturier, 1 volume.............. 4 fr.

Ce livre constitue une véritable monographie de l'acier. M. Dessoye prend l'art de fabriquer l'acier à son origine et nous montre ses progrès. Il signale la nature et les propriétés natives de l'acier, en indique les différents modes d'élaboration et termine son guide par une étude sur l'emploi de l'acier dans les manipulations qu'on lui fait subir. Comme le fait remarquer M. Grateau dans sa savante introduction, ce livre s'adresse à tous ceux qui sont appelés à acheter et à consommer de l'acier d'une qualité quelconque, sous toute forme, et il devra être consulté par tous les praticiens.

Extrait de la table. — Considérations préliminaires. — Etudes historiques sur la fabrication de l'acier. — Etudes générales sur l'existence des propriétés natives. — Etudes sur l'emploi de l'acier, considéré dans ses propriétés caractéristiques. — De l'emploi de l'acier considéré dans les manipulations qu'on lui fait subir.

ACIER (*Traité de l'*), théorie métallurgique, travail pratique, propriétés et usages, par H.-C. LANDRIN fils, ingénieur civil, 1 volume, avec figures......... 4 fr.

Figure spécimen du *Traité de l'acier.*

Les deux ouvrages de MM. Landrin et Dessoye se complètent l'un par l'autre. Ils donnent au complet la fabrication et l'emploi de l'acier. Nous avons dit, on parlant de celui de M. Dessoye, en quoi consistait son étude ; nous allons, par un extrait de la table des matières du livre de M. Landrin, indiquer en quoi il complète le précédent. — Histoire de l'acier, sa découverte, sa métallurgie dans l'antiquité et dans les différentes contrées. — De la chaleur, de l'oxygène, du soufre, de la chaux, des minerais de fer, des combustibles. — De l'acier et de sa théorie. — Théorie de Réaumur, docimasie. — Métallurgie, acide naturel, acier de fonte, acier puddlé, acier cimenté, acier de fusion, acier du Wootz.

Nouveaux procédés : Procédé Chenot, procédé Bessemer, procédé Taylor, procédé Uchatius, acier damassé. *Etoffes* : Travail de l'acier, raffinage, soudure, recuit à la forge, trempe, recuit à la trempe, écrouissage. *Propriétés de l'acier :* Des limes, du fil d'acier, des aiguilles, tôle d'acier, des scies.

AGENT VOYER (Voir Ponts et Chaussées, page 53).

AGRICULTURE GÉNÉRALE (*Guide pratique d'*), par A. GOBIN, 1 vol. — En réimpression. —

ALGÈBRE (*Principes d'*), par Paul LEPRINCE, ingénieur, ancien élève de l'Ecole d'arts et métiers de Châlons-sur-Marne, 1 volume avec figures . . . . . 4 fr.

Un ouvrage de ce genre n'a pas encore été publié. Il indique les moyens les plus prompts et les plus simples à employer pour parvenir à la solution des problèmes. Il ne comprend que la marche pratique à suivre en algèbre pour arriver aux formules appliquées dans l'industrie en général.

ALLIAGES MÉTALLIQUES (*Guide pratique des*), par A. GUETTIER, ingénieur, directeur de fonderies, etc. 1 volume . . . . 3 fr.

Après avoir donné quelques explications préliminaires sur les propriétés physiques et chimiques des métaux et des alliages, l'auteur examine au point de vue des alliages entre eux les métaux spécialement industriels, c'est-à-dire d'un usage vulgaire très répandu (cuivre, étain, zinc, plomb, fer, fonte, acier). Il donne ensuite quelques indications générales sur les métaux appartenant aux autres industries, mais n'occupant qu'une place secondaire (bismuth, antimoine, nickel, arsenic, mercure), et sur des métaux riches appartenant aux arts ou aux industries de luxe (or, argent, aluminium, platine) ; enfin, il envisage les métaux d'un usage industriel restreint, au point de vue possible de leur association avec les alliages présentant quelque intérêt dans les arts industriels.

ALUMINIUM et MÉTAUX ALCALINS (*Guide pratique de la recherche, de l'extraction et de la fabrication de l'*). Recherches techniques sur leurs propriétés, leurs procédés d'extraction et leurs usages, par Charles et Alexandre TISSIER, chimistes-manufacturiers. 1 volume. 1 planche et figures dans le texte . . . . 3 fr.

Les notions sur l'aluminium se trouvaient disséminées dans des recueils nombreux publiés en France et à l'étranger. Les auteurs de ce guide ont eu l'idée de faire de ces notions éparses un tout homogène dans lequel, après avoir retracé l'historique de la préparation des métaux alcalins, ils esquissent l'histoire de la préparation de l'aluminium. Des chapitres spéciaux sont consacrés à la fabrication industrielle et aux propriétés physiques et chimiques de ce nouveau métal, qui a conquis très rapidement une grande place dans l'industrie.

AMIDONNIER (Voir Féculier et Amidonnier, p. 34).

ANIMAUX (Voir Habitations des Animaux, page 37).

ANIMAUX DOMESTIQUES (Voir Acclimatation des Animaux domestiques, page 13).

ARCHITECTURE (*Introduction à l'étude de l'*), par Viollet-le-Duc. — **En préparation.** —

ARCHITECTURE NAVALE (*Guide pratique d'*) à l'usage des capitaines de la marine du commerce, appelés à surveiller les constructions et les réparations de leurs navires, par Gustave Bousquet, capitaine au long cours, ingénieur, 1 volume avec figures dans le texte . . . . 2 fr.

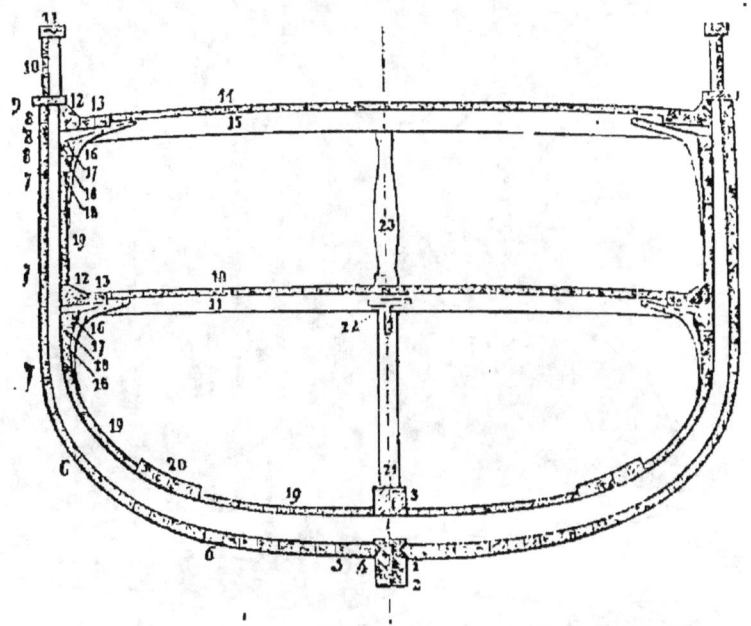

Figure spécimen du *Guide pratique d'architecture navale*.

Dans la *première partie*, l'auteur traite de la connaissance des cales, c'est-à-dire l'endroit où doit être réparé le navire. — Droit et tour d'une pièce. — Écarts. — Quille. — L'étrave. — L'étambot. — L'assemblage des couples, etc.
Dans la *deuxième partie*, nous avons les revêtements intérieurs. — La lisse. — Les carlingues. — Les livets. — Bauquières. — Barrots. — Épontilles, etc.
Puis les revêtements extérieurs. Préceintes, bordées, bois étuvés, chevillage, clous, calfatage, panneaux ou écoutilles, etc.
Cet abrégé très sommaire des matières contenues dans ce volume suffira pour faire comprendre que sa lecture ne peut être que très profitable.

ASTRONOMIE (*Manuel pratique de l'*), par Camille Flammarion. *L'art d'observer le ciel et de se servir des instruments d'optique.* 1 volume. — **En préparation.**

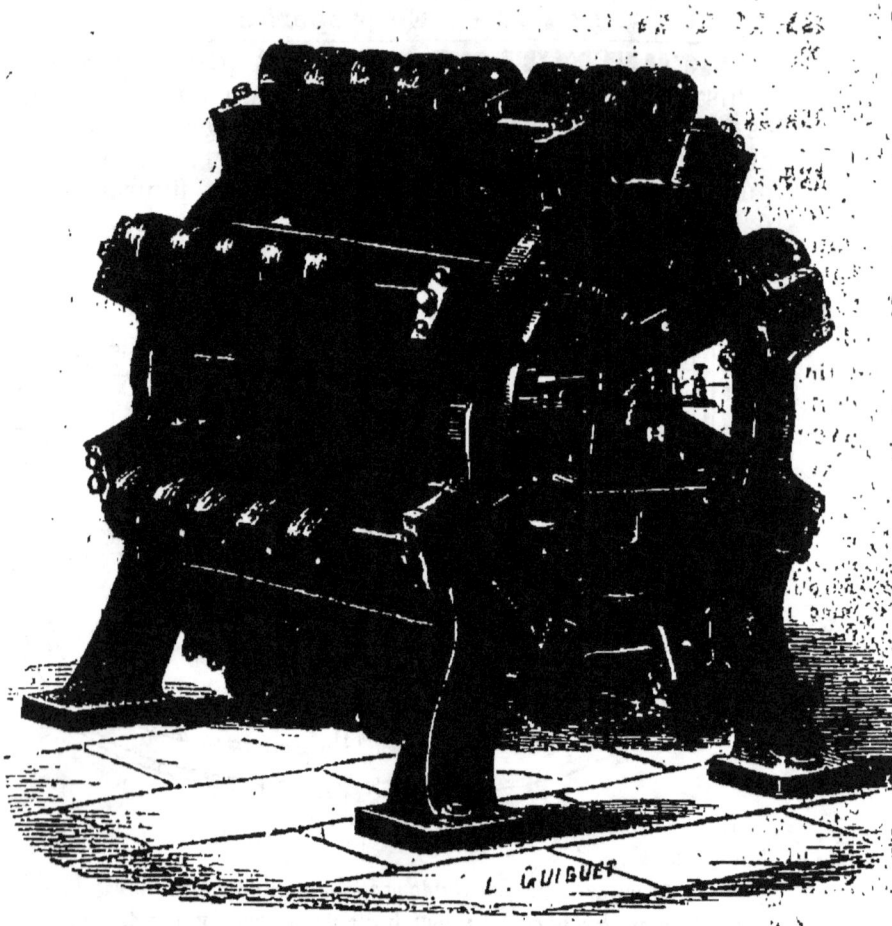

Figure spécimen de l'*Ingénieur électricien*. (Voir page 32.)

B

BEAUX-ARTS (*Introduction à l'étude des*). 1 volume.
— En préparation. —

BERGERIES (voir Habitation des animaux, page 37).

BETTERAVE (*Traité pratique de la culture et de l'alcoolisation de la*). Résumé complet des meilleurs travaux faits jusqu'à ce jour sur la betterave et son alcoolisation, renfermant toutes les notions nécessaires au cultivateur et au distillateur, ainsi que l'examen des méthodes de pulpation, de macération, de fermentation et de distillation employées aujourd'hui. 3e édition corrigée et considérablement augmentée, par N. Basset. 1 volume avec figures dans le texte . . . . 3 fr.

<small>Avant de donner au public cette nouvelle édition, l'auteur avait étudié à fond les principales questions relatives à la culture, à la distillation de la betterave, afin d'apporter son contingent à la grande question de la transformation agricole, par les données que l'expérience lui a fournies. Il a voulu mettre sous les yeux des agriculteurs et des distillateurs les faits techniques, scientifiques et pratiques, dans la plus grande simplicité d'expression. Il examine avec impartialité les différents systèmes : Champenois, Kessler, Dubrunfaut, etc.</small>

BIÈRE (Voir Brasseur, page 20).

BIJOUTIER (*Guide pratique du*). Application de l'harmonie des couleurs dans la juxtaposition des pierres précieuses, des émaux et de l'or de couleur, par L. Moreau, bijoutier et dessinateur. 1 volume avec 2 planches coloriées . . . . 2 fr.

<small>Ce petit livre est une protestation hardie contre l'esprit de routine. L'auteur a réuni les données fournies par la science sur l'harmonie et le contraste des couleurs, et comparant ces données aux observations faites dans la pratique du métier, il a formé une théorie applicable à la bijouterie.</small>

BOIS EN FORÊTS (*Carbonisation des*), par E. Dromart, ingénieur civil, 1 volume avec figures et 1 planche . . . . 4 fr.

Extrait de la table des matières : Bois. — Charbon de bois. — Carbonisation des meules en forêts. — Carbonisation des bois à goudron. — Appareils à vases clos. — Appareils à vapeur surchauffée. — Carbonisation des bois durs, des tiges de bruyère. — Analyse des charbons.

BOIS (*Guide théorique et pratique de Cubage et d'Estimation des*) à l'usage des propriétaires, régisseurs, marchands de bois, gardes forestiers, etc., etc., par Alexis Frochot, sous-inspecteur des forêts, etc. 2ᵉ édition. 1 volume, tableaux et 14 figures et 1 planche graphique donnant les tarifs de cubage des arbres sur pied et des arbres abattus.................................. 4 fr.

Figure spécimen du *Guide de cubage et d'estimation des bois.*

Extrait de la table des matières. — **Cubage des bois abattus.** Bois en grume, bois ronds, bois méplats, bois équarris, bois de feu; exécution des calculs de cubage. — **Cubage des bois sur pied.** — Mesures des hauteurs : 1º au dendromètre; 2º à vue d'œil; 3º mesure des diamètres. — Cubage des résineux. — **Estimation des bois sur pied en matière**, bois de charpente, étais, perches de mines, poteaux télégraphiques, sciage, traverses de chemins de fer, bois de fente, bois de feu, écorces, frais de transport et d'exploitation. — Estimation en argent. — **Estimation des forêts en fonds et superficie.** — Exposé de la méthode, bois susceptibles de revenus égaux et périodiques, bois donnant des revenus inégaux. — Procédés de calculs à employer. — Applications, tarifs linéaires, renseignements bibliographiques.

BOTANIQUE (**Traité pratique et élémentaire de*) appliquée à la culture des plantes, par Léon Lerolle, ancien élève de l'Ecole d'agriculture de Grand-Jouan, membre de la Société d'horticulture de Marseille, 1 volume, 108 figures dans le texte.................. 4 fr.

Extrait de la table : De la germination des graines, choix et conservation des graines. — De la végétation des plantes, des bourgeons. — Phénomènes souterrains, phénomènes aériens, phénomènes anatomiques de la végétation. — Nutrition des végétaux, nature des substances absorbées par les racines, sécrétion, transpiration. — Agents essentiels de la végétation. — De la reproduction des plantes, du périanthe, des étamines, du pistil, des ovules. — Floraison. — Fécondation. — Fructification. — Granification.

BRASSEUR (*Guide du*) ou *l'Art de faire de la Bière*, par G.-J. MULDER, professeur à l'Université d'Utrecht. Traité élémentaire théorique et pratique. La bière, sa composition chimique, sa fabrication, son emploi comme boisson, traduit de l'allemand et annoté par L.-F. Dubief, chimiste, nouvelle édition revue et corrigée, par M. Ch. BAYE. 1 vol. 4 fr.

M. Mulder a tâché d'analyser tous les écrits qui ont été publiés sur ce sujet pour en tirer la quintessence en y apportant de son propre fond. C'est un travail consciencieusement écrit, fruit de laborieuses études dont le brasseur pourra faire son profit.

BRIS ET NAUFRAGES (*Nouveau code des*), ou sûreté et sauvetage maritime, publié avec l'autorisation du ministre de la Marine et des Colonies, par J. TARTARA, commissaire ordonnateur de la marine en Algérie, 1 volume . . . . 4 fr.

C

CAFÉIER ET CACAOYER (Voir Cultures exotiques, page 28).

CAISSIER (*Manuel du*). Traité théorique et pratique des PAYEMENTS et RECETTES. — **En préparation.** —

CALCULS ET COMPTES FAITS à l'usage des industriels en général et spécialement des mécaniciens, charpentiers, serruriers, chaudronniers, toiseurs, arpenteurs, vérificateurs, etc. Troisième édition complètement refondue des calculs faits de A. LENOIR, par Joseph VINOT. 1 volume et tableaux . . . . 4 fr.

Son objet est d'éviter aux chefs d'atelier une foule de calculs souvent assez difficiles à résoudre ; enfin c'est un aide-mémoire qui est appelé à rendre de grands services par le temps qu'il fait économiser. Il se divise comme suit : 1° Arithmétique. — 2° Conversion — 3° Physique. — 4° Mécanique. — 5° Frottements, résistances. — 6° Cubage des métaux. — 7° Cubage des bois. — 8° Tables commerciales.

CALLIGRAPHIE. Cours d'écriture avec 32 planches, par L. BAUDE, 1 vol. . . . . 4 fr.

SOMMAIRE : Objets et instruments nécessaires pour écrire. — Formes et variante de l'écriture anglaise. — De la manière de tenir la plume. — Principes généraux de l'écriture anglaise. — Des différentes grosseurs d'écriture. — Majuscules. — Minuscules. — Chiffres. — De l'expédiée ou cursive anglaise. — Des écritures fortes : Bâtarde, Coulée, Ronde et Gothique. — *De l'emploi dans l'écriture des accents, de la ponctuation et autres signes.*

CANARDS (Voir Oies et Canards, page 48).

CANNE A SUCRE (Voir Cultures exotiques, page 28).

CARBONISATION DES BOIS (Voir Bois, page 18).

CARTON (Voir Papier et Carton, page 50).

CENDRES (Voir Potasses, page 54).

CHALEUR (*Théorie mécanique de la*), traduit de l'allemand par F. FOLIE, professeur à l'École industrielle, et répétiteur à l'École des mines de Liège, par R. CLAUSIUS, professeur à l'Université de Wurtzbourg. 2 vol. à 4 fr., 8 fr.

CHARCUTERIE PRATIQUE (*La*), par Marc BERTHOUD, ancien charcutier, ex-président de la corporation des charcutiers de Genève. 2ᵉ édition. 1 volume avec 74 figures. . . . . 4 fr.

EXTRAIT DE LA TABLE DES MATIÈRES. — *1ʳᵉ partie* : Le porc, différentes races, élevage, engraissement, maladies, transports. — Locaux, appareils, ustensiles. — Condiments, accessoires. — Abatage du porc, utilisation des différentes parties du porc, salaison, désalaison. — Premières manipulations. — *2ᵉ partie* : Charcuterie proprement dite : Andouilles, andouillettes, boudins, saucisses, saucissons, jambons, petites pièces chaudes et froides. — Grosses pièces froides. — Sauces, accessoires. — Cochon de lait, sanglier. — Pâtisserie. — Terrines. — Décoration. — Conservation des viandes, conserves. — *3° partie* : Charcuterie allemande : saucisses, produits divers.

CHARPENTIER ✻ (*Le livre de poche du*), application pratique à l'usage des CHANTIERS, des ÉLÈVES DES ÉCOLES PROFESSIONNELLES, etc., par J.-F. MERLY, charpentier, entrepreneur de travaux publics, membre de la

Société industrielle d'Angers, etc. Collection de 140 ÉPURES, 1 vol. 287 pages de texte et planches en regard. . . 4 fr.

M. Merly n'est pas un savant qui doit s'efforcer d'oublier la technologie de l'école pour parler le langage ordinaire de la plupart de ses auditeurs ; M. Merly est, au contraire, un ouvrier, un homme pratique, qui a cherché à se faire comprendre par les compagnons de travail auxquels il s'adressait, et qui est arrivé à des démonstrations si claires, à des explications si naturelles, que les théoriciens eux-mêmes ont bientôt eu à s'inspirer de ses travaux. Rien de plus net que ses dessins, rien de plus simple que ses préceptes : c'est en quelque sorte en se jouant qu'il arrive aux épures les plus compliquées. — C'est le résumé des cours faits par M. Merly à ses compagnons charpentiers.

CHASSEUR MÉDECIN (*Le*), ou traité complet sur les maladies du chien, par M. Francis CLATER, vétérinaire anglais, traduit de l'anglais sur la 27e édition. 3e édition française, corrigée et augmentée, par M. Mariot-Didieux. 1 volume. . . . . 2 fr.

Le succès que ce livre a eu en Angleterre (vingt-sept éditions) dispense de tout commentaire. Le guide que nous avons placé dans notre Bibliothèque en est la troisième édition française. M. Mariot-Didieux, le savant vétérinaire, en acceptant la revision de cette édition, s'est attaché à supprimer dans le texte original des formules trop compliquées, à en simplifier d'autres et en ajouter de nouvelles. Ainsi entièrement refondu, l'ouvrage est véritablement un traité complet sur les maladies du chien, traité auquel un chapitre sur l'art de mégisser les peaux pour en faire des tapis sert de complément.

CHAUFFEUR (*Manuel du*), guide pratique à l'usage des mécaniciens, des chauffeurs et des propriétaires de machines à vapeur ; exposé des connaissances nécessaires, suivi de conseils afin d'éviter les explosions des chaudières à vapeur, par JAUNEZ, ingénieur civil. 3e édition revue et corrigée. 1 vol., 37 figures dans le texte et 1 planche. 2 fr.

Cet ouvrage est spécialement destiné aux chauffeurs, comme l'indique son titre. Les bons chauffeurs pour l'industrie privée sont rares et, par conséquent, recherchés. Les personnes qui ont des machines à vapeur ne sont que trop souvent obligées d'employer pour chauffeurs des hommes qui manquent non seulement des connaissances indispensables pour remplir un tel emploi, mais quelquefois même de la moindre instruction pratique. Dans de telles circonstances, il y a évidemment danger, et c'est pourquoi nous avons publié cet ouvrage, afin qu'il soit mis dans les mains de tous les ouvriers qui, sans savoir le premier mot de la théorie de la chaleur ni de la mécanique, seront à même, après l'avoir lu attentivement, de conduire une machine à vapeur. Cet ouvrage doit être dans leurs mains comme un catéchisme qui viendra leur apprendre leur métier.

Extrait de la table des matières : — Pression de l'air. — Baromètre. — Compression de l'air. — Pompes. — Du calorique. — Thermomètre. — Quantité d'eau nécessaire à la condensation de l'eau. — De la vapeur d'eau. — Des moyens pour connaître la force de la vapeur. — Manomètre. — Soupapes de sûreté. — Conduite du feu. — Chaudière. — Giffard. — Incrustations et dépôts dans les chaudières. — Des soins et de l'entretien des machines à vapeur. — Résumé des moyens ayant pour but d'éviter les explosions. — Mise en marche des machines à vapeur. — Renseignements généraux, etc.

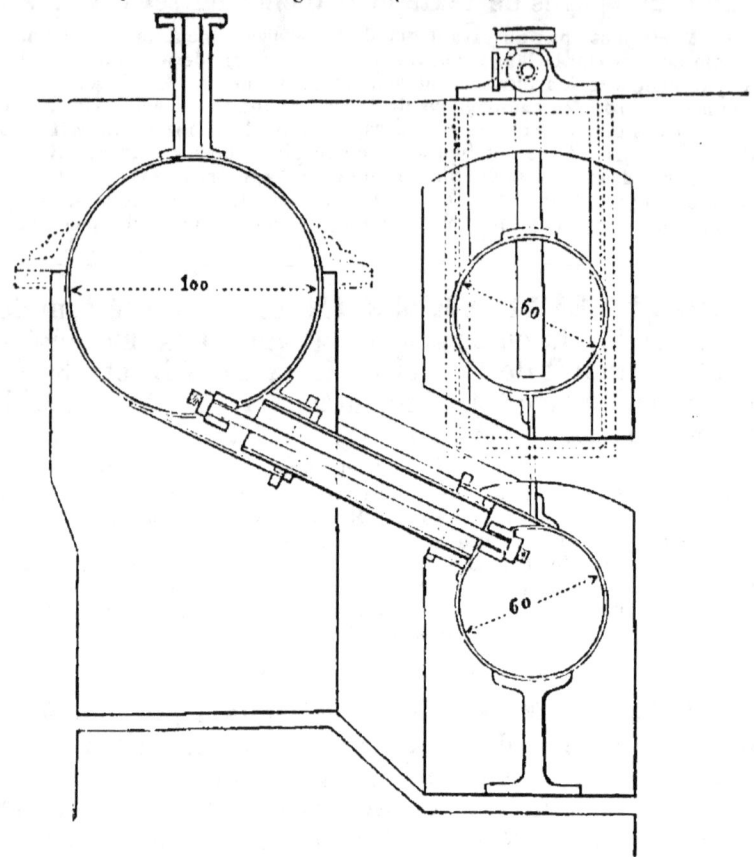

Figure spécimen du *Manuel du Chauffeur*.

CHEMINS DE FER (*Traité de l'exploitation des*), ouvrage composé de deux parties, précédé d'une préface de M. Jules Favre, par Victor Emion.

PREMIÈRE PARTIE. — **VOYAGEURS ET BAGAGES**. . 4 fr.
DEUXIÈME PARTIE. — **MARCHANDISES**. . . . . . . 4 fr.

Aujourd'hui que tout le monde voyage, le manuel de M. V. Emion est devenu un guide indispensable. Il fait connaître à chacun ses droits et ses devoirs vis-à-vis des compagnies: il prend le voyageur chez lui, le mène à la gare, le suit à son départ, pendant sa route, à son arrivée, et le ramène à son domicile; il prévoit toutes les difficultés, toutes les contestations, et en donne la solution fondée sur la loi, les règlements, la jurisprudence et l'équité.

Dans la seconde partie, M. Emion traite avec beaucoup de détails l'organisation du service des marchandises, les tarifs, les formalités exigées pour la remise des marchandises en gare, l'expédition, la livraison, enfin tout ce qui concerne les actions à intenter aux compagnies, soit pour avaries, soit pour retard, perte, négligence, etc.

CHEMINS DE FER (*Album des*), résumé graphique du cours professé à l'Ecole centrale des arts et manufactures. 4º édition, par G. CORNET, répétiteur à l'École centrale des arts et manufactures de Paris. 1 vol. texte et 74 planches gravées sur acier . . . . 10 fr.

CHEVAL (*Élevage et dressage du*), par de SOURDEVAL. 1 vol. — **En préparation.** —

CHIMIE (*Introduction à l'étude de la*), contenant les principes généraux de cette science, les proportions chimiques, la théorie atomique, le rapport des poids atomiques avec le volume des corps, l'isomorphisme, les usages des poids atomatiques et des formules chimiques, les combinaisons isomériques des corps catalyptiques, etc., accompagnée de considérations détaillées sur les acides, les bases et les sels, traduit de l'allemand par Ch. GÉRHARDT, augmentée d'une table alphabétique des matières présentant les définitions techniques et les relations des corps, par J. LIEBIG. 1 volume . . . . 3 fr.

L'accueil favorable que cette traduction a rencontré en France rappelle le succès obtenu en Allemagne par l'édition originale de l'illustre savant, considéré à juste titre comme l'un des princes de la chimie moderne.

CHIMIE (*Éléments de*), par le Dr SACC, professeur à l'Académie de Neuchâtel (Suisse), membre correspondant de la Société nationale de l'agriculture, professeur à Genève, etc. 2 volumes.

PREMIÈRE PARTIE. — **CHIMIE MINÉRALE** ou synthétique. 1 vol . . . . 3 fr. »
SECONDE PARTIE. — **CHIMIE ORGANIQUE** ou asynthétique. 1 vol. . . . . 3 fr. »

Ce petit traité, comme le dit l'auteur, n'a qu'une ambition, celle de faire aimer cette admirable science, d'en exposer aussi brièvement que possible le champ immense de manière à la rendre abordable à tous. C'est la première tentative d'une *chimie naturelle* et pure. L'auteur, laissant de côté tous les systèmes, aborde donc une voie qui doit devenir féconde.

CHIMIE GÉNÉRALE ÉLÉMENTAIRE, d'après les principes modernes, avec les principales applications à la médecine, aux arts industriels et à la pyrotechnie, comprenant l'analyse chimique qualitative et quantitative. Ouvrage publié avec l'approbation de M. le ministre de la Marine et des Colonies, par Frédéric Hétet, professeur de chimie aux écoles de la marine, pharmacien en chef, officier de la Légion d'honneur, membre de plusieurs sociétés savantes. 2 volumes avec 174 figures dans le texte. . . . . 10 fr.

CHIMIE INORGANIQUE appliquée à l'agriculture (Voir Sciences physiques, page 57).

CHIMIE ORGANIQUE appliquée à l'agriculture (Voir Sciences physiques, page 57).

CHIMISTE-AGRICULTEUR (*Manuel du*), par A.-F. Pouriau. 1 volume avec 148 figures dans le texte, et de nombreux tableaux, suivi d'un appendice. . . 6 fr.

Ce volume forme en quelque sorte le complément de la *Chimie organique* et de la *Chimie inorganique*. Il fait connaître les diverses manipulations qui sont décrites avec un très grand soin. Il contient, en outre, un grand nombre d'indications d'une utilité toute pratique.

L'intention de l'auteur en le publiant a été d'offrir aux personnes qui s'occupent de chimie agricole un guide renfermant la description des méthodes les plus simples à suivre dans l'analyse des divers composés naturels ou artificiels qui sont du domaine de l'agriculture. Désireux de mettre son livre à la portée de tout le monde, l'auteur a toujours eu le soin, dans l'exposé de ses méthodes, d'établir deux catégories d'essais. Les unes essentiellement pratiques et accessibles à tous, et les autres plus exactes et qui exigent une plus grande habitude des manipulations chimiques.

CHOIX D'UNE CARRIÈRE (*Le*), par Mortimer d'Ocagne. 1 vol. — **En préparation.** —

CODE DES BRIS ET NAUFRAGES (Voir Bris et Naufrages, page 20).

COLLODION SEC (*Manuel pratique de*) au tanin et de tirage économique des épreuves positives, suivi d'une étude sur la rectitude et le parallélisme des lignes en photographie, par le comte Ludovico de Courten, photographe. 1 volume avec figures dans le texte et une très belle photographie. . . . . 4 fr.

CONFÉRENCES AGRICOLES (*Guide pratique des*), accompagné d'un appendice comprenant des notes et des instructions pratiques puisées dans les Annales du Génie civil, par L. Gossin, cultivateur, professeur d'agriculture dans l'Oise. 1 volume. . . . . 1 fr.

(Ouvrage recommandé officiellement pour les écoles normales, etc.)

Dans les grandes villes, on tient des conférences ; M. Gossin a rêvé les conférences au village, des conversations intimes, familières, fructueuses. Dévoué depuis de longues années à l'enseignement rural, M. Gossin possède de plus l'art de la démonstration facile, et sa parole sympathique est écoutée avec plaisir et par conséquent avec fruit.

CONSEILLERS GÉNÉRAUX (*Manuel des*). Loi organique des conseillers généraux, avec les commentaires officiels, par J. ALBIOT. (*Code départemental.*) 1 volume. 4 fr.

Cet ouvrage peut être considéré comme un aide-mémoire à l'aide duquel les personnes notables appelées, en qualité de conseillers généraux, à discuter les intérêts de leur département, trouveront de nombreux renseignements relatifs à la législation qu'ils auront à appliquer.

CONSEILLERS COMMUNAUX (*Manuel des*). 1 vol. — En préparation. —

CONSTRUCTEUR (✳ *Guide pratique du*). Dictionnaire des mots techniques employés dans la construction, à l'usage des architectes, propriétaires, entrepreneurs de maçonnerie, charpente, serrurerie, couverture, etc., renfermant les termes d'architecture civile, l'analyse des lois de voirie, des bâtiments, etc., par L.-P. PERNOT, officier de la Légion d'honneur, architecte-vérificateur des travaux publics. Nouvelle édition, corrigée, augmentée et entièrement refondue, par C. TRONQUOY, ingénieur civil, et Ch. BAYE. 1 volume . . . . 4 fr.

CONSTRUCTEUR (Voir Maçonnerie, page 43).

CONSTRUCTIONS A LA MER (*Études et notions sur les*), par BOUNICEAU, ingénieur en chef des ponts et chaussées. 1 volume avec atlas de 44 planches in-4°, dont plusieurs doubles. . . . . 18 fr.

Cet ouvrage est le résumé d'études longues et consciencieuses d'un des ingénieurs en chef les plus distingués du corps national des ponts et chaussées. M. Bouniceau a attaché son nom à des travaux d'une haute importance. Son travail devra être médité par tous ceux qu'intéressent les nouveaux développements que doivent prendre les constructions conçues en vue d'améliorer les ports de mer et les ouvrages nécessaires à la préservation des côtes. L'atlas qui accompagne ces études est remarquable sous le rapport du choix des planches et de leur exécution.

Définitions et préliminaires. — Avant-ports. Bassins. Darses. — *Môles ou brise-lames.* — Môles à claire-voies. Môles anciens. Môles modernes. — *Jetées.* Ports à marée. Chenaux. Dragues. Musoirs. Remorquage à vapeur dans les chenaux. — *Ports d'échouage :* Épaisseur des quais. Écluses. Portes d'èbe et de flot. Manœuvre des portes. Pose des portes. Ponts sur les écluses. *Bassins à flot :* leur forme, leur largeur, leur superficie. Valeur des places à quai. — *Nettoyage des ports.* — Ouvrages pour la construction et le radoubage des na-

vires : Cales de construction. Cales de débarquement. Machines élévatoires. — *Ports dans les rivières à marée.* — *Canaux maritimes.* — *Ouvrages à l'issue des ports de commerce.* Phares. Phares en fer sur pieux à vis. Phares flottants. Feux de port. Bouées, Balises. — *Matériaux de construction. Mortiers.* Pierres, sables, chaux et ciments. Fabrication des mortiers. Briques, bois. Fondations par épuisement. Fondations mixtes sur pilotis. Fondations en rade.

CORPS GRAS INDUSTRIELS (*Guide pratique de la connaissance et de l'exploitation des*), contenant l'histoire des provenances, des modes d'extraction, des propriétés physiques et chimiques, du commerce des corps gras, des altérations et des falsifications dont ils sont l'objet, et des moyens anciens et nouveaux de reconnaître ces sophistications. Ouvrage à l'usage des chimistes, des pharmaciens, des parfumeurs, des fabricants d'huiles, etc., des épurateurs, des fondeurs de suif, des fabricants de savon, de bougie. de chandelle, d'huile et de graisses pour machines, des entrepositaires de graines oléagineuses et de corps gras, etc., par Th. CHATEAU, chimiste, ex-préparateur au Muséum d'histoire naturelle. 2° édition, augmentée d'un appendice. 1 volume avec tableaux. . . . . . . 4 fr.

M. Chateau, en publiant la première édition de cet ouvrage, avait eu pour but de donner aux chimistes et aux manufacturiers une histoire aussi complète que possible des corps gras industriels employés tant en France qu'à l'étranger, et considérés au point de vue de leur provenance, de leur extraction, de leur composition, de leurs propriétés physiques et chimiques, de leur commerce et de leurs altérations spontanées ou frauduleuses.

Dans la nouvelle édition, M. Chateau a ajouté à sa monographie des corps gras un appendice renfermant quelques corrections indispensables et d'importantes additions.

COUPE et **CONFECTION** de vêtements de femmes et d'enfants (*Méthode de*). — Travaux à aiguille usuels. — Cours de couture en blanc. — Raccommodage. — Méthode de **TRICOT**. — Art de la coupe et de la confection en général, par Elisa HIRTZ. 1 volume avec 154 figures. . . . . 3 fr.

COTONNIER (*Guide pratique de la culture du*), par SICARD. 1 volume avec figures dans le texte. . . . . 2 fr.

La culture du cotonnier ne peut convenir qu'à de certaines contrées. M. Sicard, qui l'a expérimentée avec succès et pendant de longues années dans les provinces du Midi et en Algérie, a publié cet ouvrage pour faire profiter le public de l'expérience qu'il avait acquise dans la culture de cet arbrisseau.

L'ouvrage est enrichi de dessins exécutés d'après la photographie et d'une exactitude rigoureuse.

CUBAGE et **ESTIMATION DES BOIS** (Voir Bois, page 19).

CULTURES EXOTIQUES. Guide pratique de la culture de la **CANNE A SUCRE**, du **CAFIER**, du **CACAOYER**, suivi d'un traité de la **FABRICATION DU CHOCOLAT**, par Bourgoin d'Orli. 1 volume. . . . . 4 fr.

CULTURE MARAICHÈRE (✻ *Manuel pratique de*). 6ᵉ édit., augmentée d'un grand nombre de figures et de plusieurs articles nouveaux. Ouvrage couronné d'une médaille d'or par la Société centrale d'agriculture, d'une grande médaille de vermeil par la Société centrale d'horticulture, par Courtois-Gérard. 1 volume avec 89 figures dans le texte. . . . . 4 fr.

Figure spécimen du *Guide de culture maraîchère*.

Outre les récompenses honorifiques qui viennent d'être mentionnées, l'auteur de ce manuel a obtenu une attestation qui garantit la valeur de son travail aux yeux du public, en même temps qu'elle constate l'exactitude de ses recherches et l'utilité des notions renfermées dans son ouvrage. Cette attestation émane de vingt-cinq jardiniers maraîchers de la ville de Paris qui, après avoir entendu la lecture du travail de M. Courtois-Gérard, déclarent qu'ils lui donnent toute leur approbation, comme étant conforme aux bonnes méthodes de culture en usage parmi eux, et autorisent l'auteur à le publier sous leur patronage.

Cet ouvrage est officiellement recommandé pour les écoles normales, etc. Cette nouvelle édition a été augmentée d'un chapitre sur la culture des porte-graines et d'un vocabulaire maraîcher.

Table des principaux chapitres :
Marais pour culture de pleine terre. — Marais pour culture de primeurs. — Analyse des terres. — De l'établissement d'un jardin maraîcher. — Engrais et pailles. — Outillage. — Diverses opérations. — La culture des porte-graines. — Destruction des insectes. — Des maladies des plantes. — Calendrier du maraîcher ou travaux manuels. — Vocabulaire du maraîcher.

D

DESSINATEUR (✳ *Comment on devient un*), par Viollet-le-Duc. 1 volume, orné de 110 dessins par l'auteur et d'un portrait de Viollet-le-Duc. 11° édition . . . . 4 fr.

Extrait de la table des matières. — Notables découvertes. — Comment il est reconnu que la géométrie s'applique à plusieurs choses. — Autres découvertes touchant la lumière et la géométrie descriptive. — Où on commence à voir. — Une leçon d'Anatomie comparée. — Opérations sur le terrain. — Cinq ans après. — Où une vocation se dessine. — Douze jours dans les Alpes. — Conclusion.

DESSIN LINÉAIRE (*Guide pratique pour l'étude du*) et de son application aux professions industrielles, par A. Ortolan, mécanicien chef de la marine de l'Etat, et J. Mesta, mécanicien principal. 1 volume avec un atlas de 41 planches doubles. Le volume, 4 fr.; l'atlas, 2 fr. — L'ouvrage complet . . . . 6 fr.

Cet ouvrage recommandable est aujourd'hui adopté dans plusieurs écoles industrielles; on le trouve dans tous les ateliers. Un dictionnaire des termes techniques lui sert d'introduction, ce qui a permis aux auteurs de donner dans le cours de leur travail des indications sur les détails, sans obliger l'élève à recourir au texte des premières leçons. C'est donc par la nomenclature des instruments indispensables à l'étude du dessin que les auteurs ont débuté, puis arrivant à l'application, ils donnent la définition des lignes géométriques : le point, la ligne droite, brisée, courbe ; arc de cercle, rayon ; les angles. — Tracé des parallèles et des perpendiculaires. — Construction des angles. — Figures géométriques. — Des triangles. — Des quadrilatères. — Tangentes et sécantes à la circonférence. — Angles inscrits et circonscrits à la circonférence. — Polygones réguliers, figures inscrites et circonscrites. — Définition et construction. — Mesure et divisions des lignes. — Mesure des angles. — Rapporteurs. — Des solides. — Du plan horizontal et du plan vertical, des projections, des croquis, de la vis. — Exécution d'un dessin d'après un croquis coté et sur une échelle de convention. — Exécution d'un dessin d'ensemble avec projection de coupe. — Des engrenages ou roues dentées. — De quelques courbes et de leur tracé. — Rédaction et copie d'un dessin. — Dessins ombrés au tire-ligne, du lavis, etc., etc.

DICTIONNAIRE DES FALSIFICATIONS (Voir Falsifications, page 34).

DICTIONNAIRE DU CONSTRUCTEUR (Voir Constructeur, page 26).

DICTIONNAIRE DES TERMES TECHNIQUES (Voir Termes techniques, page 58).

DICTIONNAIRE DES COSMÉTIQUES ET PARFUMS (Voir Parfumeur, page 50).

DOUANE (*Recueil abrégé des lois et règlements sur la*), son organisation, son personnel et ses brigades, par Eugène LELAY, capitaine des douanes. 1 volume. 4 fr.

TABLE DES MATIÈRES. — *Des Douanes et de leur organisation.* — *Attributions du personnel.* — *Service actif ou des brigades.* — *Lois générales relatives au personnel.*

DRAINAGE (*Guide pratique de*) : résultats d'observations et d'expériences pratiques, traduit pour l'usage des agriculteurs français par C. Hombourg, par C.-E. KIELMANN, directeur de l'Ecole agricole de Haasenfelde. 1 volume avec figures dans le texte . . . . 2 fr.

La plupart des ouvrages publiés sur le drainage sont le résultat d'études théoriques que l'expérience n'a pas encore sanctionnées. M. Kielmann est entré dans une autre voie ; il n'a eu recours à la théorie qu'autant que cela était nécessaire pour expliquer certains phénomènes. Comme il le dit dans sa préface, il voulait offrir à ceux qui commencent à s'occuper du drainage, et même au plus petit cultivateur, un livre à la lecture facile et surtout compréhensible.

Extrait de la table des matières. — Quels sont les terrains qui ont besoin d'être drainés. — De la fabrication des tuyaux, leur longueur, largeur et épaisseur. — Préparation d'une bonne matière pour la confection des tuyaux. — Machine à étirer les tuyaux, préparation de l'argile. — De la cuisson des tuyaux, des travaux préparatoires, nivellement des tranchées, circulation de l'air à travers les tuyaux. — De la quantité d'eau qui s'écoule par les drains, etc.

DROIT MARITIME INTERNATIONAL ET COMMERCIAL (*Notions pratiques de*), par Alph. DONEAUD, professeur à l'Ecole navale. *Aide-mémoire de l'officier de marine*, marine militaire et marine marchande. 1 volume. . . . . 3 fr.

Les derniers traités de commerce ont augmenté dans des proportions considérables les relations internationales. Cet ouvrage de M. Doneaud devient donc d'une grande utilité pratique. Nous ajouterons que ce livre commence une série de volumes dont l'ensemble formera, dans notre bibliothèque, l'*Aide-mémoire* de l'officier de marine.

Extrait de la table des matières. — De la mer et des fleuves. — Droit international en temps de paix. — Droit commercial. — Droit maritime international en temps de guerre. — Documents officiels. — Bibliographie des principaux ouvrages à consulter pour le droit des gens en général, le droit international maritime et le droit commercial.

DYNAMITE et AGENTS EXPLOSIFS. 1 volume. — En préparation. —

E

ÉCLAIRAGE ÉLECTRIQUE (*Manuel de montage des appareils d'*) par le baron von GAISBERG, traduit de l'allemand sur la seconde édition, par Charles BAYE. 1 vol. avec 104 figures. 4me édition . . . . 2 fr.

Extrait de la table des matières. — Connaissances préliminaires. — Principes et lois. — Modes d'assemblage. — Installation des machines. — Machines magnéto et dynamo. — Dynamos à courant continu : divers modes de disposition. — Montage et entretien des machines dynamo. — Lampes à arc, mécanisme, assemblage, régulateurs, manipulations, charbons, etc. — Lampes à incandescence : Tension nécessaire, disposition sur le circuit, monture, suspensions, etc. — Appareils auxiliaires. — Conducteurs accumulateurs. — Transport de la force. — Galvanoplastie. — Appendice.

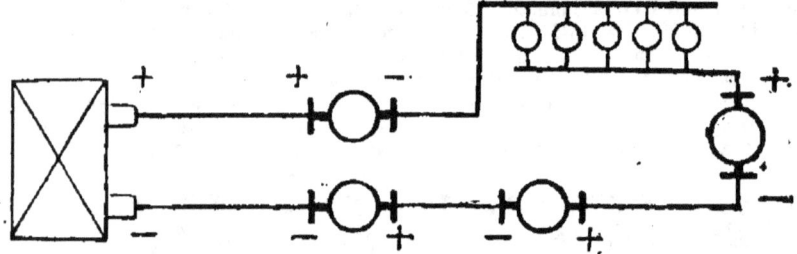

Figure spécimen du *Manuel de montage des appareils d'Éclairage électrique.*

ÉCOLES DE FRANCE (*Les grandes*), par MORTIMER D'OCAGNE. Nouvelle édition.

SERVICES DE L'ÉTAT. 1 vol. . . . . 4 fr.
CARRIÈRES CIVILES. 1 vol. . . . . 4 fr.

Historique des Écoles. — Examens d'entrée. — Durée des études. — Prix de la pension. — Régime intérieur. — Examens de sortie. — Carrières ouvertes.

ÉCONOMIE DOMESTIQUE (*Guide pratique d'*), publié sous forme de dictionnaire, contenant des notions d'une *application journalière* : chauffage, éclairage, blanchissage, dégraissage, préparation et conservation des substances alimentaires, boissons, liqueurs de toutes sortes, cosmétiques, hygiène, par le docteur B. LUNEL. 1 vol. 2 fr.

ÉCURIES et **ÉTABLES** (Voir Habitations des animaux, page 37).

ÉLECTRICIEN *(L'Ingénieur)*. Guide pratique de la construction et du montage de tous les appareils électriques à l'usage des amateurs, ouvriers et contremaîtres électriciens, par H. de GRAFFIGNY. 1 vol. illust. de 109 fig. 4 fr.

Extrait de la table des matières. — Première partie. — Histoire de l'électricité. — Producteurs chimiques d'électricité. — Piles. — Accumulateurs. — Producteurs mécaniques d'électricité. — Machines électriques. — Unités et mesures, appareils et étalons électriques. — Moteurs pour la production de l'électricité. — Câbles et conducteurs.

Deuxième partie. — Histoire de la lumière électrique. — Constructions et installations de lampes électriques. — Force motrice, sonneries et allumoirs électriques. — Electro-chimie et électro-métallurgie. — Télégraphie électrique. — La téléphonie.

Troisième partie. — Récréations électriques. — La maison d'un électricien. — Applications domestiques. — Procédés et recettes utiles, secrets d'atelier. — Revue générale et conclusion.

ÉLECTRICIEN *(Guide pratique de l'ouvrier)*. 1 volume. — En préparation. —

ÉLECTRICITÉ *(Leçons élémentaires d')* ou exposition concise des principes généraux de l'ÉLECTRICITÉ ET DE SES APPLICATIONS, par SNOW-HARRIS, annotées et traduites par E. GARNAULT, professeur de physique à l'École navale. 1 volume avec 72 figures dans le texte . . . . 3 fr.

Les leçons de M. Snow-Harris ont eu un grand succès en Angleterre. L'auteur s'est surtout attaché à donner des idées saines, pratiques et théoriques sur les principes généraux de l'électricité et les faits les plus simples qu'il démontre à l'aide d'expériences faciles à répéter.

Le traducteur, qui est lui-même un professeur distingué, a ajouté à l'ouvrage anglais des notes dans lesquelles il donne surtout des aperçus sur les principales applications de l'électricité dans l'industrie.

ENGRENAGES *(Traité pratique du tracé et de la construction des)*, de la vis sans fin et des cames, par F.-G. DINÉE, mécanicien de la marine, ex-élève de l'École des arts et métiers de Châlons-sur-Marne. 1 vol. et 17 pl. 3 50

Ce livre répond à un besoin, car depuis longtemps il manquait à toute bibliothèque industrielle ; c'est une œuvre de mécanique véritablement pratique.

Il se divise en trois chapitres :

1º Des courbes en usage dans la construction des engrenages ; 2º dimensions des détails et de l'ensemble des engrenages ; 3º tracé des engrenages, des vis sans fin, des cames.

ENTOMOLOGIE AGRICOLE *(Guide pratique d')*, et petit traité de la destruction des insectes nuisibles, par H. GOBIN. 1 volume orné de 42 figures, 2º édit. 4 fr.

Ce traité, d'une lecture attrayante, possède un grand fonds de science. Il se compose de lettres familières adressées à un nouveau propriétaire rural. Tous les insectes qui s'attaquent aux champs et à leurs produits et aux animaux y sont passés en revue, et, ce qui est mieux encore, l'auteur a indiqué le moyen de se débarrasser de cette engeance envahissante. Le livre est terminé par des nomenclatures scientifiques avec les noms français.

ENTREPRISES COMMERCIALES (*Manuel des*). 1 volume. — En préparation. —

ÉPICERIE (*Guide pratique de l'*), ou Dictionnaire des denrées indigènes et exotiques, comprenant : l'étude, la description des objets consommables ; les moyens de constater leurs qualités, leur nature, leur valeur réelle ; les procédés de préparation, d'amélioration et de conservation des denrées, etc. ; contenant, en outre, la fabrication des liqueurs, le collage des vins, et enfin les procédés de fabrication d'une foule de produits que l'on peut ajouter au commerce de l'épicerie, par le docteur B. Lunel. 1 volume. 3 fr.

<small>Le commerce de l'épicerie et des denrées indigènes et exotiques d'un usage journalier est l'un des plus importants et des plus utiles pour la société. Il était regrettable que cette branche si étendue du commerce n'ait pas encore son livre spécial. Sans doute on trouve dans nombre d'ouvrages l'histoire des denrées indigènes et exotiques. Réunir sous forme de dictionnaire toutes ces données éparses, afin de faciliter les renseignements, tel a été le but que s'est proposé le docteur Lunel en publiant son livre sur l'épicerie.</small>

ETHNOGRAPHIE (✳ *Manuel pratique d'*), ou description des races humaines ; les différents peuples, leurs caractères naturels, leurs caractères sociaux, divisions et subdivisions des différentes races humaines, par J. D'Omallius d'Halloy. 5ᵉ édition. 1 volume avec une planche représentant les principaux types. . . . . . 4 fr.

<small>*Extrait de la table des matières.* — De l'ethnographie en général. — De la race blanche. — Du rameau européen, du rameau arménien, du rameau scytique. — De la race brune, du rameau éthiopien, du rameau indou, du rameau indochinois, du rameau malais. — De la race rouge, du rameau hyperboréen, du rameau mongol, du rameau sinique. — De la race noire. — Des hybrides. — Tableaux de la division du genre humain en races, rameaux, familles et peuples.</small>

EXPROPRIÉS POUR CAUSE D'UTILITÉ PUBLIQUE (*Manuel pratique et juridique des*), suivi de deux tableaux donnant le chiffre de la valeur du mètre de terrain dans Paris, et faisant connaître les principales indemnités accordées aux industriels, négociants et commerçants expropriés, par Victor Emion, avocat à la Cour de Paris, ancien sous-préfet. 1 volume . . . . 1 fr.

F

FALSIFICATIONS (*Guide pratique pour reconnaître les*), ou Dictionnaire des falsifications des substances alimentaires (aliments et boissons), contenant : la description de *l'état naturel ou normal des substances alimentaires* et leur *composition chimique*, les moyens de constater leur nature, leur valeur réelle ; les altérations spontanées, accidentelles, qu'elles peuvent subir, et les moyens de les prévenir ; les altérations et falsifications qui les dénaturent, c'est-à-dire qui en modifient l'aspect, la saveur, les propriétés nutritives, et qui les rendent souvent dangereuses ; enfin les moyens chimiques de rendre sensibles les altérations, falsifications et contrefaçons des diverses substances alimentaires, par le docteur LUNEL. 3º édit. 1 volume. 4 fr.

FÉCULIER et de l'**AMIDONNIER** (*Guide pratique du*), suivi de la conversion de la fécule et de l'amidon en dextrine sèche et liquide, en sirop de glucose, sirop de froment, sirop impondérable ; en sucre de raisin, sucre massé, sucre granulé et cassonade, en vin, bière, cidre, alcool et vinaigre, ainsi que leur application dans beaucoup d'autres industries, par L.-F. DUBIEF. 3ᵉ édition. 1 volume avec gravures dans le texte. . . . . 4 fr.

Extrait de la table des matières. — Première partie. — Aperçu historique. — Des substances qui contiennent la fécule. — Composition et conservation de la pomme de terre. — Extraction de la fécule. — Lavage, râpage, tamisage, épuration, séchage, blutage. — Des résidus de la pomme de terre. — Du blanchiment de la fécule. — Rendement de la pomme de terre en fécule. — Conservation, vente et falsification. — Caractères et propriétés de la fécule.

Dans la deuxième partie, l'auteur donne la description des procédés à suivre pour fabriquer les amidons.

La troisième et dernière partie vient compléter les deux premières par les renseignements les plus récents.

Dans cet ouvrage, l'auteur s'est appliqué à dégager son texte de toute gêne scientifique ; il a été clair et précis pour mettre son enseignement à la portée de toutes les instructions. Pour chaque sujet, il est entré dans des développements minutieux en indiquant souvent ces tours de mains si indispensables, et que seule, la pratique ordinairement peut apprendre.

FER (*Le*). *Guide pratique du métallurgiste*, son histoire, ses propriétés et ses différents procédés de fabrication, par William FAIRBAIRN, ingénieur civil, membre de la Société royale de Londres, correspondant de l'Institut de France, etc., ouvrage traduit de l'anglais, avec l'approbation de l'auteur, et augmenté de notes et d'un appendice, par M. Gustave MAURICE, ingénieur civil des mines. 1 volume avec 68 figures dans le texte . . . . 4 fr.

Depuis longtemps, le nom de M. Fairbairn fait autorité dans l'industrie du fer. Après avoir tracé l'histoire des progrès de la fabrication du fer, l'auteur donne les analyses des minerais et des combustibles dans leurs rapports avec les résultats des différents procédés de fabrication. M. Maurice a complété sa traduction par des notes et un appendice. Il a éliminé tout ce que le texte original pouvait présenter de trop exclusivement rédigé en vue de la métallurgie anglaise.

Extrait de la table des matières. — Histoire de la fabrication du fer. — Les minerais des différentes parties du monde. — Les combustibles : charbon de bois, tourbe, coke, houille. — Production des combustibles dans le monde entier. — Réduction des minerais. — Transformation de la fonte en fer. — Des machines employées pour forger le fer. — La forge. — Le procédé Bessemer. — Fabrication de l'acier. — Trempe et recuite de l'acier. — De la résistance et des autres propriétés mécaniques de la fonte, du fer et de l'acier. — Composition chimique de la fonte. — Statistique de l'industrie sidérurgique, etc.

FERMENTS ET FERMENTATIONS. *Travailleurs et malfaiteurs microscopiques*, par I.-A. REY. 1 volume avec figures . . . . 4 fr.

Microbes de l'eau.

Extrait de la table des matières. — Fermentation alcoolique. — Saccharomyces. — Le vin, la bière, le pain, l'alcool de grain, boissons fermentées. — Ferments des maladies du vin. — Fermentations par oxydation, lactique, caséique, putrides, butyrique. — Microbes des maladies contagieuses. — Microbes coloristes.

G

GÉOGRAPHIE (*Traité de*) physique, ethnographique et historique à l'usage des artistes, des écoles d'architecture et des gens du monde, par O. LESCURE, professeur à l'École centrale d'architecture. 1 volume. 3 fr.

<small>Ce traité est le développement du programme de géographie sur lequel sont interrogés les candidats à l'École spéciale d'architecture.</small>

GÉOLOGUE (*Manuel du*), par DANA, traduit et adapté de l'anglais par W. HOUTLET. 1 volume avec 363 figures. 2º édition. . . . . 4 fr.

<small>TABLE DES MATIÈRES. — *Introduction.* — *Géologie physiographique.* — Traits généraux de la surface terrestre. — Système des formes terrestres. — *Géologie lithologique.* — Constitution des roches. — Condition et structure des masses rocheuses. — Règne animal. — Règne végétal. — *Géologie historique.* — Age archéen. — Temps paléozoïque. — Temps mésozoïque. — Temps cénozoïque — Ere de l'intelligence. — *Observations générales sur l'histoire géologique.* — Durée des temps géologiques. — Progrès de la vie. — *Géologie dynamique.* — Vie. — Atmosphère. — Eau. — Chaleur. — Mouvements dans la croûte terrestre et leurs conséquences. — *Appendice.* — Instruments de géologie. — Échantillons.</small>

Gravure spécimen du *Manuel du Géologue*.

GÉOMÈTRE ARPENTEUR (*Guide pratique du*), comprenant l'arpentage, le nivellement, le levé des plans et le partage des propriétés agricoles, avec un appendice sur le calcul des solides; 3º édition, entièrement refondue, par P.-G. GUY, ancien élève de l'École polytechnique, officier d'artillerie. 1 volume avec 183 figures. . . . 4 fr.

<small>L'auteur, en publiant cet ouvrage, a eu pour intention d'en faire un *vademecum* utile aux ingénieurs, aux conducteurs des ponts et chaussées, aux agents voyers, géomètres, arpenteurs, etc. Son format portatif permet de pouvoir le consulter sur le terrain ; il est un abrégé d'un grand nombre d'ouvrages encombrants, dont il présente toutes les données nécessaires pour connaître et vérifier la contenance des pièces de terre et pour en construire un plan exact.</small>

GÉOMÉTRIE ÉLÉMENTAIRE (*Leçons de*), par Ch. Rozan, professeur de mathématiques. 1 volume avec un atlas de 31 planches doubles. Le volume, 4 fr.; l'atlas, 2 fr.; l'ouvrage complet. . . . . 6 fr.

En résumant les principes essentiels de la géométrie élémentaire, ceux qui conduisent directement à la mesure des lignes, des surfaces et des corps, l'auteur s'est attaché surtout à faire sentir la liaison qui existe entre ces principes, la manière dont ils découlent les uns des autres par un enchaînement continuel de déductions et de conséquences. Il s'est donc attaché à couper le discours aussi peu que possible, et à dire d'une seule traite tout ce qui se rattache à un même ordre de questions. Il le dit très brièvement, pour ne pas fatiguer l'attention ou faire perdre de vue le point de départ ; cette rapidité des démonstrations n'a cependant rien ôté à leur clarté.

H

HABITATIONS DES ANIMAUX (✻ *Guide pratique pour le bon aménagement des*), par E. Gayot, membre de la Société centrale d'Agriculture de France. Cet ouvrage se compose de 2 parties.

1ʳᵉ partie : ✻ les **ÉCURIES ET LES ÉTABLES**. 1 volume avec 63 figures. 3 fr.

2ᵒ partie : ✻ les **BERGERIES ET LES PORCHERIES**, les habitations des animaux de la basse-cour, clapiers, oiselleries et colombiers. 1 volume avec 65 figures . . . 3 fr.

Aucun animal ne saurait être développé dans ses facultés natives, dans ses aptitudes propres, et produire activement dans le sens de ces dernières, si on ne le place dans les meilleures conditions d'alimentation, de logement, de multiplication. M. Gayot, avec l'autorité d'une longue expérience, a réuni dans ces deux volumes les conditions générales d'établissements et les dispositions particulières aux diverses espèces d'animaux.

1ʳᵉ partie. — **Écuries et Étables.** *Extrait de la table des matières.* — Le sujet à vol d'oiseau. — Des effets de l'air pur et de l'air vicié sur l'économie animale. — L'aération : les portes et fenêtres, barbacanes et ventilateurs. *Dispositions particulières aux diverses espèces* : les dimensions intérieures, encore les portes et fenêtres, de l'aire des écuries, le plancher supérieur des écuries arrangement intérieur et ameublement des écuries, les séparations, les boxes, établissements spéciaux, la température des écuries. *Les étables de l'espèce bovine* : l'aération, l'aire des étables, les dimensions et l'aménagement intérieurs, les boxes, règle d'hygiène générale, établissements spéciaux.

2ᵉ partie. — **Les Bergeries** : de l'habitation en plein air, le parc des champs, le parc domestique, les abris brise-vent. — De l'habitation couverte : conditions particulières à l'établissement des bergeries, les portes et fenêtres, l'aération, les bâtiments, les aménagements intérieurs, auges et râteliers. — La Porcherie : les conditions spéciales, la construction, les portes et fenêtres, les aménagements essentiels, les auges, dispositions particulières de l'ensemble. — *Les habitations de la basse-cour* : l'habitation du dindon, l'habitation de l'oie, la demeure du canard, le colombier et la volière, la faisanderie, etc., etc.

HERBORISEUR (✻ *Manuel de l'*). Comment on devient botaniste. — Clefs analytiques. — Description des genres et des espèces, suivie d'un vocabulaire, par E. GRIMARD. 6e édition. 1 volume . . . . 4 fr.

HYDRAULIQUE ET D'HYDROLOGIE souterraine et superficielle (*Guide pratique d'*), ou traité de la science des sources, de la création des fontaines, de la captation et de l'aménagement des eaux pour tous les besoins agricoles et industriels, par LAFFINEUR. 1 volume avec figures . . . . 3 fr. 50

HYDRAULIQUE URBAINE ET AGRICOLE (*Guide pratique d'*). LAFFINEUR, ingénieur civil. 1 volume. — **Epuisé.** —

HYGIÈNE ET DE MÉDECINE USUELLE (*Guide pratique d'*), complété par le traitement du *choléra épidémique*, par Victor LUNEL. 1 volume . . . . . . 2 fr.

Ce livre ne s'adresse à aucune spécialité de lecteurs et convient à tout le monde. Il se subdivise en hygiène privée et en hygiène publique.

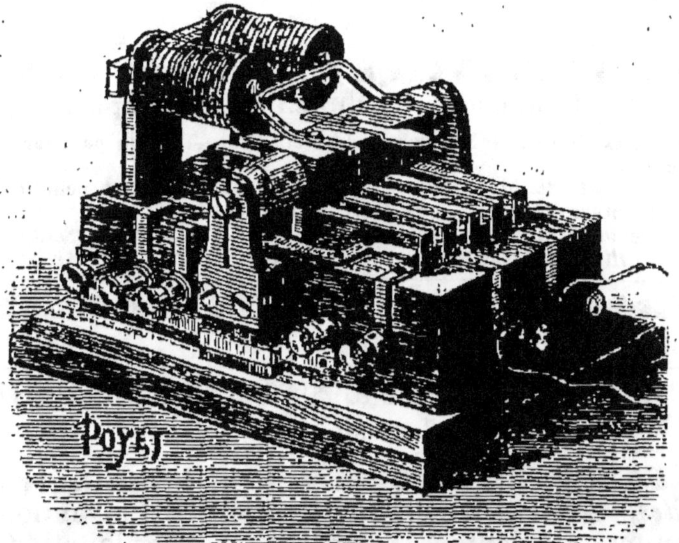

Figure spécimen de *L'Ingénieur électricien*. (Voir page 39.)

I

INGÉNIEUR AGRICOLE (*Guide pratique de l'*). Hydraulique. dessèchement, drainage, irrigation, etc.; suivi d'un appendice contenant les lois, décrets, règlements et instructions ministérielles qui régissent ces matières, etc., par Jules LAFFINEUR, ingénieur civil et agronome, membre de plusieurs sociétés savantes. 1 volume avec figures et 3 planches . . . . 3 fr.

Extrait de la table. — Classification des terrains. — Travaux de dessèchement, évaporation. infiltration. — Jaugeage des sources, des ruisseaux et rivières. — Tracé des canaux. — Description des procédés de dessèchement, colmatage, limonage, du drainage. — Irrigation, établissement d'un système d'irrigation. — Murs de soutènement des canaux, revêtements, radiers, déversoirs, barrage, siphon. — Des diverses méthodes d'arrosage. — Mise en culture des terrains à grandes pentes. — Jurisprudence rurale.

INGÉNIEUR ÉLECTRICIEN (Voir Électricien, page 32).

INTRODUCTION A L'ÉTUDE DES BEAUX-ARTS, par CARTERON. 1 volume. — **En préparation**.

EXTRAIT DE LA TABLE DES MATIÈRES : *La Peinture.* — Étude pratique et raisonnée du dessin.
Genres différents de la Peinture. — Peinture d'histoire et peinture religieuse. — Peinture de genre. — Portrait. — Paysage.
Histoire de la Peinture et aperçu des différentes écoles. — *Sculpture et statuaire.* — *Histoire de la sculpture.* — *L'Architecture.* — *Les Artistes.*

INTRODUCTION A L'ÉTUDE DE LA CHIMIE (Voir Chimie, page 24).

INTRODUCTION A L'ÉTUDE DE LA PHYSIQUE (Voir Physique, page 51).

INVENTEURS en France et à l'Étranger (*Les droits des*). Conseils généraux. — Brevets d'invention. — Péremption. — Vente. — Licences. — Exploitation. — Géographie industrielle. — Marques de fabrique. — Dessins. — Objets d'utilité. par H. DUFRENÉ, ingénieur civil, ancien élève de l'École des arts et manufactures. 1 volume . . . . 3 fr.

JARDINAGE (✳ *Manuel pratique de*), contenant la manière de cultiver soi-même un jardin ou d'en diriger la culture. 9° édition, par COURTOIS-GÉRARD, marchand grainier, horticulteur. 1 volume avec 1 planche et de nombreuses figures dans le texte . . . . 4 fr.

Gravure spécimen du *Manuel de jardinage*.

Nous renvoyons à la note accompagnant le *Manuel de culture maraîchère*, pour les titres de M. Courtois-Gérard, à la confiance publique. Dans le *Manuel du jardinier*, les jardiniers de profession trouveront des conseils, des détails nouveaux et des renseignements pratiques qu'ils peuvent ignorer ; le propriétaire et l'amateur de jardin y puiseront des instructions précises et claires qui leur éviteront toute espèce de méprises et d'erreurs.

Sommaire des principaux chapitres :

Dispositions générales d'un jardin potager. — Calendrier. — Travaux de chaque mois. — Les outils. — Les défoncements. — Les fumiers. — Les arrosements. — Les couches. — Semis. — Repiquages. — Marcottes. — Boutures. — De la greffe. — De la conservation des plantes. — Les maladies des plantes potagères. — La culture des arbres fruitiers. — La culture des arbres d'agrément. — Destruction des animaux nuisibles, etc.

JOAILLIER (*Guide pratique du*), ou Traité complet des pierres précieuses, leur étude chimique et minéralogique, les moyens de les reconnaître sûrement, leur valeur approximative et raisonnée, leur emploi, la description des plus extraordinaires des chefs-d'œuvre anciens et modernes auxquels elles ont concouru, par CH. BARBOT, ancien joaillier, inventeur du procédé de décoloration du diamant brut, membre de plusieurs sociétés savantes. 1 vol. avec 3 planches renfermant 178 figures représentant les diamants les plus célèbres de l'Inde, du Brésil et de l'Europe, bruts et taillés, et les dimensions exactes des brillants et roses en rapport avec leur poids, depuis un carat jusqu'à cent carats. Nouvelle édition, revue, corrigée et annotée par CH. BAYE. 1 vol. . . . 4 fr.

L

LAINE peignée, cardée, peignée et cardée (*Traité pratique de la*), contenant : 1re *partie*, mécanique pratique, formules et calculs appliqués à la filature ; 2° *partie*, filature de la laine peignée, cardée peignée, sur la Mull-Jenny ; 3° *partie*, filage anglais et français sur continu ; 4° *partie*, laine cardée, par Charles LEROUX, ingénieur mécanicien, directeur de filature. 1 volume avec 32 figures dans le texte et 4 planches. . . . . 15 fr.

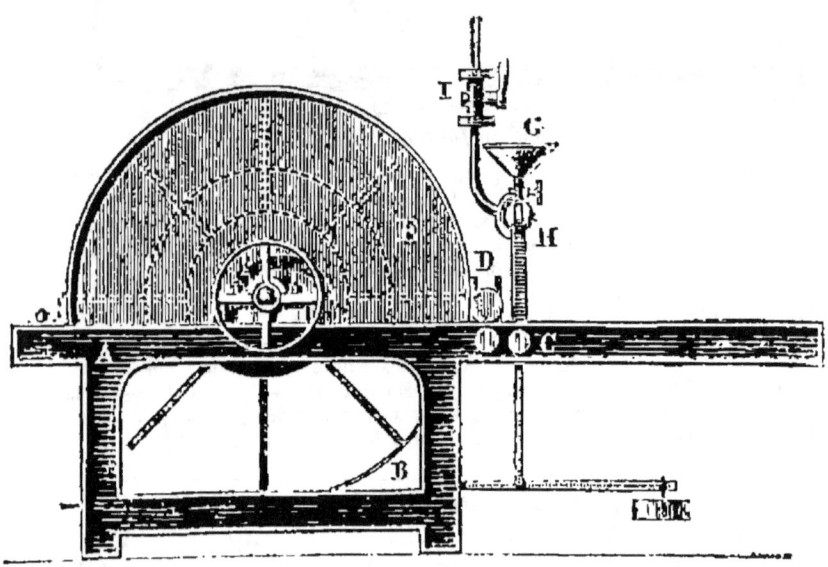

Figure spécimen du *Traité de la Laine*.

Extrait de la table des matières. — Choix d'un moteur. — Transmissions. — Arbres de couche. — Courroies. — Poulies. — Engrenages. — Frottements. — Force des moteurs. — Leviers. — Fabrication. — Triage des laines. — Caractères des laines. — Main-d'œuvre du triage. — Battage. — Nettoyage des laines. — Dessuintage. — Dégraissage. — Graissage des laines. — Disposition mécanique d'un assortiment de cardes. — Aiguisement des garnitures. — Bourrage des garnitures. — Cardages. — Passage au Gill-Box. — Lissage et dégraissage des rubans. — Peignage des laines. — Préparation des laines pour filage français. — Les différents passages. — Filage français sur Mull-Jenny.

LAPINS (✻ *Guide pratique de l'éducation des*), ou Traité de la race cuniculine, suivi de l'Art de mégisser leurs peaux et d'en confectionner des fourrures, par MARIOT-DIDIEUX. 3e édition. 1 volume . . . . . . 2 fr. 50

L'industrie de l'éducation de la race cuniculine est créée et elle marche vers le progrès. C'est dans le but de la voir se propager dans les campagnes que l'auteur a publié cette nouvelle édition de son *Guide pratique*, en l'enrichissant d'un grand nombre de données nouvelles. En résumé, l'auteur démontre qu'aucune viande ne peut être produite à aussi bon marché que celle du lapin. En terminant sa préface, il adjure les habitants des campagnes de se livrer à l'éducation des lapins, parce qu'ils y trouveront, sans beaucoup de soins, une source abondante de bien-être.

LÉGISLATION PRATIQUE (✻ *Premiers principes de*), appliquée au Commerce, à l'Industrie et à l'Agriculture, par Maurice BLOCK. 2ᵉ édit. 1 volume . . . 4 fr.

LIQUEURS (*Traité de la fabrication des*) françaises et étrangères, sans distillation. 6ᵉ édition, augmentée de développements plus étendus, de nouvelles recettes pour la fabrication des liqueurs, du kirsch, du rhum, du bitter, la préparation et la bonification des eaux-de-vie et l'imitation de celles de Cognac, de différentes provenances, de la fabrication des sirops, etc., etc., par L.-F. DUBIEF, chimiste œnologue. 1 volume. . . . . 4 fr.

Ce traité est formulé en termes clairs et familiers; la personne la moins expérimentée dans l'art du distillateur, qui en lira attentivement les préceptes, pourra, sans aucun guide, devenir un bon fabricant après quelques essais.

Sommaire de quelques chapitres. — De la composition des liqueurs. — Quantités d'alcool, de sucre et d'eau, pour les différentes classes de liqueurs. — Des teintures aromatiques. — Des infusions. — De la coloration des liqueurs. — Du mélange. — Du perfectionnement des liqueurs par le tranchage. — Du collage des liqueurs. — De la filtration. — De la conservation des liqueurs. — Règle générale pour bien opérer la fabrication des liqueurs. — Considérations à observer. — Des spiritueux aromatiques non sucrés. — Emploi des écumes et des eaux provenant du lavage des filtres. — Formules et préparations des sirops. — De l'alcool. — Du coupage ou mouillage des alcools. — Des eaux-de-vie. — Opérations d'eaux-de-vie à tous les titres avec les alcools d'industrie. — Résumé pour les liqueurs, les eaux-de-vie et les alcools. — Appendice. — L'auteur termine cet ouvrage par une liste des principaux marchés des eaux-de-vie, esprits, etc.

LIQUORISTE DES DAMES (*Le*), ou l'art de préparer en quelques instants toutes sortes de liqueurs de table et des parfums de toilette avec toutes les fleurs cultivées dans les jardins, suivi de procédés très simples et expérimentés pour mettre les fruits à l'eau-de-vie, faire des liqueurs et des ratafias, des vins de dessert, mousseux et non mousseux, des sirops rafraîchissants, etc., par L.-F. DUBIEF. 1 volume avec figures dans le texte. 3 fr.

Ce que nous avons dit des autres ouvrages de M. Dubief nous dispense de nous étendre sur celui-ci. C'est aux dames qu'il est adressé, et l'accueil qu'il a obtenu prouve suffisamment combien il est utile dans toute bibliothèque de ménage.

M

MAÇONNERIE — Guide pratique du Constructeur — par A. DEMANET, lieutenant-colonel honoraire du génie, membre de l'Académie royale de Belgique, etc. 1 volume avec tableaux, accompagné de 20 planches doubles renfermant 137 figures gravées sur acier (*épuisé*).

MAISON (*Comment on construit une*), par VIOLLET-LE-DUC. 1 volume avec 62 dessins par l'auteur. 5e édition. . . . . 4 fr.

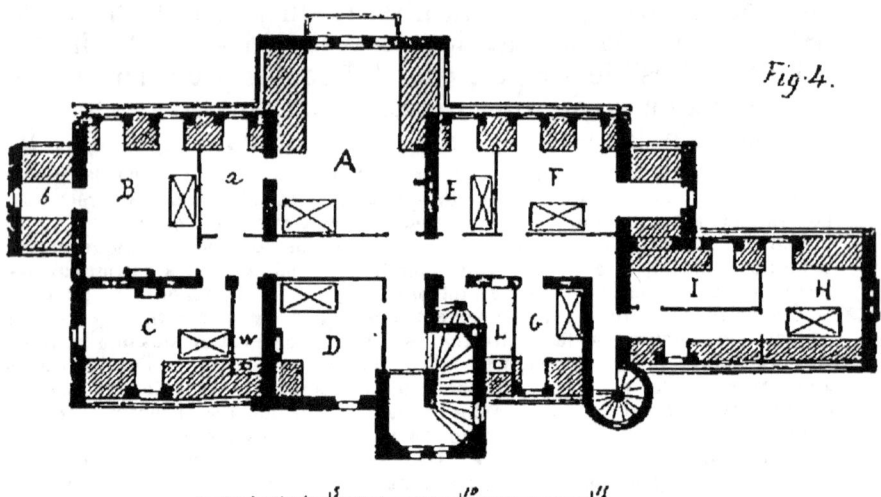

Gravure spécimen de *Comment on construit une maison*.

Extrait de la table des matières. — Plantations de la maison et opérations sur le terrain. — La construction en élévation. — La visite au chantier. — L'étude des escaliers. — Ce que c'est que l'architecture. — Études théoriques. — La charpente. — La fumisterie. — La menuiserie. — La couverture et la plomberie. — L'inauguration de la maison.

MANGANÈSES (Voir Potasses, page 54).

MARCHANDISES (*La liberté et le courtage des*), par V. EMION. Commentaire pratique de la loi du 18 juillet 1866. — **Épuisé**. —

MARCHANDISES (Voir Exploitation des chemins de fer, page 23).

MARÉCHALERIE-FERRURE. 1 volume. — En préparation. —

MATIÈRES INDUSTRIELLES (*Guide pratique pour l'essai des*), d'un emploi courant dans les usines, les chemins de fer, les bâtiments, la marine, etc., à l'usage des ingénieurs, manufacturiers, architectes, officiers de marine, etc., par Jules GAUDRY, chef du laboratoire des essais au chemin de fer de l'Est. 1 volume avec 37 figures et nombreux tableaux. . . . . 4 fr.

SOMMAIRE DES PRINCIPAUX CHAPITRES : PREMIÈRE PARTIE. — *Principes généraux de l'essai chimique.* — I. Composition et décomposition des corps. — II. Principes fondamentaux de l'analyse. — III. Manipulations chimiques. — IV. Marche de l'analyse. — DEUXIÈME PARTIE. — *Méthode d'essai des principales substances d'emploi courant.* — TROISIÈME PARTIE. *Tableaux* : Tableau A. Des principaux corps simples. — B. Division des bases en cinq groupes. — C. Division des acides en trois groupes. — D. Décomposition de l'eau par les métaux. — E. Analyse de l'eau. — F. États des incinérations. — G. Degré oléométrique des huiles. — H. Tableau comparatif des principaux métaux industriels. — Appareils divers pour les essais.

MÉCANICIEN (✳ *Guide de l'ouvrier*), par J.-A. ORTOLAN, mécanicien en chef de la flotte, officier de la Légion d'honneur et de l'Instruction publique, avec la collaboration de MM. Bonnefoy, Cochez, Dinée, Gibert, Guipont, Juhel, anciens élèves des Écoles d'arts et métiers, quatrième édition, revue et notablement augmentée, comprenant 3 volumes et 62 planches. Chaque volume, séparément : 4 fr.; l'ouvrage complet . . . . 12 fr.

La Table sommaire des parties comprises dans chacun des volumes permet d'apprécier l'importance relative donnée aux questions présentées en vue de l'application immédiate.

Les nouvelles questions traitées dans cette quatrième édition concernent principalement les machines motrices admises par la pratique dans ces derniers temps; les combustibles usuels dont fait usage l'industrie moderne; les essais, la conduite, l'entretien des appareils mécaniques et des générateurs de vapeur, et les obligations des constructeurs et des propriétaires de ces appareils. Des Tables numériques pour la solution immédiate du calcul de certains mécanismes et du calcul des agents de force mécanique ont été ou étendus ou annexés aux parties spéciales.

SOMMAIRE DES TITRES DE LA DIVISION DES PARTIES.

Mécanique élémentaire. 1 vol. avec figures et 11 pl. 4 fr.

PREMIÈRE PARTIE. — *Arithmétique.* — Numération. — Premières règles. — Fractions. — Système décimal. — Carrés, cubes. — Racines carrées, racines cubiques. — Règles d'intérêt, de mélange et d'alliage. — *Algèbre pratique* : Équations algébriques. — *Géométrie pratique.* — Tracés géométriques. — Mesure et division des lignes et des angles. — Solides. — Mesures des surfaces et des volumes. — *Lignes trigonométriques.* — *Annexe* : Système métrique. —

DEUXIÈME PARTIE. — *Mécanique élémentaire, forces, frottements.* — Principe des machines. — Chute, poids, densité des corps. — Forces. — Composition des forces. — Centre de gravité. — Travail des forces et sa mesure. — Équilibre des machines simples. — Frottements et glissements. — Origine des forces produisant le mouvement dans les machines. — Des machines en général.

Mécanique de l'atelier. 1 vol. avec figures et 26 pl.   4 fr.

TROISIÈME PARTIE. — Transmissions et transformations de mouvement.
QUATRIÈME PARTIE. — *Résistance des Matériaux :* Effort de traction. — Effort de compression. — Force de flexion. — Résistance au cisaillement. — Résistance à la torsion. — Épaisseur des murs. — Pans de bois, planchers et combles.
CINQUIÈME PARTIE. — *Machines motrices à air et hydrauliques. Machines à presser.* — Moulins à vent. — Machines soufflantes. — Scieries. — Appareils et machines à élever l'eau. — Pompes élévatoires. — Machines motrices hydrauliques. — Roues à aubes planes, à aubes courbes. — Roues à augets. — Roues pendantes. — Turbines. — Roues à niveau constant. — Roues à admission intérieure. — Résultats pratiques des divers systèmes de roues hydrauliques. — Presses hydrauliques. — Pressoirs.

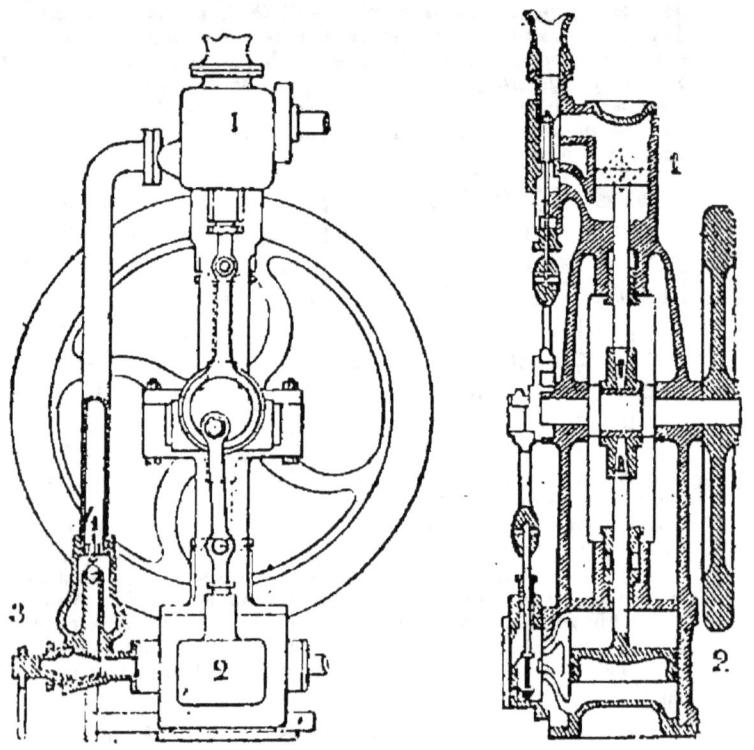

Figure spécimen du *Guide de l'Ouvrier mécanicien.*

Principes et pratique de la machine à vapeur. 1 vol. avec figures et 25 planches. . . . .   4 fr.

SIXIÈME PARTIE. — *Formation de la vapeur. Chaudières :* De la chaleur. — De la vapeur. — Condensation. — Chaudières à vapeur. — Dimensions. — Consommation d'eau et de combustible. — Données sur l'établissement des détails des chaudières.
SEPTIÈME PARTIE. — *Machines motrices à vapeur, à gaz :* Calcul de la puis-

sance et dimensions des pièces principales des machines à vapeur. — Appréciation des divers systèmes de machines. — Principaux types de machines à vapeur admis dans la pratique de 1869 à 1887.

Annexes : Généralités sur les nouvelles chaudières à vapeur. — Principes élémentaires de la combustion. — Vocabulaire des éléments et des produits divers de la combustion. — Combustibles usuels. — Essais et mise en service des chaudières. — Essais des machines. — Matières employées au service des moteurs à vapeur. — Décret sur l'établissement des machines à vapeur.

MÉCANIQUE (*Introduction à l'étude de la*), par Louis Du Temple, capitaine de frégate en retraite. 1 volume. — En préparation. —

MÉDECINE USUELLE (Voir Hygiène et Médecine usuelle, page 38).

MÉTALLURGIE (*Guide pratique de*), ou exposition détaillée des divers procédés employés pour obtenir des métaux utiles, précédé du Dictionnaire des mots techniques employés en métallurgie et de l'essai de la préparation des minerais, par D. L., 1 volume avec 8 planches in-4 gravées sur cuivre comprenant plus de 100 figures . 4 fr.

Extrait de la table des matières : Définition et aperçu de l'histoire de la métallurgie. — Vocabulaire des mots techniques métallurgiques. — Première partie. — *De l'essai des minerais.* — Des essais mécaniques par la voie sèche, la voie humide, d'or, d'argent, de platine, de fer, de cuivre, de zinc, d'étain, de plomb, de plomb argentifère par la coupellation, de mercure, d'antimoine, d'arsenic, de bismuth. — Deuxième partie. — *De la préparation et du traitement des minerais.* — I. De la préparation des minerais ; triage, criblage, bocardage, lavage, grillage. — II. Traitement métallurgique des minerais d'or, d'argent, de platine, de fer, de cuivre, de zinc, d'étain, de plomb, de mercure, antimoine, arsenic, bismuth, etc. — Préparation mécanique. — Amalgamation, etc., etc.

MÉTAUX ALCALINS (Voir Aluminium et Métaux alcalins, page 15).

MÉTÉOROLOGIE AGRICOLE (*Manuel de*) appliquée aux travaux des champs, à la physiologie végétale et à la prévision du temps, par F. Canu, météorologiste-publiciste et Albert Larbaletrier, diplomé de l'Ecole de Grignon, sous-directeur à la ferme-école de la Pilletière, 1 volume avec 3 figures et de nombreux tableaux. . 2 fr.

Extrait de la table des matières : *Notions préliminaires.* — *Chaleur* : Action de la chaleur sur le sol, échauffement, dessèchement, action de la chaleur sur la plante, évolution, action physique. — *Lumière* : Production de la chlorophylle, assimilation, transpiration, lumière du sol. — *Humidité de l'air.* — *Brouillard et rosée.* — *Pluie.* — *Froid.* — *Gelées.* — *La neige.* — *Vents.* — *Electricité.* — *Grele.* — *Les éléments de l'air et le sédiment.* — *Instructions météorologiques.* — *Prévision du temps :* Prévision à longue et à courte échéance, prévisions des gelées nocturnes. — *Tableaux divers.*

MÉTIERS MANUELS (*Le livre des*), répertoire des procédés industriels, tours de main et ficelles d'atelier, recettes nouvelles et inédites, méthodes abréviatives de travail recueillies en vue de permettre aux amateurs, manufacturiers, ouvriers des petites villes et des campagnes d'exécuter aussi bien que les ouvriers spécialistes de Paris tous les travaux usuels d'une utilité journalière, par J.-P. Houzé. 1 volume avec 5 planches hors texte comprenant de nombreux dessins techniques . . . . . . 4 fr.

MINÉRALOGIE USUELLE (*Guide pratique de*). Exposition succincte et méthodique des minéraux, de leurs caractères, de leur composition chimique, de leurs gisements, de leur application aux arts et à l'industrie, par M. Drapiez. 1 volume . . . . 3 fr.

<small>A la lucidité des définitions et à la simplicité de la méthode d'exposition, ce guide joint un mérite qui n'échappera pas aux hommes pratiques ; il contient la description des 1,500 espèces minérales dont il analyse les caractères distinctifs, la forme régulière et la forme irrégulière, les propriétés particulières, les compositions chimiques et les synonymies, les gisements, les applications dans les arts, dans l'industrie, etc.</small>

MINÉRALOGIE APPLIQUÉE (*Guide pratique de*), histoire naturelle inorganique ou connaissance des combustibles minéraux, des pierres précieuses, des matériaux de construction, des argiles céramiques, des minerais manufacturiers et des laboratoires, des minerais de fer, de cuivre, de zinc, de plomb, d'étain, de mercure, d'argent, d'antimoine, d'or, de platine, etc., par A.-F. Noguès, professeur de sciences physiques et naturelles. 2 vol. avec 248 figures. Chaque volume, 4 fr.; l'ouvrage complet, 8 fr.

<small>Cet ouvrage a été écrit principalement pour les personnes qui désirent acquérir des notions justes, pratiques et usuelles sur les minéraux métallifères et les minéraux employés dans les arts et l'industrie. Les étudiants qui suivent les cours des Facultés, les élèves des Écoles spéciales et industrielles, les ingénieurs, les élèves des Écoles des mines, les mineurs, les agriculteurs, les directeurs d'exploitations minières, les gardes-mines, les amateurs et les gens du monde qui voudront acquérir des connaissances pratiques en minéralogie, le consulteront avec fruit.

Ce guide a été conçu dans un esprit essentiellement pratique et industriel. M. Noguès, en publiant cet ouvrage, a voulu offrir au public le cours de minéralogie qu'il professe avec tant de succès à l'École centrale des arts et manufactures de Lyon. — Nous ne donnons pas ici la table des matières contenues dans l'œuvre de M. Noguès, elle est trop considérable, mais nous indiquerons le titre des chapitres.

I. Définitions des termes et généralités. — II. Caractères géométriques des minéraux ou cristallogie. — Cristallogie comparée ou morphologie minérale. — Cristallogénie. — Caractères physiques, chimiques et géologiques des minéraux; — Classification des minéraux. — Description des espèces minérales. — Appendice au carbone. — Organolithes. — Classifications.</small>

N

NATURALISTE (*Manuel du*). — Zoologie, par AGASSIZ et GOULD. Traduit par Elisée Reclus. 1 volume. — **En préparation.** —

O

OCTROIS (*Nouveau manuel des*), par E. LAFFOLAY, inspecteur de l'octroi en retraite. 1 volume avec tableaux .... 4 fr.

Observations concernant la rédaction des procès-verbaux. — Formulaire pour la rédaction des procès-verbaux les plus usuels en matière d'octroi, en matière de contributions indirectes et d'octroi et en matière de contributions indirectes inclusivement.

OFFICIER (*Comment on devient*), par Félix JUVEN, officier d'administration, adjoint du service des hôpitaux, licencié en droit, officier d'académie. 1 volume. . . 4 fr.

Historique du recrutement. — Les Écoles. — Officiers ne passant pas par les Écoles. — Ce que peut devenir un officier. — Officiers de la réserve et de l'armée territoriale. — Vie de l'officier. — Recrutement des officiers de marine.

OIES et CANARDS (*Guide pratique de l'éducation lucrative des*), par MARIOT-DIDIEUX, vétérinaire. 1 volume.................................. 2 fr. 50

Les ouvrages de M. Mariot-Didieux sont au premier rang parmi ceux qu enrichissent notre bibliothèque. Aussi voulons-nous, pour en mieux faire ressortir le mérite, donner ici le sommaire des principaux chapitres.
1º *L'oie*. — Histoire naturelle. — Races françaises, petite race, grosse race et leurs variétés au nombre de cinq. Races étrangères; elles sont au nombre de douze. — Produits de l'oie, du plumage, de la multiplication, des accouplements, de la ponte, de l'incubation. — Éclosion, nourriture des oisons, nourriture ordinaire des oies. — Logement. — Engraissement. — Foies gras. — Manière de tuer les oies. — Commerce, vente, mégissage des peaux d'oies pour fourrures. — Maladies, hygiène.

2° *Du Canard.* — Histoire naturelle, mœurs. — Races françaises; elles sont au nombre de quatre. — Races étrangères ; on en compte onze principales. — De la ponte. Manière d'augmenter la ponte. — De l'incubation naturelle. — Des canards mulets. — Nourriture et élevage des canetons, engraissement. — Vente des canetons. — Comment on doit tuer le canard. — Du plumage. — Habitation. — Maladies. — Hygiène, etc.

OSTRÉICULTEUR (*Guide pratique de l'*), ou Culture des huîtres et procédés d'élevage et de multiplication des races marines comestibles, histoire naturelle des mollusques et des crustacés. — Causes du dépeuplement progressif des bancs d'huîtres. — Industrie et procédés actuels. — Construction des claires, parcs, viviers, etc. — Exploitation des claires. — Culture des moules. — Élevage des homards, langoustes, etc., par Félix FRAICHE, professeur de sciences mathématiques et naturelles. 1 volume avec figures dans le texte . . . . 3 fr.

Figure spécimen du *Guide de l'Ostréiculteur*

Les chemins de fer et la navigation, en diminuant les distances, ont créé pour les races marines comestibles des débouchés qui leur avaient manqué jusqu'alors. De là et d'autres causes que M. Fraiche indique, l'appauvrissement des bancs d'huîtres. L'auteur, qui s'est inspiré des travaux de M. Coste, démontre que l'ostréiculture est une industrie facile à créer et à développer, et qui donne des résultats rémunérateurs à ceux qui savent l'exploiter.

OUVRIER MÉCANICIEN (*Guide de l'*), par J. A. ORTOLAN (voir MÉCANICIEN, page 44).

P

PAPIER et du **CARTON** (*Guide pratique de la fabrication du*), par A. PROUTEAUX, ingénieur civil, ancien élève de l'École centrale des arts et manufactures, ancien directeur de papeterie. Nouvelle édit. 1 volume avec 8 planches.   4 fr.

EXTRAIT DE LA TABLE DES MATIÈRES. — Historique. — Matières premières. — Fabrication : triage, délissage, blutage, lavage et lessivage, défilage, égouttage, blanchiment, raffinage, collage, matières colorantes, travail de la machine à papier, de l'apprêt. — Fabrication du papier à la cuve ou à la main. — Classification des papiers. — Diverses substances propres à la fabrication du papier. — Papier de paille, papier de bois, papier d'alfa. — Papiers spéciaux. — Analyse chimique des matières employées en papeterie. — Matériel d'une papeterie. — Prix de revient, personnel, administration d'une papeterie. — Fabrication du carton. — Fabrication du papier en Chine et au Japon. — Considérations économiques. — Principaux brevets d'invention français relatifs à l'industrie du papier. — Prix des appareils et des principales matières employées en papeterie.

PARFUMEUR (*Guide pratique du*), dictionnaire raisonné des **cosmétiques et parfums**, contenant : la description des substances employées en parfumerie, les altérations ou falsifications qui peuvent les dénaturer, etc., les formules de plus de 500 préparations cosmétiques, huiles parfumées, poudres dentifrices dilatoires, eaux diverses, extraits, eaux distillées, essences, teintures, infusions, esprits aromatiques, vinaigres et savons de toilette, pastilles, crèmes, etc., par le docteur B. LUNEL. 1 volume rédigé sous forme de dictionnaire avec un appendice............   4 fr.

La parfumerie est une industrie qui, bien comprise et loyalement faite, se rattache d'un côté à l'hygiène et de l'autre est destinée à satisfaire des goûts et des sensations commandées par le luxe et une civilisation plus ou moins avancée.

M. Lunel divise la fabrication en trois classes : fabrique de parfumerie à bon marché, fabrique dont les produits sont coûteux, et enfin les fabriques mixtes, dans les vastes magasins desquelles on trouve aussi bien les produits ordinaires que les produits extra-fins.

M. Lunel donne des renseignements précieux sur toutes ces préparations, et son livre a cela de précieux qu'il donne toutes les formules et les secrets de la fabrication.

PERSPECTIVE (*Théorie pratique de la*). Étude à l'usage des artistes peintres, des élèves des Écoles des beaux-arts, des Écoles industrielles, etc., par V. PELLEGRIN, peintre. 1 volume avec 42 figures et 1 planche de 16 figures.'............   2 fr.

PHYSIQUE (* *Introduction à l'étude de la*), par Louis Du Temple, capitaine de frégate en retraite. 1 volume avec 146 figures, 2ᵉ édition . . . . 4 fr.

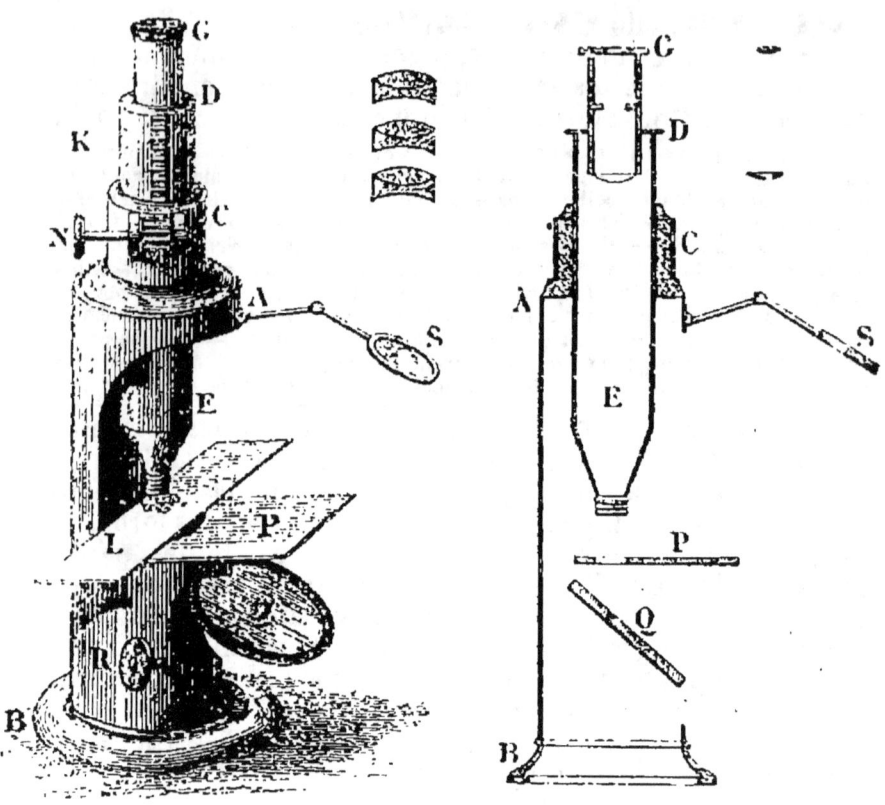

Figure spécimen de l'*Introduction à l'Étude de la physique*.

Sommaire des principaux chapitres : *Quelques définitions de chimie* : Éléments qui entrent dans la composition des corps. — Nomenclature chimique. — *Introduction*. — *La Force* : Pesanteur. — Actions moléculaires. — *Calorique et Chaleur* : Température. — Mode de propagation de la chaleur. — Changement d'état des corps par la chaleur. — *Lumière*. — Réflexion de la lumière. — Réfraction. — Décomposition et recomposition de la lumière. — Applications diverses des phénomènes de la lumière. — Lunettes. — *Sons*. — Propagation. — Réflexion. — Vibration. — *Électricité*. — *Électro-Magnétisme*. — *Électro-Chimie*.

PHOTOGRAPHE (*L'étudiant*), traité pratique de photographie à l'usage des amateurs, avec les procédés de

MM. Civiale, Bacot, Cavelier, Robert, par A. CHEVALIER. 1 volume avec 68 figures . . . . 3 fr.

Ce livre est un manuel simplifié de photographie. Il sera utile à tous ceux qui voudront s'occuper des moyens de reproduire la nature à l'aide de la lumière. Comme son titre l'indique, c'est le livre de l'étudiant, et certes nous n'avons, en le livrant à la publicité, qu'un seul désir, celui d'être utile. Nous sommes sûrs des procédés indiqués, car nous avons dû expérimenter nous-mêmes celui relatif au collodion humide.

PIERRES PRÉCIEUSES (Voir Joaillier, page 40).

PISCICULTURE et **AQUICULTURE FLUVIALES** (*Manuel de*), appliqué au repeuplement des cours d'eau et à l'élevage en eaux fermées, par Albert LARBALÉTRIER, diplômé de l'École d'agriculture de Grignon, ancien élève libre de l'Institut national agronomique, ex-professeur de pisciculture, etc., 1 volume avec figures et tableaux. 4 fr.

EXTRAIT DE LA TABLE DES MATIÈRES. — *Pisciculture d'eau douce.* — Notions préliminaires. — PREMIÈRE PARTIE : *Les Poissons.* — Considérations générales. — Organisation des poissons. — Classification des poissons. — Description des ordres de poissons. — Nature des eaux douces. — Description, mœurs et genre de vie des principales espèces de poissons. — DEUXIÈME PARTIE : *Les procédés de multiplication et d'élevage.* — La Pisciculture naturelle : les Étangs, aménagement des cours d'eau. — La Pisciculture artificielle : Acclimatation des poissons, Fécondations artificielles, Incubation et éclosion, Alevinage et élevage, transport des œufs et des poissons, Frayères artificielles, Ennemis des Poissons. — TROISIÈME PARTIE : *Pêche en eau douce et législation.* — Pêche à la ligne, Pêche au filet. — Législation : Lois et règlements, Historique et considérations générales. — QUATRIÈME PARTIE : *Culture spéciale des Crustacés et Annélides d'eau douce.* — Écrevisses, Sangsues.

PLANTES FOURRAGÈRES (*Guide pratique pour la culture des*), par A. GOBIN, ancien élève de l'École de Grand-Jouan, ancien directeur de la colonie pénitentiaire du Val-d'Yèvres (Cher). 1 volume avec de nombreuses figures. . . . . 4 fr.

Première partie. — **PRAIRIES NATURELLES, PATURAGES.**

Figure spécimen du *Guide pratique pour la culture des Plantes fourragères.*

Deuxième partie. — **PRAIRIES ARTIFICIELLES, PLANTES, RACINES.**

Figure spécimen du *Guide pratique pour la culture des Plantes fourragères.*

Les fourrages sont la base de toute culture, et il est admis aujourd'hui, par tous les agriculteurs intelligents, que pour avoir du blé il faut faire des prés. M. Gobin, guidé par sa grande expérience, a voulu rédiger un guide tout pratique indiquant tout ce qui doit être observé pour obtenir les meilleurs résultats et éviter les dépenses inutiles ; mais, comme il le dit dans sa préface, si le titre même de son livre lui a fait une loi de se restreindre à la culture des plantes fourragères et de s'abstenir de considérations scientifiques inutiles au but qu'il poursuit, il ne s'est pas interdit les applications pratiques des sciences, en tant qu'elles se rapportent à l'explication des phénomènes ou à l'amélioration des méthodes de culture. « C'est là, en effet, dit-il, ce que nous entendons par la pratique, et non point seulement la routine manuelle, qui consiste à savoir tenir les mancherons de la charrue, charger une voiture de gerbes ou manier la faux, celle-ci suffit à un ouvrier, celle-là est nécessaire au moindre cultivateur intelligent. »

Ce guide peut être considéré comme le résumé des leçons professées avec tant de succès par M. Gobin à l'*Ecole de Grignon*.

PONTS ET CHAUSSÉES et de l'Agent voyer (*Guide pratique du Conducteur des*). Principes de l'art de l'ingénieur, comprenant : plans et nivellements, routes et chemins, ponts et aqueducs, travaux de construction en général et devis, par F. BIROT, ingénieur civil, ancien conducteur des ponts et chaussées. 4° édition, revue et augmentée.

Première partie. — ROUTES. — 1 vol. accompagné de 12 planches doubles, contenant 99 figures. . . . . . 4 fr.
Deuxième partie. — PONTS. — 1 vol. accompagné de 8 planches doubles, contenant 44 figures. . . . . . . 4 fr.

Nous allons donner un extrait de la table des matières de ces volumes, devenus le *vade-mecum* des agents des ponts et chaussées.

Première partie. — *Chap. Ier.* — Tracé et mesure des lignes. Arpentage proprement dit. Mesure des angles. Levé à l'échelle. Instruments. — *Chap. II.*

Objets du nivellement. Niveaux de différents systèmes. Stadia. — *Chap. III.* Classification des routes. Projets. De la forme générale des routes. Tracé des courbes. Tables diverses. — *Chap. IV.* Construction des chaussées. Entretien des routes. Déblais et remblais.

Deuxième partie. — *Chap. I.* Ponts et aqueducs. Ponceaux. Murs de soutènement. Parapets. Voûtes biaises. Sondages. Pieux. Pilotis. Palplanches. Enrochements. — *Chap. II.* Des cintres et des ponts en charpente. — *Chap. III.* Études des matériaux employés dans les constructions. — *Chap. IV.* Du métrage et du devis. Avant-métré d'un aqueduc, d'un ponceau, etc.

L'auteur a terminé par le programme d'admission pour l'emploi de conducteur.

PORCHERIES (Voir Habitations des animaux, page 37).

POTASSES (*Guide pratique pour reconnaître et pour déterminer le titre véritable et la valeur commerciale des*), des **SOUDES**, des **CENDRES**, des **ACIDES** et des **MANGANÈSES**, avec neuf tables de déterminations, traduit de l'allemand par le docteur G.-W. BICHON, ancien élève de M. Liebig. Nouvelle édition, augmentée de notes, tables et documents, par R. FRÉSÉNIUS et le Dr WILL. 1 vol. avec figures. 2 fr.

Le livre de MM. Frésénius et Will est le résultat des recherches de ces deux savants chimistes étrangers; c'est avec beaucoup de succès qu'ils sont parvenus à perfectionner les méthodes d'essais relatifs aux potasses, soudes, acides et manganèses.

POUDRES ET SALPÊTRES (*Guide pratique de la fabrication des*), avec un appendice par le major STEERK sur les *feux d'artifice*, par M. SPILT. 1 volume. . . . 4 fr.

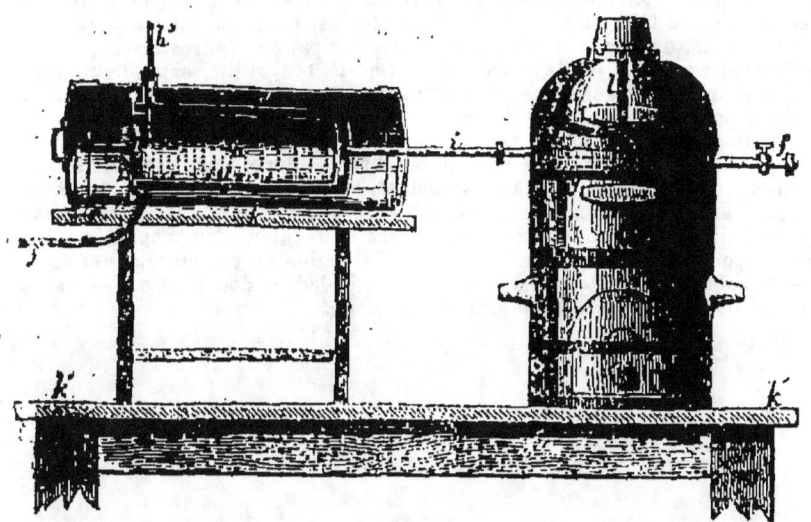

Figure spécimen du *Guide de la fabrication des poudres et salpêtres.*

Dès les premières lignes de ce livre, on s'aperçoit que l'auteur est un homme compétent dans la matière qu'il traite, et qu'à l'étude dans le laboratoire, le major Stoerk a joint l'expérience en grand. Dans ses données, tout est rigoureusement exact, et on peut accepter l'auteur comme guide, sans craindre de se tromper.

L'appendice sur les feux d'artifice résume en quelques pages les notions nécessaires pour la confection de ces feux.

Sommaire des chapitres. — *Première partie :* Soufre, salpêtre, bois. — Charbon : carbonisation par distillation, par vapeur, analyses des charbons. — Poudres : poudres de guerre, poudres de mine, poudres du commerce extérieur et poudres de chasse. — Épreuves. — Combustion des poudres, dosages, analyses.

Deuxième partie : Feux d'artifice. — Historique, matières premières, produits chimiques, outils, cartonnages, cartouches, feux qui produisent leur effet sur le sol, feux qui le produisent dans l'air, sur l'eau, etc., feux de salon, feux de théâtre. Confection des principales pièces d'artifice.

POULES (*Éducation lucrative des*), ou traité raisonné de gallinoculture, par MARIOT-DIDIEUX, vétérinaire en premier aux remontes de l'armée, membre et lauréat de plusieurs sociétés savantes. Nouvelle édition. 1 vol. 4 fr.

L'éducation, la multiplication et l'amélioration des animaux qui peuplent les basses-cours ont fait depuis une quinzaine d'années de notables progrès. Répondant à un besoin de l'économie domestique, l'auteur de ce guide pratique a voulu faire un traité complet de gallinoculture dans lequel, après des considérations historiques, anatomiques et physiologiques sur les poules, il décrit les caractères physiques et moraux de quarante-deux races, apprend à faire un choix parmi ces races si diverses et indique les moyens de conservation et de multiplication des individus. Des chapitres spéciaux sont consacrés aux maladies, à la pharmacie gallinée, à la statistique des poules et des œufs de la France, etc.

Les ouvrages de M. Mariot-Didieux sont au premier rang parmi ceux qui enrichissent notre bibliothèque. Aussi voulons-nous, pour en mieux faire ressortir le mérite, donner ici le sommaire des principaux chapitres :

Gallinoculture. — De la poule, son antiquité, son utilité, expositions, concours, anatomie, considérations physiologiques, des sensations, voix du coq, voix de la poule. — Choix des races. — Signes extérieurs de la ponte. — Considérations sur les races de poules. — Races françaises, hollandaises, belges, anglaises, espagnoles, italiennes, prussiennes. — Races asiatiques, indiennes, japonaises, indo-chinoises. — Races syriennes, africaines, américaines. — Races de l'Océanie. — Du croisement des races. — Dépenses et produits de la poule. — Du poulailler, de la cour, des œufs. Moyens de reculer, d'augmenter ou d'avancer la ponte. — Fécondation du coq. — Castration ou chaponnage des coqs. — De l'incubation. — Élevage des poulets. — Maladies des poules. — De la saignée. — Pharmacie. — Vente des produits, etc.

R

ROSEAU (Voir Saule, même page).

ROUES HYDRAULIQUES (*Traité de la construction des*), contenant tous les systèmes de roues en usage, les renseignements pratiques sur les dimensions à adopter pour les arbres tournants, les tourillons, les bras de roues hydrauliques, etc., etc., par Jules LAFFINEUR. 1 volume avec de nombreux tableaux et 8 planches. . . . . 3 fr. 50

<small>L'auteur démontre dans sa préface que le perfectionnement des machines motrices des usines est à la fois une nécessité d'intérêt général et privé. Dans son ouvrage, il recherche et il définit les principales conditions à remplir sous ce rapport, et il donne ensuite tous les détails relatifs à la construction des roues hydrauliques dans les meilleures conditions possibles.

Fidèle à la méthode qui lui est propre, M. Laffineur s'est surtout attaché à se faire comprendre par la simplicité des termes employés et par les nombreux exemples qu'il donne.

Les planches sont d'une grande netteté ; elles représentent tous les systèmes de roues en usage, roues à palettes, roues pendantes, roues en dessous et à aubes courbes, roues à augets, roues horizontales, roues à niveau constant, frein dynamométrique, etc.</small>

ROUTES (Voir Ponts et Chaussées, page 53).

S

SALPÊTRES (Voir Poudres, page 54).

SAULE (*Guide pratique de la culture du*) et de son emploi en agriculture, notamment dans la création des oseraies et des saussaies, avec un appendice sur la culture du roseau, par M.-J. KOLTZ, chevalier de l'ordre R. G. D. de la Couronne de chêne, agent des eaux et forêts, etc. 1 volume avec 35 figures dans le texte . . . . 2 fr.

<small>Ce travail a pour objet de faire ressortir les avantages que procure la culture du saule dans les terrains qui lui conviennent, et qui, le plus souvent, ne peuvent être rendus productifs qu'à l'aide de cette essence ; M. Koltz donne donc le moyen de mettre en produit des terrains vagues. Dans certains parages, le roseau commun forme le complément obligé de l'osier ; l'appendice que M. Koltz a consacré à cette plante renferme des détails intéressants, surtout pour les propriétaires de terrains aujourd'hui tout à fait improductifs.</small>

SCIENCES PHYSIQUES (*Éléments des*), appliquées à l'agriculture; ouvrage divisé en deux parties, par A.-F. POURIAU, docteur ès sciences, ancien élève de l'Ecole centrale, professeur à l'Ecole d'agriculture de Grignon.

Chaque partie se vend séparément.

Première partie. **CHIMIE INORGANIQUE**, suivie de l'étude des marnes, des eaux, et d'une méthode générale pour reconnaître la nature d'un des composés minéraux intéressant l'agriculture ou la médecine vétérinaire. 1 volume avec 153 figures dans le texte et tableaux. . . 7 fr.

Deuxième partie. **CHIMIE ORGANIQUE**, comprenant l'étude des éléments constitutifs des végétaux et des animaux, des notions de physiologie végétale et animale, l'alimentation du bétail, la production du fumier. 1 volume avec 65 figures dans le texte et tableaux. . . . . . . 7 fr.

Figure spécimen des *Éléments des sciences physiques*.

M. Pouriau, aujourd'hui professeur et sous-directeur à l'Ecole d'agriculture de Grignon, a été nommé secrétaire général de la Société d'agriculture de Lyon, à l'élection. Voilà quelques-uns des titres du savant professeur; quant à ses ouvrages, ils sont promptement devenus classiques et ils sont en même temps consultés avec fruit par tous les agriculteurs, les propriétaires, les gentilshommes-fermiers et par tous les gens d'étude et les gens du monde. Pour cette dernière classe de lecteurs, nous citerons le passage de la préface qui indique que cet ouvrage a été en partie rédigé à leur intention :

« Mais, d'autre part, je conseille aux gens du monde, que de semblables détails ne peuvent que médiocrement intéresser, de laisser de côté ces paragraphes, pour reporter leur attention sur les autres chapitres.

« Enfin, toujours guidé par le désir de satisfaire aux besoins de chaque classe de lecteurs, j'ai indiqué, *en note et séparément*, la préparation des principaux corps étudiés, parce que cette branche du cours ne saurait être utile qu'à ceux en position de faire quelques manipulations.

« Si les amis de la science agricole me prouvent, par un accueil bienveillant fait à mon livre, que j'ai suivi la bonne voie, je leur en témoignerai ma reconnaissance en leur offrant successivement les autres parties de mon enseignement. »

SERRURERIE (*Nouveaux Barèmes de*), par E. ROULAND, 1 volume . . . . 4 fr.

EXTRAIT DE LA TABLE DES MATIÈRES. — *Balcons* en barreaux de fer rond avec ou sans ornements, en barreaux de fer plats, en barreaux de fer carré. — *Grilles fixes* en barreaux de fer rond avec ou sans petits barreaux, avec ou sans ornements. — *Grilles ouvrantes* à deux vantaux avec ou sans petits barreaux, avec ou sans ornements. — *Portes* à un vantail et à deux vantaux en fer à T avec panneaux tôle. — *Poids des fers*, fers plats, carrés, ronds, T et cornières double T. — *Poids des tôles*.

SOUDES (Voir Potasses, page 54).

SUCRES (*Guide pour l'essai et l'analyse des*), indigènes et exotiques, à l'usage des fabricants de sucre. Résultats de 200 analyses de sucres classés d'après leur nuance, par E. MONIER, ingénieur chimiste, ancien élève de l'École centrale des arts et manufactures. 1 volume avec figures dans le texte et tableaux . . . . 3 fr.

L'auteur, après avoir rappelé les propriétés générales des substances saccharifères, donne les méthodes les plus simples qui permettent de doser avec précision ces mêmes substances. Quelques notes sur l'altération et le rendement des sucres soumis au raffinage terminent le travail de M. Monier, dont M. Payen a fait un éloge mérité devant l'Académie des sciences.

T

TEINTURIER (*Guide du*), manuel complet des connaissances chimiques indispensables à la pratique de la teinture, par Frédéric FOL, chimiste. Nouvelle édition. 1 volume avec 91 figures dans le texte . . . . 4 fr.

En publiant cet ouvrage, l'auteur s'est proposé de répandre dans la population ouvrière qui s'occupe des travaux de teinture, les connaissances nécessaires des sciences sur lesquelles est basée cette industrie.

TÉLÉGRAPHIE ÉLECTRIQUE (*Guide pratique de*), ou *Vade-mecum* pratique à l'usage des employés des lignes télégraphiques, suivi du programme des connaissances exigées pour être admis au surnumérariat dans l'administration des lignes télégraphiques, par B. MIÈGE, directeur de lignes télégraphiques. 1 volume avec 45 figures dans le texte . . . . 2 fr.

TERMES TECHNIQUES (✻*Dictionnaire des*) de la science, de l'industrie, des lettres et des sciences, par A. SOUVIRON, professeur de technologie et d'histoire naturelle à l'Association polytechnique. 1 volume . 6 fr.

TISSUS (*Manuel du commerce des*). *Vade-mecum* du Marchand de Nouveautés, par Edm. BOURDAIN. 1 vol. 3 fr.

SOMMAIRE DES CHAPITRES : Introduction. — Visite au magasin. — Tableau par rayon de tous les articles composant un magasin de nouveautés. — Table des villes de fabrique et des genres où elles excellent. — Tissus employés pour confectionner les divers vêtements et quantités employées. — Soins à donner aux étoffes. — Tissus étrangers. — L'Escompte. — Commission. — Teinture et couleurs. — Vêtements sur mesures. — Fourrures. — Termes techniques. — Conseils pour les achats. — Voyage d'achat. — Tableau des tissages mécaniques de France. — Représentants de fabrique. — Cravates et confections. — Comptabilité. — Monnaies et mesures étrangères. — Conseils aux employés de commerce.

✲ TRANSMISSIONS DE LA PENSÉE ET DE LA VOIX, par Louis DU TEMPLE, capitaine de frégate en retraite. 2ᵉ édit. 1 volume avec 62 figures. . . . 4 fr.

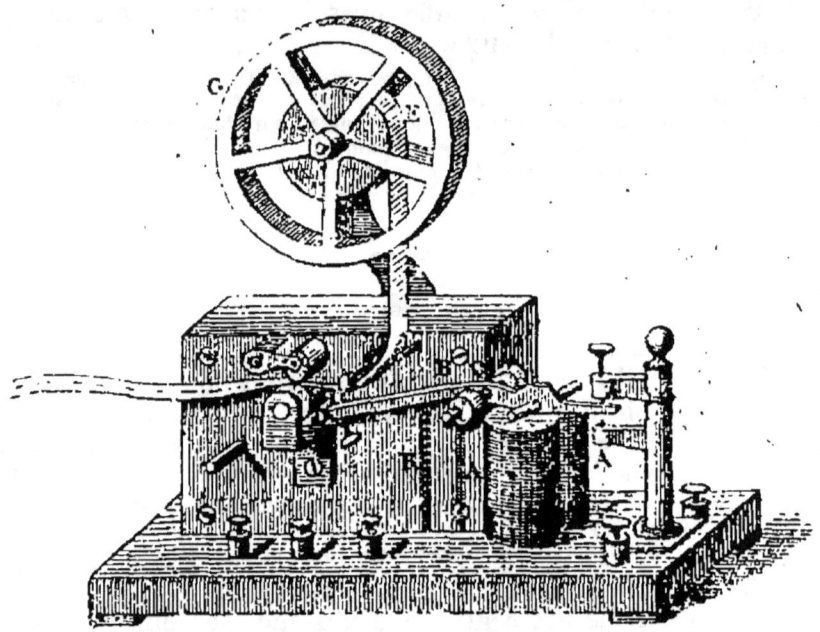

Figure spécimen de *Transmissions de la pensée et de la voix*.

SOMMAIRE DES PRINCIPAUX CHAPITRES : *Organe de la vue et moyens employés pour la corriger.* — Structure de l'œil. — Marche des rayons lumineux dans l'œil. — *Organe de la voix.* — *Organe de l'ouïe.* — Oreille. — Comment l'homme peut diminuer les imperfections de l'ouïe. — *Langage.* — Définition. — Langage écrit. — Papier. — Historique. — Fabrication du papier. — Différentes espèces de papier. — *Imprimerie ou Typographie.* — Historique. — Gravure. — Lithographie. — Presses typographiques. — Clichage. — Gravure en creux. — Gravure en relief. — *Photographie.* — Historique. — Procédés. — *Électro-Métallurgie.* — Galvanoplastie. — Appareils galvanoplastiques. — Applications de la galvanoplastie. — *Télégraphes aériens, pneumatiques, électriques.* — *Téléphone.* — *Phonographe.* — *Aérophone.* — *Postes.*

V

VACHE LAITIÈRE (*Guide pratique pour le choix de la*), par Ernest Dubos, vétérinaire de l'arrondissement de Beauvais, professeur de zootechnie à l'Institut agricole de la même ville. 1 volume avec 7 planches. 2ᵉ édition.   2 fr. 50

VERNIS (*Guide pratique de la Fabrication des*), nouvelle édition, revue, corrigée et complètement refondue,

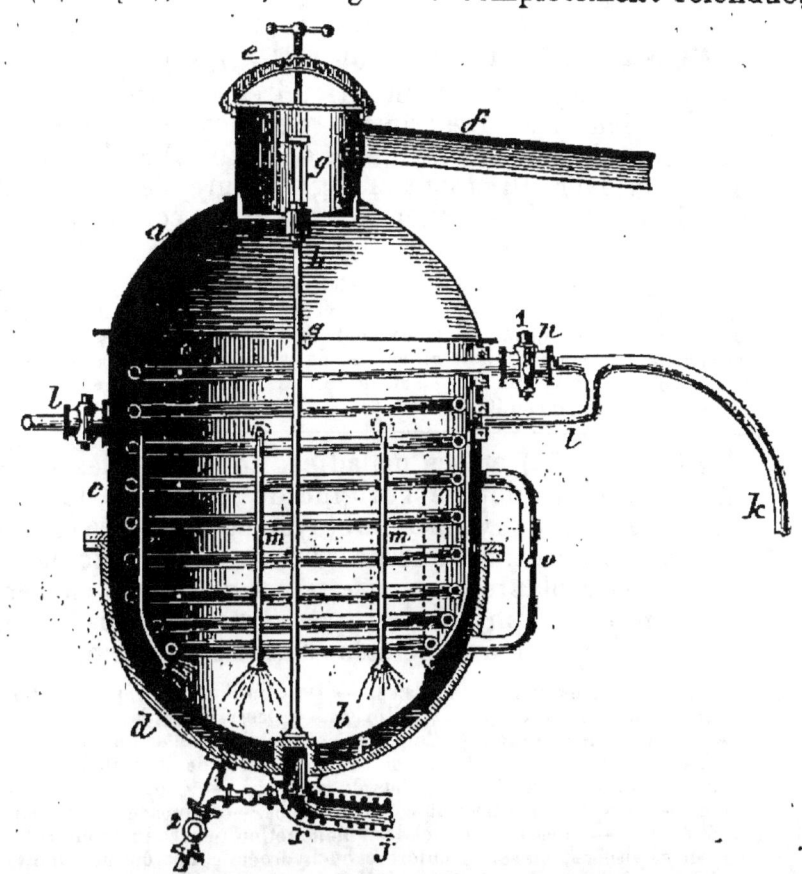

Figure spécimen de la *Fabrication des Vernis*.

de l'ouvrage de M. Tripier-Devaux, par H. Violette, ancien élève de l'Ecole polytechnique, commissaire des poudres et salpêtres, membre de plusieurs sociétés savantes. 1 volume avec figures dans le texte . . . . . . 6 fr.

Extrait de la préface. — Les vernis ne sont autres que des solutions de résines dans certains liquides. Ces liquides, qui sont ordinairement l'*éther*, l'*alcool*, l'*essence de térébenthine* et les *huiles*, donnent aux vernis qui en résultent des propriétés caractéristiques qui en déterminent l'usage. Cette désignation des liquides nous permet de diviser les vernis en quatre classes. — Vernis à l'éther. — Vernis à l'alcool. — Vernis à l'essence. — Vernis gras.

Cette division sera celle des quatre chapitres composant notre ouvrage : nous examinerons chaque classe successivement ; cet examen comprendra : 1º les propriétés physiques et chimiques, ainsi que la préparation du liquide employé à dissoudre les résines de cette classe ; 2º les propriétés physiques et chimiques, ainsi que l'origine des résines employées dans cette catégorie ; 3º la fabrication proprement dite des vernis, par le mélange des résines et liquides précédemment étudiés.

VIDANGE AGRICOLE (*Guide pratique de la*), à l'usage des agronomes, propriétaires et fermiers. Richesse de l'agriculture. Description de moyens faciles, économiques, salubres et pratiques, de recueillir, de désinfecter et d'employer utilement en agriculture l'engrais humain, par J.-H. TOUCHET, chef de service à la compagnie Richer. 2ᵉ édition, 1 volume avec figures. . . . . 1 fr.

Ce Guide, en ce qui concerne les vidanges et les différentes manières d'employer l'engrais humain, est le résumé des meilleures méthodes pratiquées actuellement. Les fermiers y trouveront tous des indications utiles. M. Touchet enseigne aux agronomes de la grande et de la petite culture des moyens simples et peu coûteux de se procurer de riches fumiers, richesses trop souvent négligées et perdues pour l'agriculture.

VIGNE (*La*) et ses maladies, contenant les causes et effets morbides depuis l'origine de sa culture jusqu'à nos jours, avec les moyens à employer pour les prévenir et les combattre. Précédé d'une description historique et botanique de cette plante précieuse, ainsi que d'une causerie sur l'oïdium et le phylloxera, par SERIGNE (de Narbonne), membre de plusieurs sociétés savantes. 1 volume . . 3 fr.

SOMMAIRE DES PRINCIPAUX CHAPITRES. — Description historique. — Description botanique. — L'oïdium et le phylloxera. — Description historique de l'oïdium. — Maladies de l'oïdium. — Concours pour la guérison de l'oïdium. — Opinions émises sur l'oïdium. — L'oïdium est-il la cause de la maladie ? — Remède adopté contre la maladie. — Effets du soufrage. — Causes réelles de la maladie. — Températures favorables ou nuisibles. — Influence des saisons et des météores. — Blessures ou plaies, blanquet ou pourridié, coulure, carniure chancre vitifère, clavelée, chlorose ou hydroémie, décrépitude, flottage, grapillure, nielle, goule, stérilité. — Maladie des feuilles. — Pyrales. — Destruction de la pyrale à l'état de papillon, à l'état de larve ou chenille. — Moyens préventifs et moyens curatifs. — Destruction de la pyrale à l'état d'œuf, etc.

VIGNERONS (*L'immense Trésor des*) et des **Marchands de Vin**, indiquant des moyens inédits pour vieillir instantanément les vins, leur enlever les mauvais goûts, même celui de terroir, colorer les vins blancs en rouge Narbonne, même d'une manière hygiénique et sans aucun coupage, éviter leur dégénérescence, partant, plus de vins aigres, amers, gras ou poussés; découverte d'un agent supérieur à l'alcool pour le maintien, la conservation et l'expédition lointaine des vins, par L.-F. DUBIEF, 5e édition revue, corrigée et considérablement augmentée. 1 volume. 3 fr.

Extrait de la table des matières. — De la connaissance des vins. — Appréciation et dégustation. — De la distinction. — Du mélange ou du coupage. — Du vinage. — Amélioration des vins. — De l'imitation des vins. — De la confection des vins mousseux. — Du vin muet et de ses avantages. — Des vins de liqueurs et de leurs imitations. — Recettes et opérations des vins de liqueurs. — *Méthode du Midi.* — *Méthode de Paris.* — De la conservation des vins en fûts pleins et en vidange. — Du soufrage ou méchage. — Du collage pour la clarification. — Arome, sève, bouquet et goût de terroir. — Du gouvernement et de la conservation des vins. — De la mise en bouteilles. — Des altérations. — Moyen de les prévenir et de les corriger. — Des altérations accidentelles et moyen de les guérir. — Disposition et conservation des tonneaux. — Contenance des fûts. — L'auteur termine son livre par une série de renseignements très utiles.

VIGNERON (✻ *Guide pratique du*), culture, vendange et vinification, par FLEURY-LACOSTE, président de la Société centrale d'agriculture du département de la Savoie, membre de plusieurs Sociétés savantes. 1 volume. . 3 fr.

Dans la première partie, l'auteur donne les principes généraux pour la culture de la vigne basse : culture en ligne, orientation, la taille, le pinçage, les engrais, choix des cépages, 1re, 2e, 3e et 4e années.
La seconde partie, intitulée *Calendrier du Vigneron*, lui indique les travaux qu'il a à faire mensuellement. La culture des hautains sur treillages élevés dans les champs, remplit la troisième partie. — Quatrième partie : Nouvelles observations pratiques sur les phénomènes de la végétation de la vigne. — Cinquième partie : De la vendange et de la vinification : degré de maturité. — Du ban des vendanges. — Personnel. — Le nettoyage et l'écrasement des grains. — La cuve. — Le décuvage. — Enfin l'auteur termine en indiquant les soins à donner aux vins nouveaux et vieux.

VIN (*Guide pratique pour reconnaître et corriger les fraudes et maladies du*), suivi d'un traité d'**analyse chimique** de tous les vins, 2e édit., par Jacques BRUN, vice-président de la Société suisse des pharmaciens. 1 volume, avec de nombreux tableaux. . . . . 3 fr.

L'art de falsifier les vins a fait ces dernières années de rapides progrès. La chimie ne doit pas se laisser devancer par la fraude : elle doit lui tenir tête et pouvoir toujours montrer du doigt la substance étrangère. Cette tâche, dit M. Brun, incombe surtout aux pharmaciens. Son livre est le résumé des différents traitements qu'il a trouvés réellement utiles, et qui, dans sa longue pratique, lui ont le mieux réussi pour l'examen chimique des vins suspects.

VINS FACTICES (*Guide pratique de la fabrication des*) et des boissons vineuses en général, ou manière de fabriquer soi-même les vins, cidres, poirés, bières, hydromels, piquettes et toutes sortes de boissons vineuses, par des procédés faciles, économiques et des plus hygiéniques, par L.-F. Dubief. 3e édition. 1 volume . . . . 2 fr.

M. Dubief a publié ce petit ouvrage, non seulement pour venir en aide aux personnes économes, mais encore, et plus, pour celles dont l'économie est une nécessité. Si elles suivent les prescriptions qui y sont indiquées, elles peuvent être assurées de bien fabriquer elles-mêmes et avec facilité toutes sortes de vins, bières, cidres, etc. Ainsi, il traite la cuvée des vins de raisin fabriqués avec le marc, avec sirop de sucre, de fécule. — Vin rouge de sucre. — Vin mousseux, de fruits, cerises, prunes, groseilles, etc., etc. — Vins de grains, céréales, etc. — Toutes les formules et les procédés indiqués par l'auteur sont simples et faciles, et il suffit de les avoir lus pour les mettre en pratique.

VINIFICATION (*Traité complet de*) ou art de faire du vin avec toutes les substances fermentescibles, en tout temps et sous tous les climats, par L.-F. Dubief. 4e édit. 1 volume . . . . 4 fr.

Volume contenant : Les moyens de remédier à l'intempérie des saisons relativement à la maturité du raisin. Le tableau des phénomènes de la fermentation et le meilleur moyen de la produire et de la diriger; les moyens particuliers de faire fermenter les marcs provenant de l'égrappillage du raisin et refermenter ceux qui ont déjà été fermentés; de procurer au vin plus de qualité par une seconde fermentation; de le vieillir sans faire de coupage, par des procédés simples et faciles; de lui enlever le goût de terroir, comme aussi d'obtenir des marcs de raisin, de l'alcool, de l'huile, de l'acide tartrique, etc.; *et suivi* : des procédés de fabrication des vins mousseux, des vins de liqueurs, vins de fruits et vins factices, les soins qu'exigent leur gouvernement et leur conservation, les principes pour la dégustation et l'analyse des vins, etc., etc.

VOYAGEURS ET BAGAGES (Voir Exploitation des chemins de fer, page 23).

Le cartonnage toile de chaque volume se paye 0,50 c. en plus des prix indiqués.

TABLE DES NOMS D'AUTEURS
PAR ORDRE ALPHABÉTIQUE

A
Agassiz et Gould 48
Albiot (J.) 26

B
Barbot 40
Basset (N.) 18
Baude (L.) 21
Baye (Ch.) 20 26 31 40
Berthoud (Marc) 21
Birot (F.) 53
Block (M.) 42
Bouniceau 26
Bourdain 59
Bourgoin d'Orli (P.-H.-F.) . . . 28
Bousquet (J.) 16
Brun (J.) 62

C
Canu et Larbalétrier 46
Carteron 39
Chateau (Th.) 27
Chevalier (A.) 51
Clausius (R.) 21
Cornet (G.) 24
Courten (Cte Ludovico de) . . . 25
Courtois-Gérard 28 40

D
Daca 36
Damanet (A.) 43
Dessoye (J.-B.-J.) 14
Dinée (F.-G.) 32
D. L. 46
D'Omallius d'Halloy (le Bon J.) . 33
Doneaud (Alph.) 30
Drapier (M.) 47
Dromart (E.) 18
Dubief (L.-F.) 34 42 62 63
Dubos 60
Dufrêne (H.) 39
Du Temple (L.) 46 51 59

E
Emion (V.) 23 33 43

F
Fairbairn (W.) 35
Flammarion 17
Fleury-Lacoste 62
Fol (F.) 58
Fraiche (F.) 49
Frésénius (R.) et le Dr Will . . . 54
Frochot (A.) 19

G
Gaisberg 31
Garnault (E.) 32
Gaudry (J.) 44
Gavot (E.) 37
Gobin (A.) 15 52
Gobin (J.) 32
Gossin (L.) 25
Graffigny (H. de) 32
Grimard (E.) 38
Guettier (A.) 15
Guy (P.-G.) 36

H
Hétet (F.) 24
Hirtz (E.) 27
Houzé (J.-P.) 47

J
Jaunez 22
Juven 48

K
Kielmann (C.-E.) 30
Koltz (M.-J.) 56

L
Laffineur (J.) 38 39 56
Laffolay (E.) 48
Larbalétrier 46 52
Landrin (H.-C.) fils 14
Lelay 30
Lenoir (A.) 20
Leprince (P.) 15
Lerolle (L.) 19
Leroux (Ch.) 41
Lescure (O.) 36
Liebig (J.) 24
Lunel (Dr B.) . . 13 31 33 34 38 50

M
Mariot-Didieux 22 41 48 55
Merly (J.-F.) 21
Miége (B.) 59
Monier (E.) 58
Moreau (L.) 18
Mortimer d'Ocagne 25 31
Mulder (G.-J.) 20

N
Nogues (A.-F.) 47

O
Ortolan (A.) 29 44

P
Pellegrin (V.) 50
Perdonnet 23
Pernot (L.-P.) 26
Pouriau (A.-F.) 25 57
Prouteaux (A.) 50

R
Rey (I.-A.) 35
Rouland (E.) 58
Rozan (Ch.) 37

S
Sacc (Dr) 24
Serigne (de Narbonne) 61
Sicard 27
Snow-Harris 32
Sourdeval 24
Souviron (A.) 58
Steerk (le major) 54

T
Tartara (J.) 20
Tissier (Ch. et Alex.) 15
Touchet (J.-H.) 51

V
Violette (H.) 60
Viollet-le-Duc 16 29 43
Vinot (voir Lenoir) 20

J. HETZEL et Cⁱᵉ, Éditeurs, 18, rue Jacob, Paris.

BIBLIOTHÈQUE DES PROFESSIONS
INDUSTRIELLES, COMMERCIALES ET AGRICOLES

- Acier (*Emploi*), par J.-B. Dessoye. 4"
- Acier (*Traité*), par Landrin... 4 "
- Algèbre (*Principes*), par Leprince... 4 "
- Alliages métalliques, par Guettier. 3 "
- Architecture navale, p. Bousquet. 2 "
- Bergeries, Porcheries, par Gayot. 3 "
- Betterave, par Basset... 8 "
- Bijoutier (*Guide*), par Moreau... 2 "
- Bois (*Carbonisation*), par Dromart. 4 "
- Bois (*Cubage, estimation*), p. Frochot. 4 "
- Botanique appliquée, par Lerolle. 4 "
- Brasseur (*Guide*), par Mulder... 4 "
- Bris et naufrages (*Code des*), par Tartara... 4 "
- Calculs et comptes faits, par Lenoir et Vinot... 4 "
- Calligraphie, par Louis Baude... 4 "
- Chaleur (*Théor. méc.*), Clausius, 2 vol. 8 "
- Charcuterie pratique, Berthoud. 4 "
- Charpentier (*Manuel*), par Merly. 4 "
- Chasseur médecin, Mariot-Didieux 2 "
- Chauffeur (*Manuel*), par Jaunez... 2 "
- Chemins de fer (*Exploitation des*), par Emion. *Voyageurs*... 4 "
- *Marchandises*... 4 "
- Chimie minérale, et organique, par le Dʳ Sacc... 4 "
- Chimie (*Introduction à l'étude de la*), par Liebig... 2 "
- Chimie (*Génér. élém.*), par Hétet, 2 vol. 10 "
- Chimiste agriculteur, par Pouriau. 6 "
- Conférences agricoles, p. Gossin. 1 "
- Conseillers généraux (*Manuel*), par Albiot... 4 "
- Constructeur (*Guide*), par Pernot. 4 "
- Construction à la mer, avec atlas, par Bourdeau... 18 "
- Corps gras industriels, Chateau. 4 "
- Cotonnier (*Culture*), par Sicard... 2 "
- Culture maraîchère, par Courtois-Gérard... 4 "
- Cultures exotiques (*Caffer, Cacaoyer, Canne à sucre*)... 4 "
- Dessinateur (*Comment on devient un*), par Viollet-le-Duc... 4 "
- Dessin linéaire, avec atlas, Ortolan. 6 "
- Douane (*Lois et Règlements*) E. Lelay 4 "
- Droit maritime, par Doneaud... 3 "
- Eaux gazeuses (*Fabrication des*), par Félicien Michotte... 4 "
- Éclairage électrique (*Montage des Appareils*), par de Gaisberg... 2 "
- Économie domestique, Dʳ Lunel... 2 "
- Écuries et Étables, par Gayot... 3 "
- Électricien (*Ingénieur*), Graffigny... 4 "
- Engrenage, par Dinée... 2 "
- Entomologie agricole, p. H. Gobin 4 "
- Épicerie (*Guide*), par le Dʳ Lunel... 3 "
- Exproprié (*Manuel*), par Emion... 1 "
- Falsifications, par le Dʳ Lunel... 4 "
- Féculier, amidonnier, par Dubief. 4 "
- Ferments et fermentations, A. Rey 4 "
- Géographie (*Traité*), par Lescure... 2 "
- Géologie (*Manuel*), par Dana... 4 "
- Géomètre arpenteur, par Guy... 4 "
- Géométrie, avec atlas, par Rozan... 6"
- Grandes Écoles de France, par Mortimer d'Ocagne :
- *Carrières civiles*... 4
- *Services de l'État*... 4
- Herboriseur, par Ed. Grimard... 2
- Hydraulique et hydrologie, par Laffineur...
- Hygiène et Médecine, p. le Dʳ Lunel.
- Hygiène du travail, par Dʳ Monin.
- Introduction à l'étude de la Physique, par L. Du Temple...
- Jardinage, par Courtois-Gérard... 4
- Joaillier (*Guide*), par Barbot... 15
- Laine (*Filature*), par Leroux...
- Lapins, Oies et Canards (*Éducation*), Mariot-Didieux... 4
- Législation pratique, par Block... 4
- Liqueurs (*Fabrication*), par Dubief. 4
- Liquoriste des Dames, par Dubief.
- Maçonnerie, par Demanet, 1 vol...
- Maison (*Comment on construit une*).
- Matières industrielles, p. Gaudry. 12
- Mécanicien, par Ortolan, 3 vol...
- Météorologie agricole, par Canu et Larbalétrier... 2
- Métiers manuels (*Livre des*), Houzé
- Minéralogie appliquée, Noguez, 2 v.
- Octrois (*Nouveau Manuel*), Laffolay.
- Officier (*comment on devient*)...
- Oies, canards, Lapins, par Mariot-Didieux...
- Parfumeur, par le Dʳ Lunel...
- Perspective, par Pellegrin...
- Photographie, par Chevalier...
- Pisciculture, par Larbalétrier...
- Plantes fourragères, par A. Gobin
- Ponts et Chaussées, Birot, (2 vol. à 4")
- Potasses, soudes, par Frésénius...
- Poudres et salpêtres, par Steerk...
- Poules, par Mariot-Didieux...
- Roues hydrauliques, par Laffineur.
- Saule et Roseau, par Koltz...
- Sciences physiques appliquées à l'Agriculture, par Pouriau, 2 vol.
- Serrurerie (*Barèmes*), par E. Rouland...
- Sucres (*Essai, analyse*), par Monier.
- Teinturier (*Manuel*), par Fol...
- Télégraphie électrique, par Miège.
- Tissus (*commerce des*) Ed. Bourdain
- Transmissions de la pensée et de la voix, par L. Du Temple...
- Vache laitière (*Choix*), par Dubos..
- Vernis (*Fabrication*), par Violette..
- Vêtements de femmes et d'enfants par Elisa Hiriz...
- Vidange agricole, par Touchet...
- Vigne (*ses maladies*), par Serigne..
- Vigneron, par Fleury-Lacoste...
- Vins, (*Fraudes et maladies*), p. Brun.
- Vins factices, suivi de l'immense trésor des Vignerons et des Marchands de vins, par Dubief.
- Vins (*Traité du Commerce*), par Emion...
- Vinification, par Dubief...

Paris. — Imp. Gauthier-Villars et fils.